北京文化（创意）产业发展重点和难点与对策研究报告

赵玉忠　主编

中国戏剧出版社
CHINA THEATRE PRESS

图书在版编目（CIP）数据

北京文化（创意）产业发展重点和难点与对策研究报告 / 赵玉忠主编． -- 北京：中国戏剧出版社，2018.7
ISBN 978-7-104-04649-3

Ⅰ．①北… Ⅱ．①赵… Ⅲ．①文化产业－产业发展－研究报告－北京 Ⅳ．① G127.1

中国版本图书馆 CIP 数据核字（2018）第 052896 号

北京文化（创意）产业发展重点和难点与对策研究报告

责任编辑：邢俊华
项目统筹：刘　岳
责任印制：冯志强

出版发行：中国戏剧出版社
出 版 人：樊国宾
社　　址：北京市西城区天宁寺前街 2 号国家音乐产业基地 L 座
邮　　编：100055
网　　址：www.theatrebook.cn
电　　话：010-63385980（总编室）
传　　真：010-63383910（发行部）

读者服务：010-63381560
邮购地址：北京市西城区天宁寺前街 2 号国家音乐产业基地 L 座

印　　刷：北京鑫海达印刷有限公司
开　　本：787mm×1092mm　1/16
印　　张：18.75
字　　数：290 千字
版　　次：2018 年 7 月　北京第 1 版第 1 次印刷
书　　号：978-7-104-04649-3
定　　价：86.00 元

版权专有，违者必究；如有质量问题，请与出版社联系调换。

目 录

上篇　产业研究报告

第一章　文化（创意）产业的理论述评 …………………………………… 2
　　第一节　文化（创意）产业术语的由来 ……………………………………… 2
　　第二节　文化（创意）产业构成的评析 ……………………………………… 11

第二章　北京文化（创意）产业发展的重点 ……………………………… 18
　　第一节　北京文化（创意）产业发展的优势 ………………………………… 18
　　第二节　北京文化（创意）产业发展的重点 ………………………………… 26

第三章　北京文化（创意）产业发展的难点 ……………………………… 35
　　第一节　北京文化（创意）产业发展的劣势 ………………………………… 35
　　第二节　北京文化（创意）产业发展的难点 ………………………………… 37

第四章　北京文化（创意）产业发展的对策 ……………………………… 43
　　第一节　北京文化（创意）产业发展的趋势 ………………………………… 43
　　第二节　北京文化（创意）产业发展的对策 ………………………………… 50

下篇 重点行业研究报告

第五章 北京出版业发展研究报告 ················ 58
第一节 北京出版业概述 ················ 58
第二节 北京出版业的经营现状和问题 ················ 61
第三节 北京出版业的发展趋势与对策 ················ 79
第四节 北京出版业主要经济数据 ················ 84

第六章 北京文物美术业发展研究报告 ················ 89
第一节 北京文物美术业概述 ················ 89
第二节 北京文物美术业经营现状和问题 ················ 93
第三节 北京文物美术业发展趋势与对策 ················ 105
第四节 北京文物美术业主要经济数据 ················ 107

第七章 北京花卉业发展研究报告 ················ 112
第一节 北京花卉业概述 ················ 112
第二节 北京花卉业的经营现状和问题 ················ 117
第三节 北京花卉业的发展趋势与对策 ················ 131
第四节 北京花卉业主要经济数据 ················ 141

第八章 北京演出业发展研究报告 ················ 143
第一节 北京演出业概述 ················ 143
第二节 北京演出业的经营现状与问题 ················ 146
第三节 北京演出业发展趋势与对策 ················ 153
第四节 北京演出业主要经济数据 ················ 162

第九章　北京娱乐业发展研究报告 164
第一节　北京娱乐业概述 164
第二节　北京娱乐业的发展现状与难点问题 166
第三节　北京娱乐业发展趋势与重点对策 168
第四节　北京娱乐业主要经济数据 171

第十章　北京旅游业发展研究报告 174
第一节　北京市旅游业概述 174
第二节　北京旅游业的经营现状和问题 178
第三节　北京旅游业发展趋势与对策 185
第四节　北京旅游业主要经济数据 189

第十一章　北京广播影视业发展研究报告 191
第一节　北京广播影视业概述 191
第二节　北京广播影视业经营现状和问题 195
第三节　北京广播影视业发展趋势与对策 210
第四节　北京广播影视业主要经济数据 219

第十二章　北京网络业发展研究报告 228
第一节　北京网络业概述 228
第二节　北京市网络业经营现状和问题 234
第三节　北京网络业发展的趋势与对策 244
第四节　北京网络业主要经济数据 249

第十三章　北京广告业发展研究报告 259
第一节　北京广告业概述 259
第二节　北京广告业经营现状和问题 262
第三节　北京广告业发展趋势与对策 267
第四节　北京广告业主要经济数据 271

第十四章 北京民办教育培训业发展研究报告 …… 275
第一节 民办教育培训业概述 …… 275
第二节 北京教育培训业的经营现状和问题 …… 281
第三节 北京教育培训业的发展趋势与对策 …… 286
第四节 北京教育培训业主要经济数据 …… 289

上篇
产业研究报告

第一章 文化（创意）产业的理论述评

第一节 文化（创意）产业术语的由来

文化创意产业是随着科学技术的飞速发展、社会文明的不断进步而在21世纪初逐渐流行起来的一个时髦术语，它与20世纪90年代广为流行的文化产业、创意产业等术语有着千丝万缕、承前启后的关系。有学者认为：文化创意产业兴起于创意产业，与此同时它也不等同于文化产业，文化创意产业是文化产业的重要分支产业。[①] 由此可见，推动文化创意产业的发展，确有必要在理论上厘清文化产业、创意产业、文化创意产业三个术语定义及三者之间的相互关系。

一、文化产业的定义与外延范围

讨论文化产业的定义，首先应当明确其中"文化"与"产业"两词的含义。

在中国传统中，偶尔提及"文化"这个词，本意指"文治教化"，与"武力镇压"相对应。在西方国家，"文化"一词的英文、法文均为culture，德文为kultur，它们都来源于拉丁文cultura，本意指耕作、培养、居住、练习、注意、敬神等，即指与"自然存在的东西"相对立的"人造自然物"。近代以来，人们在文化问题的研讨中，由这一原始、基础的文化含义，衍生出了数百种关于文化的定义。其中最具代表性的是英国学者泰勒在1871年发表的《原始文化》一书中的观点："文化是一个复杂的总体，包括知识、信仰、艺术、道德、法律、风俗，以及人类作为社会成员所获得的所有能力和习惯。"总之，学科体系不同，研究角度不同，文化的定

---

① 《〈百度文库〉专业资料》，网址：http://wenku.baidu.com/link?url=ILMcvbvXSIY3GiqbOsN6LjD-5wMqrn-w0xd2fW8x-SxPElBMdG9WZexfelgbJZGEvEyl-yt0Mysiotxa2Kegw8ZGUVBD5vZUCW9gK0QQwii

义也有差别。归纳起来,目前较具普遍性的有广义文化和狭义文化两种说法。① 广义上讲,文化是指人类社会历史实践过程中所创造的物质财富和精神财富的总和。它既包括无形的语言、习俗、礼仪、信仰、道德、宗教、艺术等精神财富,也包括有形的书籍、陶瓷、雕塑、建筑、铁路、飞机、计算机、通信卫星等物质财富。狭义上讲,文化是指社会意识形态以及与之相适应的制度和组织机构。它既包括科学、哲学、文学、艺术、风俗、习惯等精神文化,也包括与特定社会历史阶段相适应的政治制度、经济体制、法律体系、家庭结构、社团模式等制度文化。

广义的文化结构,一般分为物质文化、制度文化、知识文化和心理文化四个层次。其中,物质文化处于底层,是整个文化结构的基础;制度文化处于中层或中介层面;知识文化和心理文化统称为精神文化,处于文化结构的上层,它是人类精神生产和精神活动产物。知识文化又称观念文化,它是相对凝固化、系统化的精神文化,表现为一套外显的观念符号系统(如文字),包括科学、哲学、艺术、宗教等。其中艺术可分为语言艺术(诗歌、散文、小说、戏剧艺术等)、造型艺术(书法、绘画、雕塑、工艺美术等)、表演艺术(音乐、舞蹈、曲艺、戏剧等)和综合艺术(电影、电视剧、网络剧等)。"文化产业"是从经济学角度研究和界定文化的含义,故此范畴所称的文化,应当指的是精神文化中的知识文化。② 由于知识文化具有相对稳定的形态,因而能够在不同国家、地区、民族之间相互传播、交流和享用,它在市场经济条件下能够作为文化商品进行生产和营销。

在经济学的范畴,"产业"一词实际上是"居于微观经济的细胞(企业和家庭)与宏观经济的单位(国民经济)之间的一个'集合概念'。产业是具有某种同一属性的企业的集合,又是国民经济以某一标准划分的部分"③。在产业经济学研究领域中,"产业"有三个层次:第一层次是以同一商品市场为单位划分的产业,即产业组织;第二层次是以技术和工艺的相似性为根据划分的产业,即产业联系;第三层次是大致以经济活动的阶段为根据,将国民经济划分为若干大部分所形成的产业,即产业结构。20世纪20年代国际劳工局最早提出产业的划分标准,即按照与物质生产关系的相关程度,将国民经济中的所有行业划分为三次产业:第一产业为初级物质生产部门,包括农业、林业、畜牧业、渔业和矿产采掘业;第二产业为次级物质生产部门,包括机械、电子、冶金、化工、纺织、服装、家具、食品、饮料等制

---

① 《辞海》缩印本,上海辞书出版社1979年版,第1533页。
② 赵玉忠:《文化市场学》,中国时代经济出版社2010年版,第2—5页。
③ 杨治:《产业经济学导论》,中国人民大学出版社1985年版,第16页。

造、加工工业和建筑业；第三产业为非物质生产部门或服务部门，故又统称为服务业，包括商业、饮食业、运输业、仓储业、金融业、保险业、通信业、旅游业、广告业、文化娱乐业、教育培训业、家政服务业等。因此，文化产业属于服务业即第三产业的一个分支部门。

关于文化产业概念，国内学者多数认为是20世纪40年代法兰克福学派代表人物阿多诺和霍克海默在合著《启蒙辩证法》一书中首次提出的。作者把"由传播媒介的技术化和商品化推动的主要面向大众消费的文化生产称为'文化工业'。……尽管法兰克福学派理论家对文化产业的论述各有侧重，观点也不尽相同，但基本上是从艺术作为独立于经济社会的批判力量的古典概念出发，对文化产业以商业化和技术化而成为资本主义操纵大众的意识形态工具进行批判"[①]。近些年来出版的一些文化产业论著，依然延续着这种说法。笔者认为，这里存在着认识上的三个误区：第一，英语中工业与产业是同一词组"Industry"，早期介绍法兰克福学派著述时译成"文化工业"，步入改革开放时期就与时俱进译成了"文化产业"。第二，法兰克福学派对于"文化工业"现象持批判的态度，是以乌托邦式的概念批判现实的不合理，以现实的不合理来证明乌托邦概念的真实存在。有位学者曾调侃：人家斥责为垃圾，国人却视为"圣经"。第三，20世纪50年代以来欧美发达国家电视业崛起并飞速发展（欧洲国家实行P制式，美国实行N制式）；70年代初期美国大陆48个州、海外2个州的高速公路建成联网以及步入汽车社会，促进广播业的再度繁荣；国民收入的增长和闲暇时间的增多，维系了电影业的长盛不衰。在美国包括广播、电影、电视等文化娱乐行业在内的服务业产值，在国民经济总产值中所占的比重超过了第一产业和第二产业产值之和。这是法兰克福学派学者们当年未曾经历的，也是不愿看到的社会现状。

基于美国社会发展现状，1973年哈佛大学教授丹尼尔·贝尔在《后工业社会的来临》一书中首次提出了文化产业（Cultural Industries）的概念。贝尔指出："后工业社会第一个最简单的特点，是大多数劳动力不再从事农业或制造业，而是从事服务业，如贸易、金融、保健、娱乐、研究、教育和管理。"贝尔认为，由工业社会向后工业社会过渡过程中，服务性经济有着若干不同的阶段。……在第三阶段：随着国民收入的上升，家庭用于食品的费用下降，边际增长额首先用来购买耐用消费品（衣着、住房、汽车），然后用于奢侈品、娱乐等方面。与此相应，饭店、旅

[①] 荣跃明：《超越文化产业：创意产业的本质与特征》，《中国文化产业评论》（第二卷），上海人民出版社2004年版，第113页。

社、汽车服务、旅游、娱乐、运动等个人服务部门也随之发展。①1976年贝尔在《资本主义文化矛盾》一书中进一步阐述:"资本主义是一种经济—文化复合系统。经济上它建立在财产私有制和商品生产基础上,文化上它也遵照交换法则进行买卖,致使文化商品化渗透到整个社会。"②

综上所述,文化产业的内涵定义,应当是指市场经济条件下从事文化商品生产和文化服务经营活动的行业。文化产业在本质上属于非物质生产部门,即它生产具有一定知识内容的、能够满足人们精神消费需求的有形产品(如报刊、音像制品)和无形产品(如文艺表演、广播电视节目)。1998年联合国教科文组织(UNESCO)在蒙特利尔会议上将文化产业定义为:"按照工业标准生产、再生产、储存以及分配文化产品和服务等一系列的活动,采取经济战略,其目标是追求经济利益而不是单纯为了促进文化发展。"该文件对文化产业进一步释义:"结合创作、生产等方式,把本质上无形的文化内容商品化。这些内容受到知识产权的保护,其形式可以是商品或是服务。"③

世界上不同国家和地区因经济基础、文化背景的差异,故对文化产业提出了不同的称谓。中国、法国、德国、芬兰、日本、韩国等多数国家称"文化产业";美国称"版权产业";西班牙称"文化及消闲产业";英国、澳大利亚、新西兰、新加坡等英联邦国家自1998年以来称"创意产业";我国台湾地区自2002年以来称"文化创意产业"。无论称为"文化产业""版权产业",还是称为"创意产业""文化创意产业",本质上讲都是指"以社会文化消费需求为目标,以文化为资源、为内容为感召力、以经济方式加以传播并获取效益的产业",并且无一例外将新闻出版业、广播电视电影业、网络业、演出业、娱乐业、展览业、广告业、工艺美术品业、旅游业等网罗其中,只不过是在文化产业外延范围(即涵盖行业领域的宽窄)方面存在差异而已。

国家统计局颁布的《文化及相关产业分类(2012)》标准,将文化及相关产业定义为:"为社会公众提供文化产品和文化相关产品的生产活动的集合。"④文化及相关产业的外延范围包括"文化产品的生产"和"文化相关产品的生产"两部分,共

---

① 丹尼尔·贝尔(美)《后工业社会的来临》(1973),商务印书馆1989年版,第15页和第138页
② 丹尼尔·贝尔(美)《资本主义文化矛盾》(1976),三联书店1989年版,第60页
③ 《亚欧文化产业和文化发展国际会议论文集》,文化部1999年编印,第18—19页
④ 《文化及相关产业分类(2012)》,国家统计局网站,网址:http://www.stats.gov.cn/tjsj/tjbz/201207/t20120731_8672.html

计十大类：

（一）新闻出版发行服务，包括新闻服务、出版服务和发行服务。

（二）广播电视电影服务，包括广播电视服务、电影和影视录音服务。

（三）文化艺术服务，包括文艺创作与表演服务、图书馆与档案馆服务、文化遗产保护（含博物馆、烈士陵园、纪念馆）服务、群众文化服务、文化研究和社团服务、文化艺术培训服务和其他文化艺术服务。

（四）文化信息传输服务，包括互联网信息服务、增值电信服务、广播电视传输服务。

（五）文化创意和设计服务，包括广告服务、文化软件服务、建筑设计服务和专业设计服务。

（六）文化休闲娱乐服务，包括景区游览服务、娱乐休闲服务、摄影扩印服务。

（七）工艺美术品的生产，包括工艺美术品的制造、园林和陈设艺术及其他陶瓷制品的制造、工艺美术品的销售。

（八）文化产品生产的辅助生产，包括版权服务、印刷复制服务、文化经纪代理服务、文化贸易代理与拍卖服务、文化出租服务、会展服务和其他文化辅助生产。

（九）文化用品的生产，包括办公用品（文具、笔、墨水、墨汁）的制造、乐器的制造、玩具的制造、游艺器材及娱乐用品的制造、视听设备（含电视机、音响设备、视听录放设备）的制造、焰火和鞭炮产品的制造、文化用纸的制造、文化用油墨颜料的制造、文化用化学品的制造、其他文化用品的制造、文具乐器照相器材的销售、文化用家电的销售和其他文化用品的销售。

（十）文化专用设备的生产，包括印刷专用设备的制造、广播电视电影专用设备的制造、其他文化专用设备（含幻灯及投影设备、照相机及器材、复印和胶印设备）的制造、广播电视电影专用设备的批发和舞台照明设备的批发。

二、创意产业的定义与外延范围

"创意"一词是创造意识或创新意识的简称，是指对现实存在事物的理解以及认知所衍生出的一种新的抽象思维和行为潜能。创意是一种通过创新思维意识，从而进一步挖掘和激活资源组合方式进而提升资源价值的方法。创意产业亦称创意经济、创新产业、创造型产业，是指那些从个人的创造力、技能和天分中获取发展动力的行业，以及那些通过对知识产权的开发与应用以创造社会财富和就业机会的活动。

"创意经济"的提法最早出现于澳大利亚。1994年澳大利亚政府提出以"创意国度"(Creative Nation)为目标，公布了澳大利亚第一份文化政策报告，强调创意经济对发展国民经济的重要性。澳大利亚政府的这一举措，后来引起英国政府的重视并派团考察。

1997年英国首相布莱尔领导的工党政府上台，由于前任首相撒切尔政府在任期内实行私有化政策致使国有资产所剩无几，所以新政府急需寻求国民经济发展的新的突破口和增长点。英国新政府组建文化、媒体和体育部并成立创意产业特别工作组，派团赴澳大利亚实地考察。1998年该工作组出台《英国创意产业路径文件》，首次对创意产业下了定义："源自个人创意、技巧及才华，通过知识产权的开发和运用，具有创造财富和就业潜力的行业。"根据这个定义，英国政府把就业人数多或参与人数多、产值大或成长潜力大、原创性高或创新性高三个原则作为标准，选定广告、建筑、艺术和文物交易、工艺品、设计、时装设计、电影、互动休闲软件、音乐、表演艺术、出版、软件、电视广播等13个行业作为创意产业的外延范围。"创意产业"与传统产业最大的区别在于创意为产品或者服务提供了实用价值之外的文化附加值，最终提升了产品的经济价值。2001年英国创意产业特别工作组第二次发布研究报告，分析英国创意产业的现状并提出发展战略。近10多年来，澳大利亚、新西兰、新加坡、中国香港等国家和地区发布的创意产业报告和研究成果大大丰富和推进了关于创意部门和创意产业的新观点。一些西方学者认为，创意产业中的经济活动会全面影响当代文化商品的供求关系及产品价格。创意产业的发展建立了一条在新的全球经济、技术与文化背景下，适应新的发展格局，把握新的核心要素，建构新的产业结构的通道。

值得一提的是，英国经济学家霍金斯2001年在《创意经济》一书中，把创意产业界定为其产品都在知识产权法的保护范围内的经济部门，把创意产品称为"知识财产"。知识产权有四大类：专利、版权、商标和设计。每一类都有自己的法律实体和管理机构，每一类都产生于保护不同种类的创造性产品的实际需要，霍金斯认为，知识产权法的每一形式都有庞大的工业与之相对应，加在一起"这四种工业就组成了创造性产业和创造性经济"。霍金斯为创意产业所下的定义相对于英国政府创意产业特别工作组所下的定义的优点在于，它为确定一种现有的活动是否属于创造性部门提供了一种有效而又一致的方式。他特别强调了创意产业依赖于知识产权的国家强力保护体系。显而易见，霍金斯所界定的"创意产业"的外延范围相对较窄一些。

三、文化创意产业的定义与外延范围

文化创意产业旨在依靠创意人的创新思维、智慧才华和技能，借助高科技对文化资源进行创造与提升，通过知识产权的开发和运用，产生出高附加值文化产品，因而成为创造财富和就业潜力的新兴产业。

2002年我国台湾地区"行政院"将文化创意产业发展计划纳为《挑战2008："国家"发展重点计划》的重要推动项目，并成立"文化创意产业推动小组"，负责统筹研拟文化创意产业之年度及中、长期发展战略。我国台湾地区"行政院"文化创意产业推动小组参考联合国教科文组织对"文化产业"的定义和英国政府对"创意产业"的定义，并参考我国台湾地区产业发展的特殊性，将文化创意产业定义为："源自创意与文化积累，透过智慧财产的形成运用，具有创造财富和就业机会潜力，并促进整体生活环境提升的行业。"我国台湾地区"行政院文建会"认为，文化创意产业的核心价值（Core Value），在于文化创意的生成（Culture and Creative Production），而其发展关键在于国际竞争力的创造性与文化特殊性。[①] 学界普遍认为，我国台湾地区在"创意产业"定义的基础上最早提出了"文化创意产业"的概念。

我国台湾地区界定的文化创意产业的外延范围，包括视觉艺术产业、音乐与表演艺术产业、文化展演设施产业、工艺产业、电影产业、广播电视产业、出版产业、广告产业、设计产业、设计品牌时尚产业、建筑设计产业、数字休闲娱乐产业、创意生活产业等十三项产业。2004年我国台湾地区"经济部"发布的《2003年台湾文化创意产业发展年报》详列各项产业概况说明。

（一）视觉艺术产业——凡从事绘画、雕塑及其他艺术品的创作、艺术品的拍卖零售、画廊、艺术品展览、艺术经纪代理、艺术品的公证鉴价、艺术品修复等行业均属之。

（二）音乐与表演艺术产业——凡从事喜剧（剧本创作、剧本训练、表演等）、音乐剧及歌剧（乐曲创作、演奏训练、表演等）、音乐的现场表演及作词作曲、表演服装设计与制作、表演造型设计、表演舞台灯光设计、表演场地（大型剧院、小型剧场、音乐厅、露天舞台等）、表演设施经营管理（剧院、音乐厅、露天广场等）、表演艺术经纪代理、表演艺术硬件服务（道具制作与管理、舞台设计、灯光

---

① 张锦周：《台湾文化创意产业的现状与发展》，《福建社科情报》2009年第3期。

设备、音响过程等）、艺术节经营等行业均属之。

（三）文化展演设施产业——凡从事美术馆、博物馆、艺术馆（村）、音乐厅、演艺厅经营管理暨服务等行业均属之。

（四）工艺产业——凡从事工艺创作、工艺设计、工艺品展售、工艺品鉴定制度等行业均属之。

（五）电影产业——凡从事电影片创作、发行上映及电影周边生产制造服务业等行业均属之。

（六）广播电视产业——凡从事无线电、有线电、卫星广播、电视经营及节目制作、供应的行业均属之。

（七）出版产业——凡从事新闻、杂志（期刊）、书籍、唱片、录音带、计算机软件等具有著作权商品发行的行业均属之。

（八）广告产业——凡从事各种媒体宣传物的设计、绘制、摄影、模型、制作及装置等行业均属之（独立经营分送广告、招徕广告的行业也归入本类）。

（九）设计产业——凡从事产业设计企划、产品设计、机构设计、原型与模型的制作、流行设计、专利商标设计、品牌视觉设计、平面视觉设计、包装设计、网页多媒体设计、设计咨询顾问等行业均属之。

（十）设计品牌时尚产业——凡从事以设计师为品牌的服饰设计、顾问、制造、流通的行业均属之。

（十一）建筑设计产业——凡从事建筑设计、室内空间设计、展场设计、商场设计、指标设计、庭院设计、景观设计、地景设计的行业均属之。

（十二）数字休闲娱乐产业——凡从事数字休闲娱乐设备、环境生态休闲服务及社会生活休闲服务等行业均属之（数字休闲娱乐设备——3DVR设备、运动机台、格斗竞赛机台、导览系统、电子贩卖机台、动感电影院设备等；环境生态休闲服务——数字多媒体主体园区、动画电影场景主体社区、博物展览馆等；社会生活休闲服务——商场数字娱乐中心、社区数字娱乐中心、数字休闲事业、亲子娱乐学习中心、安亲班、学校等）。

（十三）创意生活产业——凡从事以创意整合生活产业的核心知识、提供具有深度体验及高质美感的行业均属之（符合下列定义的行业包括在此类：源自创意或文化积累，以创新的经营方式提供衣食住行、教育娱乐各领域有用的商品或服务；运用复合式经营，具创意再生能力并提供学习体验活动）。

2005年底在中共北京市委第九届十一次全会上市委书记刘淇提出："要以发展文化创意产业为新的引擎，推动产业升级。"首次引起中国大陆传媒的高度关注并专门报道。2006年初在北京市第十二届人大四次会议上市长王岐山在作北京市"十一五"规划纲要报告时提出:"制定支持文化创意产业发展的地方法规和优惠政策。"北京市"十一五"发展规划提出:通过大力发展文化创意产业转变经济增长方式,尽快实现建成创新型城市的目标。由此开启了北京市发展文化创意产业之旅。

北京市统计局颁布的《北京市文化创意产业分类标准》,将文化创意产业定义为:"是指以创作、创造、创新为根本手段,以文化内容和创意成果为核心价值,以知识产权实现或消费为交易特征,为社会公众提供文化体验的具有内在联系的行业集群。"该分类标准界定的文化创意产业的外延范围,包括文化艺术、新闻出版、广播电视电影、软件和网络及计算机服务、广告会展、艺术品交易、设计服务、旅游和休闲娱乐、其他辅助服务等九项产业。

(一)文化艺术,包括文艺创作、表演及演出场所,文化保护和文化设施(含博物馆、纪念馆、图书馆、档案馆)服务,群众文化(含群众文化场馆)服务,文化研究与文化社团服务,文化艺术代理服务。

(二)新闻出版,包括新闻服务,书、报、刊出版发行,音像及电子出版物出版发行,图书及音像制品出租。

(三)广播、电视、电影,包括广播、电视服务,广播、电视传输,电影服务。

(四)软件、网络及计算机服务,包括软件服务、网络服务、计算机服务。

(五)广告会展,包括广告服务、会展服务。

(六)艺术品交易,包括艺术品拍卖、工艺品销售。

(七)设计服务,包括建筑设计、城市规划、其他设计。

(八)旅游、休闲服务,包括旅游服务、休闲娱乐服务。

(九)其他辅助服务,包括文化用品、设备及相关文化产品的生产(含照相机及器材、印刷专用设备、广播电视设备、电影机械、家用视听设备、复印和胶印设备、办公用机械的制造等),文化用品、设备及相关文化产品的销售,文化商务服务。

应当指出,由于国民经济统计指标具有规范性与统一性,故而北京市统计局界定"文化创意产业"的外延范围,仍限定在国家统计局所界定"文化及相关产业"的外延范围之内。为了科学、完整、准确地反映"文化创意活动"的特点,《北京市文化创意产业分类标准》在部分行业类别下设置了"延伸层";在部分行业类别标示包括与不包括"文化创意活动"的两类项目内容。

第二节 文化（创意）产业构成的评析

2006年以来，中国大陆各省、直辖市、自治区人民政府相继出台了有关文化产业发展规划（或纲要）。其中，山东、山西、河南、河北、湖南、湖北、陕西、四川、江苏、江西、云南、贵州、辽宁等20多个省区称之为"文化产业"发展规划；广东省和上海市参照英国经验称之为"创意产业"发展规划；北京市参照我国台湾地区经验称之为"文化创意产业"发展规划。尽管"文化产业""创意产业""文化创意产业"三种称谓和定义有所不同，但却有着实质上大同小异的行业主体，并且无一例外地将新闻出版业、广播电视电影业、网络业、演出业、娱乐业、旅游业、展览业、广告业、工艺美术品业等网罗其中，只在产业外延范围界定上存在着一些差异。虽然各地方政府提法不同、发展战略各有侧重，但是大力发展内容产业、知识经济的总体目标是一致的。由于国家统计局出台的《文化及相关产业分类》存在着重大的理论缺陷，有必要对文化（创意）产业的性质及其构成进行探讨。

一、文化（创意）产业的性质界定

对于文化（创意）产业性质的界定，我们应当从知识经济和商品经济两个角度综合性地进行考察。由此可见，文化（创意）产业具有知识性与经营性的双重性特征。

（一）文化（创意）产业的知识性特征

文化（创意）产业的知识性质在于为社会提供各类知识产品和知识服务，满足人们对于文化消费资料的需要。文化（创意）产业提供的知识产品大体分为三类：第一类是以工业化方式生产的大众文化产品，如图书、报纸、期刊、音像制品、软件制品、工艺制品、娱乐用品等；第二类是以个体化方式生产的艺术品和技术产品，如书法、绘画、雕塑、摄影、手工艺品、设计方案、专利产品等；第三类是通过培养、驯化等方式生产的观赏类植物和动物，如花卉、盆景、园林、宠物等。文化（创意）产业提供的知识服务大体分为直接服务和间接服务两类：直接服务是指由专业人员直接传授知识文化，如表演、讲解、导游、教育、培训、咨询服务等；间接服务是指通过专业产品、实物、景观并借助专业设备、设施、装备、器械、场地等间接传播知识文化,如电影放映、无线广播、电视播映、网络传播、娱乐服务、文物展览、人文旅游等。

(二)文化(创意)产业的经营性特征

文化(创意)产业的经营性特征,一方面表现为以企业组织的形式从事有关文化的生产经营活动;另一方面表现为以个体文化生产者的身份从事文学艺术创作、科学技术发明并通过市场交易其智力成果的活动。文化活动按经营方式划分,可以分为公益性文化和经营性文化两类。公益性文化,是基于社会公共利益为大众提供无偿的文化产品或文化服务,因此须由国家财政经费拨款予以保障,如图书馆、群艺馆、档案馆、文化站、城市文化广场、社区健身设施。经营性文化也称营利性文化,是以个体经营者或企业方式通过市场进行文化产品生产和文化服务经营活动,如出版社、音像公司、电影厂、电视台、书店、影剧院、歌舞厅、培训学校、咨询公司、广告公司、商业网站等。在公益性文化与营利性文化两者之间,还有一类称为"准经营性文化"。有些行业虽然可以采用企业的模式进行经营,并且可以获得一定的经济收益,但其收入往往不能达到其从事文化生产所付出的物化劳动和活劳动价值,需要国家财政给予一定的经费补贴或企业予以资助,如博物馆、植物园、动物园、交响乐团、芭蕾舞团、体育俱乐部等。这类单位大多采用"企事业单位、企业管理"经营模式。从文化经济的角度来说,这些"准经营性文化"行业也应当纳入文化(创意)产业的范围。

二、《文化及相关产业分类》的理论缺陷

由于国家统计局制定的《文化及相关产业分类》(以下简称《分类》)兼顾现行"政府部门管理需要",故而该《分类》标准体系如同现行政府机构设置存在着一定的不合理性,缺乏科学的理论依据。该《分类》的理论缺陷主要表现在以下几个方面。

(一)《分类》阐述的文化产业定义含糊不清

该《分类(2004)》说明:"本分类规定的文化及相关产业是指为社会公众提供文化、娱乐产品和服务的活动,以及与这些活动有关联的活动的集合。"该《分类(2012)》说明:"本分类规定的文化及相关产业是指为社会公众提供文化产品和文化相关产品的生产活动的集合。"根据以上定义,我国文化及相关产业的范围包括:"1. 以文化为核心内容,为直接满足人们的精神需要而进行的创作、制造、传播、

展示等文化产品（包括货物和服务）的生产活动；2. 为实现文化产品生产所必需的辅助生产活动；3. 作为文化产品实物载体或制作（使用、传播、展示）工具的文化用品的生产活动（包括制造和销售）；4. 为实现文化产品生产所需专用设备的生产活动（包括制造和销售）。"①

联合国教科文组织阐述的文化产业定义："按照工业标准生产、再生产、储存以及分配文化产品和服务等一系列的活动，采取经济战略，其目标是追求经济利益而不是单纯为了促进文化发展。"并且进一步释义："结合创作、生产等方式，把本质上无形的文化内容商品化。这些内容受到知识产权的保护，其形式可以是商品或是服务。"② 两者对照可以清楚地表明：该《分类》定义并未阐明文化产业或"文化及相关产业"的性质，即文化（创意）产业具有"经营性"（即"营利性"）的本质特征。

（二）《分类》将文化事业经营与文化产业经营混为一体

该《分类（2004）》说明：它"采用社会上普遍认同的"产业分类"名称，既包括了公益性的文化单位，又包括了经营性的文化单位。由于《文化产业分类》是依据活动的同质性原则划分，没有按照公益性和经营性划分，因此，无法用其划分公益性文化单位和经营性文化单位"。该《分类（2012）》说明："本次修订继续使用'文化及相关产业'的名称，分类涉及范围既包括了公益性单位，也包括了经营性单位。"由此可见，如此界定的"文化产业"水分太多。例如，国家及省、市、县级图书馆、档案馆均为财政全额拨款的文化事业单位，将此类纯公益性经营单位纳入"产业"的范畴，实属荒唐至极。又如，部分博物馆、纪念馆、烈士陵园采取出售门票的"经营性"运营模式，另一部分博物馆、纪念馆、烈士陵园则采取免费开放的"公益性"运营模式。将两类经营性质不同文化单位简单相加统计，可谓"眉毛胡子一把抓"。如此统计文化产业经济数据，有何现实意义？

（三）《分类》对"文化相关产业"的界定存在理论偏差

该《分类（2012）》第二部分"文化相关产品的生产"设置第九类"文化用品的生产"和第十类"文化专用设备的生产"行业。第九类中的"办公用品的制造""视听设备的制造""文化用油墨颜料的制造""文化用化学品的制造"，第十类

---

① 《文化及相关产业分类（2012）》，国家统计局网站，网址：http://www.stats.gov.cn/tjsj/tjbz/201207/t20120731_8672.html。
② 《亚欧文化产业和文化发展国际会议论文集》，文化部1999年编印，第18—19页

中的"印刷专用设备的制造""广播电视电影设备的制造""其他文化专用设备（幻灯及投影设备、照相机及器材、复印和胶印设备）的制造"，均属于毫无生产或承载文化信息内容，只是有助于文化信息内容生成和传播的辅助行业，并不具有文化产业（也称内容产业）的"知识性"特征。有必要指出，第九类中的"乐器的制造""玩具的制造""游艺器材及娱乐用品的制造""焰火、鞭炮的制造"等产品承载着相应的文化信息内容或提供自我娱乐功能，应当属于文化（创意）产业中的重要支撑行业，而非所谓"文化及相关产业"的组成部分。

（四）《分类》对"文化（创意）产业"的总体构成的设置存在疏漏

按照文化（创意）产业具有知识性与经营性的双重性特征来衡量，该《分类》所界定的"文化及相关产业"外延范围存在遗漏，诸如花卉业、宠物业、竞技表演业（即竞技体育业）等未列其中。究其原因，该《分类》依照我国现行文化行政管理体制来圈定文化（创意）产业，并非按照"大文化"的概念设置文化（创意）产业的总体构成。其中一个明显的例证，就是该《分类（2012）》将"旅行社"和"休闲健身娱乐活动"两个行业剔除在外。首先，通常旅行社被称为旅游业的龙头行业。其次，旅行社设计的各种旅游线路属于"文化创意活动"的范畴。再次，旅行社导游讲解旅游目的地的人文地理、风土人情，如同教师授课、牧师布道一样传授文化知识。若将旅行社剔除在外，旅游业是否还属于文化（创意）产业的一个重要的分支行业？

三、文化（创意）产业的总体构成

文化（创意）产业的构成十分庞大和相对复杂，并伴随着科学技术的创新、社会文明的进步、市场经济的发展而持续地扩展。因此，我们从文化（创意）产业的经营内容、产品载体、时代特征三个方面分别予以归纳和概括。

（一）文化（创意）产业按经营内容划分，分为生产、流通、服务三大类

1. 文化商品生产行业。文化商品生产行业，包括报社、杂志社、出版社、印刷厂、电影制片厂、电影洗印厂、音像制作及复录公司、软件开发及制作公司、电视节目制作公司、工艺美术品厂、手工艺品作坊、娱乐用品厂、邮票公司、造币公司、花卉种植场、宠物养殖场等。

2. 文化商品流通行业。文化商品流通行业，包括书店、报摊、音像制品及软件制品商店、邮局、报刊发行公司、电影发行公司、音像发行公司、软件代理公司、

电视节目发行公司、文化用品批发公司、画廊、文物商店、文物拍卖公司、工艺品商店、文化用品商店、集邮市场、花卉商店、宠物市场等。

3. 文化服务行业。文化服务行业包括艺术表演团体、竞技俱乐部、影剧院、歌舞厅、体育场、游艺厅、夜总会、照相馆、茶馆、酒吧、网吧、博物馆、展览馆、美术馆、游乐园、植物园、动物园、人文景区、广播电台、电视台、商业网站、旅行社、广告公司等。

（二）文化（创意）产业按产品载体划分，分为印刷媒体、复录媒体、电子媒体、文物媒体、人体媒体、综合媒体六大类

1. 印刷媒体类。印刷媒体是以纸介质作为产品的载体，包括图书、报纸、期刊出版、印刷、发行和零售业，集邮票品印刷、发行和经销业等。

2. 复录媒体类。复录媒体是以胶木、塑胶、胶片、磁带、树脂材料等介质作为产品的载体，包括电影制片、发行和放映业，照相服务业，音像（含唱片）出版、制作、复录、发行和零售业，软件开发、复录、发行和零售业，电视节目制作和发行业等。

3. 电子媒体类。电子媒体是以无线或有线电子信号作为产品传播的载体，包括广播业、电视业、网络业等。

4. 文物媒体类。文物媒体是以除了前三类媒体之外的自然资源或物质产品作为记录或承载文化内容的载体，包括美术作品、工艺制品、娱乐用品生产和经销业，人文景观设计和建筑业，文物经销业，花卉种植和经销业，宠物养殖和经销业等。

5. 人体媒体类。人体媒体是以人类本身有意识的行为（包括知识性语言和形体动作）作为产品的载体，包括表演业、培训业、咨询业、导游业等。

6. 综合媒体类。综合媒体是由前四类媒体与人类媒体或由文化设施与人员劳务的有机结合，包括演出业、娱乐业、展览业、旅游业、广告业等。

（三）文化（创意）产业按时代特征划分，分为传统文化产业和现代文化产业

1. 传统文化产业。传统文化产业是指自古代或近代兴起、至近代基本定型并形成规模经营的文化产业。传统文化产业包括工艺制品业（如玉雕、陶瓷）、娱乐用品业（如烟花、麻将）、文物业、图书业、书画业、集邮业、花卉业、宠物业、演出业（古称勾栏、瓦舍）、娱乐业（如茶馆、庙会）、展览业、教育培训业（如学塾、武馆）、报刊业、广播业、广告业、照相业、电影业等。

2. 现代文化产业。现代文化产业是指自现代兴起、至当代基本定型并形成规模经营的文化产业。现代文化产业包括音像业、软件业、电视业、网络业、旅游业、设计业等。

四、文化（创意）产业的称谓探究

如前所述，无论称为"文化产业""创意产业"还是"文化创意产业"，本质上讲都指的是"以社会文化消费需求为目标，以文化为资源、为内容为感召力、以经济方式加以传播并获取效益的产业"，并且无一例外地以出版业、演出业、展览业、广播业、电影业、广告业、工艺美术品业等传统文化产业为依托，以音像业、软件业、电视业、网络业、旅游业、设计业等新兴文化产业为主导。虽然不可以将"创意产业"或"文化创意产业"的提法视为标新立异，因为"创意"是"一种通过创新思维意识，从而进一步挖掘和激活资源组合方式进而提升资源价值的方法"，能够给予文化产品生产注入活力，促进文化产业的规模经营和快速发展。但是这三种称谓的并存，容易引起人们的思维混乱，甚至引入理论误区。比如，有学者认为：从创意产业与文化产业的关系看，创意产业脱胎于文化产业。创意产业是对文化产业的超越。[1]有学者认为：创意产业天然与文化产业相联系。但是创意并不局限于文化产业，而是广泛渗透到其他产业，带动其他产业的发展。"文化创意产业"与"创意产业"实质是一回事，反映的对象相同，只是名称不同。[2]以此推论，大力发展文化创意产业，是否就意味着将出版业、广播业、演出业（文艺表演与竞技表演）、工艺美术品业等传统文化产业经营置之脑后？笔者认为，在中国大陆"文化产业""创意产业""文化创意产业"三种称谓或提法，应当统一称为"文化产业"为宜。

首先，当代中国大陆实行"中央集权"的经济体制，在国家层面采用"文化产业"术语的经济数据统计指标体系。如果有的省区采用"创意产业"或"文化创意产业"的术语统计相关经济数据，甚有可能形成各行其是、数据失真的局面。北京市政府提出"文化创意产业"的发展战略，并相应出台了《北京市文化创意产业分类标准》。该《分类标准》明确的分类原则：一是"以国家关于文化产业的方针政

---

[1] 荣跃明：《超越文化产业：创意产业的本质与特征》，《中国文化产业评论》（第二卷），上海人民出版社 2004 年版，第 112—113 页。

[2] 于启武、蒋三庚：《北京 CBD 文化创意产业发展研究》，首都经济贸易大学出版社 2008 年版，第 36—37 页。

策为指导原则"；二是"以《国民经济行业分类》为基础"。问题在于，其明确称"本分类标准借鉴国内外文化创意及相关产业分类标准，在范围上涵盖了国内外文化创意及相关产业中的主体行业"，若该分类统计指标与国家统计局《文化及相关产业分类》完全吻合，实属画蛇添足；若有出入则必然导致统计数据失真的结果。再有，以北京市朝阳区"北京商务中心区（CBD）—定福庄"为核心区创建的首个国家级的"国家文化产业创新实验区"，并未称为"国家文化创意产业创新实验区"。当年北京市市长王安顺表示：北京作为享誉世界的文化之都，拥有丰厚的文化资源。北京将力争把实验区建设成文化产业改革探索区、文化经济政策先行区、产业融合发展示范区。[①]

其次，传统文化产业与新兴文化产业应当同样受到重视，并驾齐驱、平衡发展。举例来说，如果过分强调东南沿海地区经济的高速发展而忽略西部不发达地区经济的扶持发展以及东北老工业区的经济振兴，势必拖了整个国民经济良性发展的后腿。

再次，"创意"是"一种通过创新思维意识，从而进一步挖掘和激活资源组合方式进而提升资源价值的方法"，能够给文化产品生产注入活力。因此，整个文化产业的各个行业都需要创新思维，开展文化创意活动，开发文化创意产品。国务院办公厅转发文化部等部门《关于推动文化文物单位文化创意产品开发若干意见的通知》指出："为深入发掘文化文物单位馆藏文化资源，发展文化创意产业，开发文化创意产品，弘扬中华优秀文化，传承中华文明，推进经济社会协调发展，提升国家软实力。"[②] 虽然《通知》提及"发展文化创意产业"，但是重心在于要求深入发掘文化文物单位馆藏文化资源，"开发文化创意产品"。简而言之，对于国民经济的一个产业部门而言，采用"文化产业"的术语表述科学、定位准确。"创意产业"和"文化创意产业"之类术语，可以用"开展文化创意活动"及"开发文化创意产品"之类措辞取而代之。

---

① 《国家文化产业创新实验区落户北京》，《北京青年报》2014年12月16日。
② 《关于推动文化文物单位文化创意产品开发若干意见的通知》，国办发〔2016〕36号文件。

第二章 北京文化（创意）产业发展的重点

第一节 北京文化（创意）产业发展的优势

北京是世界闻名的历史古城、文化名城，拥有 3000 年建城史和 860 余年建都史，积淀了璀璨的名胜古迹和人文景观。北京是当代中国首都，全国政治中心、文化中心，交通中心、国际交往中心和科技创新中心，荟萃了灿烂的文化艺术和庞大的产业集群，拥有得天独厚的发展文化创意产业的区域优势。

一、丰富的自然资源

北京地处华北大平原的北部，诚如古人所言："幽州之地，左环沧海，右拥太行，北枕居庸，南襟河济，诚天府之国。"北京市共有世界地质公园 2 处（房山世界地质公园、延庆世界地质公园）；国家地质公园 5 处（房山石花洞国家地质公园、延庆硅化木国家地质公园、房山十渡国家地质公园、密云云蒙山国家地质公园、平谷黄松峪国家地质公园）；国家湿地公园 1 处（延庆野鸭湖国家湿地公园）；国家级自然保护区 2 处（松山国家级自然保护区和百花山国家级自然保护区）；国家森林公园 15 处（西山国家森林公园、上方山国家森林公园、蟒山国家森林公园、云蒙山国家森林公园、小龙门国家森林公园、鹫峰国家森林公园、大兴古桑国家森林公园、大杨山国家森林公园、八达岭国家森林公园、北宫国家森林公园、霞云岭国家森林公园、黄松峪国家森林公园、崎峰山国家森林公园、天门山国家森林公园、喇叭沟门国家森林公园）；国家矿山公园 4 处（黄松峪国家矿山公园、首云国家矿山公园、圆金梦国家矿山公园、史家营国家矿山公园）。北京古有"燕京八景"的传说：太液秋风、琼岛春阴、金台夕照、蓟门烟树、西山晴雪、玉泉趵突、卢沟晓月。

素有北京"夏都"和"后花园"之称的延庆区，具备得天独厚的自然资源。延庆世界地质公园包括千家店、龙庆峡、古崖居、八达岭4个园区，是以前寒武纪海相碳酸盐岩为物质基础，以中生代燕山运动地质遗迹为核心，集构造、沉积、古生物、岩浆活动及北方岩溶地貌为一体，堪称一本地球生命的教科书。千家店园区拥有木化石群、滴水壶、乌龙峡谷等地质、人文及自然景观；龙庆峡园区拥有美轮美奂的喀斯特地貌，泛舟水面，峰回路转，两侧壁立千仞，奇峰竞秀，山似七彩屏，水如玉明镜；八达岭园区汇集丰富的地质遗迹、著名的文化遗址和优美的自然环境为一体；古崖居园区花岗岩岩体完整，古人在此开凿石室，成为地质遗迹与人文历史完美结合的典范。2019年中国北京世界园艺博览会举办地在延庆区，博览会园区选址依托于妫水河、官厅水库、康西草原、野鸭湖湿地、妫水河森林公园等自然资源。2022年北京冬季奥运会举办地之一也设在延庆区，冬奥会延庆赛区将依托小海陀山的地理和气候优势，建造国家雪车雪橇中心和国家高山滑雪中心两个竞赛场馆，承办雪车、雪橇和高山滑雪竞赛项目。这些举世瞩目的园艺会展活动和竞技体育赛事的筹备与举办，将为北京大力发展观光、休闲、娱乐、健身等文化创意产业展现了广阔的前景。

二、雄厚的人文资源

北京早在西周初年，就成为蓟、燕等诸侯国的都城；公元938年以来先后成为辽陪都、金中都、元大都、明清国都；1949年10月1日成为中华人民共和国首都。3000多年的历史孕育了不胜枚举的名胜古迹和文化遗产。北京市共有文物古迹7309项，全国重点文物保护单位99处，市级文物保护单位326处。其中，世界文化遗产7处（故宫、长城、周口店北京人遗址、天坛、颐和园、明十三陵、京杭大运河北京段）；国家级风景名胜区7处（故宫博物院、天坛公园、颐和园、八达岭—慕田峪长城、明十三陵、恭王府、奥林匹克公园）；国家级遗址公园6处（团河行宫遗址公园、元大都城垣遗址公园、明城墙遗址公园、圆明园遗址公园、皇城根遗址公园、周口店北京人遗址公园）；全国佛教重点寺院7处（广济寺、法源寺、灵光寺、广化寺、通教寺、雍和宫、西黄寺）；国家重点公园10处（颐和园、天坛公园、北海公园、北京动物园、北京植物园、中山公园、景山公园、香山公园、紫竹院公园、陶然亭公园）。中国历史文化名街2处（国子监街、烟袋斜街）；中国历史文化名镇1处（密云古北口镇）；中国历史文化名村5处（门头沟斋堂镇底下村、斋堂镇灵水村、龙泉镇琉璃渠村、顺义龙湾屯镇焦庄户村、房山南窖乡水峪村）。

北京的非物质文化遗产可圈可点，第一批列入国家级非物质文化遗产国家名录项目有 13 个：传统音乐—智化寺音乐，传统舞蹈—京西太平鼓，传统戏剧—昆曲、京剧，传统体育、游艺与杂技—天桥中幡、抖空竹，传统美术—象牙雕刻，传统技艺—景泰蓝制作技艺、聚元号弓箭制作技艺、雕漆技艺、木版水印技艺，传统医药—同仁堂中医药文化，民俗—厂甸庙会。北京地区被文化部命名为"中国民间文化艺术之乡"共有 20 个：崇文—手工艺、大兴瀛海镇——书画、榆垡镇—武吵子、顺义高丽营镇—戏、北务镇—龙狮舞、马坡镇—书画、宣武椿树街道—京剧、天桥街道—鼓曲、怀柔嗷叭沟门满族乡—满族花会、杨宋镇—音乐、门头沟龙泉镇—太平鼓、平谷大华山镇—民间文学、朝阳高碑店乡—民俗文化、石景山古城街道—花会、丰台南苑乡—摄影、延庆永宁镇—竹马、密云古北口镇—花会、西城什刹海街道—手工艺制作、昌平北七家镇—歌舞、房山大石窝镇—石雕。

北京传统庙会的历史悠久、内涵丰富。庙会也称庙市，起源于古代社祭。由于有庙就有祭祀神佛的事，有祭祀神佛的事就有逛庙烧香的人，有逛庙烧香的人就有商贩、艺人来摆摊卖艺。年复一年，形成了庙会，成为手工、曲艺、杂技艺人摆摊和演出的活动场所。据 1930 年调查统计，北京城区有庙会 20 处，郊区有 16 处。当时有八大庙会之说，即白塔寺、护国寺、隆福寺、雍和宫、东岳庙、白云观、蟠桃宫和厂甸。其中每月定期开放的庙会有：土地庙（宣武门外下斜街），农历每月逢三（十三、二十三）为庙市；火神庙（花市大街），农历每月逢四（十四、二十四）为庙市；白塔寺（阜内大街），阳历每月逢五逢六共 6 天庙市；护国寺（西四以北），阳历每月逢七逢八共 6 天庙市；隆福寺（东四以西），阳历每月逢一、二、九、十共 12 或 13 天庙市；东岳庙、九天宫、吕组阁、药王庙等均是农历每月初一、十五为庙市。逢年节定期开放的庙会有：白云观（西便门外），每年农历正月初一至十九共 19 天庙市；大钟寺、厂甸和火神庙（琉璃厂东街），每年农历正月初一至十五共半个月庙市；雍和宫每年农历正月三十为庙市；蟠桃宫（东便门外）每年农历三月初一至初三为庙市等。目前北京市延续下来的传统庙会仅存少数几个，因而具有巨大的开发潜力。传统的庙会活动，可以促使民族文化娱乐得以继承发展和发扬光大，满足人们日益增长的文化消费需求。

三、众多的场馆设施

北京作为明清古都、文化古城，数百年来建造并传承经营的文化场馆可圈可点：琉璃厂文化街经营古玩字画的店铺有近百家，如荣宝斋、韵古斋、来薰阁、震云阁、乐海轩、庆云堂等；前门商业街的大观楼、广德楼、天乐园大戏楼、万盛轩（现天桥杂技剧场）等；东安门大街建于民国时期的真光剧场（现中国儿童剧场）。明清以来北京南城100多条街巷建有会馆400余处，目前保留下来的有100余处（现多数成为民宅），保存较好、对外开放的有湖广会馆、银号会馆（正乙祠戏楼）、贵州会馆、阳平会馆、安徽会馆、湖南会馆等。

新中国成立以来，北京作为首都成为全国政治中心、文化中心和交通中心，兴建了大批的各类场馆设施。20世纪50年代的十大建筑有人民大会堂、国家博物馆、军事博物馆、民族文化宫、民族饭店、钓鱼台国宾馆、华侨大厦、北京火车站、农业展览馆和北京工人体育场。80年代的十大建筑有国家图书馆、国际展览中心、中央彩色电视中心、首都国际机场2号航站楼、北京国际饭店、大观园、长城饭店、中国剧院、中国人民抗日战争纪念馆和北京地铁东四十条车站。90年代的十大建筑有中央广播电视塔、国家奥林匹克体育中心与亚运村、北京新世界中心、北京植物园展览温室、清华大学图书馆新馆、外语教学与研究出版社办公楼、北京恒基中心、新东安市场、国际金融大厦、首都图书馆新馆。21世纪最初10年推举当代十大建筑有首都国际机场3号航站楼、国家体育场（鸟巢）、国家大剧院、北京南站、国家游泳中心（水立方）、首都博物馆、北京电视中心、国家图书馆（二期）、新保利大厦和国家体育馆（折扇）。此外，1990年第11届北京亚运会、2001年第21届北京世界大学生夏季运动会和2008年第29届北京夏季奥运会的成功举办，也为北京增添了除入选"十大建筑"之外的众多的文化娱乐场馆，如大学生体育馆、北京射击馆、五棵松体育馆、老山自行车馆、北京奥林匹克水上公园等。2010年国务院办公厅颁发《关于促进电影产业繁荣发展的指导意见》文件，提出"大力推动我国电影产业跨越式发展，实现由电影大国向电影强国的历史性转变"的战略决策以来，国内多家院线公司纷纷在京城新建、改建影院，2015年北京市区影院数达到153个，单个影院年平均票房收入达到920万元，创全国特大城市影院平均票房收入的最高纪录。① 这些场馆设施为举办各类大型群体性的文化娱乐活动，丰富北京市常住人口和流动人口的文化消费需求，奠定了坚实的物质基础。

---

① 《2015年上半年全国百强影院数据公布　北京荣耀登顶》，网址：http://news.winshang.com/news-510377.html。

四、完备的产业集群

北京基于全国政治中心、文化中心、国际交往中心、科技创新中心以及交通中心、金融中心的优势地位，60多年来逐渐聚集了较为完备的产业集群。

北京地区拥有两家国家级新闻通讯社：新华通讯社和中国新闻社，驻外记者站遍布全球主要大城市；拥有图书出版社237家（中央单位所属220家，市属17家），约占全国总数的40%，图书出版印数约占全国比重的1/2；拥有报刊250余种（中央单位所属和市属），约占全国总数的13%，报纸出版印数约占全国比重的1/5；拥有期刊3050余种（中央单位所属和市属），约占全国总数的30%，期刊出版印数约占全国比重的1/3。北京地区的音像制品出版种类和数量分别约占全国总量的50%和60%；电子出版物种类和数量分别约占全国总量的70%和75%。[①] 北京地区拥有印刷企业约2000家，其中定点出版物印刷企业约250家，年度出版物工业销售产值在100亿元以上。

北京地区拥有两家国家级广播电台和一家市级广播电台。中央人民广播电台是唯一覆盖全国的广播电台，播出16套无线广播节目，拥有听众超过7亿人。中国国际广播电台使用65种语言面向全世界广播；还开办5套对国内广播的外宣节目，分别在北京、上海、广州、深圳、烟台等大中城市播出。北京人民广播电台面向北京及周边省市部分地区播出9套开路模拟广播、15套有线调频广播、16套有线数字广播和12套数字音频广播节目，多年来北京台年度广告收入排列全国广播行业的首位。北京地区拥有两家国家级电视台、一家市级电视台和16家区级电视台。中央电视台拥有50个电视频道、31个国内记者站、71个海外记者站，每天有7亿国内观众收看央视节目，每天用6种联合国官方语言不间断对外广播并且在171个国家和地区落地播出。中国教育电视台拥有5个电视教育频道，其中CETV-1教育综合频道、CETV-2继续教育频道、CETV-4传统文化智慧教育频道通过卫星传送电视节目，覆盖中国大陆所有省区；CETV-3人文纪录频道通过开路发射和北京歌华有线网络播出，仅限于覆盖北京地区；CETV-5早期教育频道通过中数传媒进入数字电视网络播出系统。北京电视台拥有14个电视频道，其中BTV-1北京卫视频道通过卫星传送电视节目，覆盖中国大陆所有省区；BTV-2至BTV-11分别为文艺频道、科教频道、影视频道、财经频道、体育频道、生活频道、青年频道、新闻频

[①]《北京市新闻出版广电局·行业资讯·统计数据》，网址：http://www.bjppb.gov.cn/hyzx/tjsj/index.html。

道、少儿频道、纪实频道，面向北京及周边省市部分地区播出；BTV-12 国际频道采用中英文双语，依托"长城"卫星平台面向北美、亚洲、欧洲播出；BTV-13 京视剧场频道和 BTV-14 爱家购物频道均为数字付费频道节目。

北京地区拥有影视节目制作机构 3700 余家。[①] 其中在国内享有知名度、经营规模较大的有中影集团、电影频道节目制作中心、中国电视剧制作中心、北京电视艺术中心、华谊兄弟、光线传媒、海润影业、小马奔腾、唐德国际、恒大影业、乐视影业、合一信息（优酷视频）、紫禁城、金英马、爱奇艺等影视制作公司。近年来，北京地区出品的电影产量和电视剧产量大体占到全国的 1/3 份额。北京地区拥有的电影院线公司总部约占全国院线的 30%；影院数和银幕数在全国大城市中独占鳌头。2015 年北京电影院十大品牌影响力排行：万达影城、金逸影城、耀莱成龙国际影城、首都电影院、中影国际影城、CGV 星聚汇影城、UME 国际影城、保利国际影城、唐阁影城和百丽宫影城。

北京地区拥有中国互联网业百强企业中的 51 家，其中名列前茅的有百度、京东、新浪、搜狐、奇虎 360、乐视、优酷、凤凰、艺龙、当当、易车、新华、人民、央视、美团、搜房、凡客、开心、豆瓣、百合、和讯、中华、金山、小米、金融界、智联招聘、联动优势、世纪互联、汽车之家、中国天气、昆仑游戏、联众世界、58 同城、酷我音乐、聚美优品、暴风影音、中关村在线、亚马逊中国等知名网站，几乎囊括了网络产业的所有细分行业。

北京地区拥有各类会展场所 100 余家，其中专业展馆 10 个（中国国际展览中心、中国国际贸易中心、北京展览馆、国家会议中心、北京国际会议中心、全国农业展览馆、北京东六环展览中心、北京海淀展览馆、中国科学技术展览中心、新中国国际展览中心）；会展业从业人员 7 万余人。北京地区拥有广告经营单位 28000 余家，其中广告媒介单位 1300 余家、网络广告企业 500 余家、外资广告公司 200 余家、兼营广告单位 9000 余家；广告业从业人员 10 万余人；广告经营收入规模约 2000 亿元，约占全国广告市场的 1/3 份额。北京地区拥有各类设计机构 2 万余家，其中规模以上设计企业 800 余家，设计业从业人员 8 万余人，设计经营收入规模约 1200 亿元。[②]

[①] 《2015 年北京市管辖广播电视节目制作经营单位名录》，网址：http://www.bjrt.gov.cn/zwgk/tzgg/201512/t20151214_17886.html。

[②] 《2014 年北京文化创意产业白皮书》，北京市国有文化资产监督管理办公室、清华大学国家文化产业研究中心，网址：http://www.docin.com/p-1100026137.html。

北京地区拥有国有文艺表演团体40余家，民营文艺表演团体400余家；主要从事营业性演出场所135家（其中综合性多功能演出场所19个，大型场馆9个，以戏剧、音乐、儿童剧为主的专业演出剧场28个，以旅游观众为对象的演出场所13个）。据统计2015年北京市各类营业性演出场次2万余场，观众人数超1千万人次，演出票房收入超15亿元。①北京地区拥有休闲娱乐商户28000余家（包括茶馆、酒吧、网吧、歌厅、咖啡厅、棋牌室、轰趴馆、游乐游艺厅、真人CS馆、DIY手工坊、中医养生馆、采摘/农家乐等）；健身运动商户10800余家（包括游泳馆、武术馆、台球馆、射击馆、壁球馆、攀岩馆、瑜伽馆、乒乓球馆、羽毛球馆、保龄球馆、足球场、篮球场、网球场、棒球场、溜冰场、滑雪场、马术场、滑翔场、高尔夫场、卡丁车场、潜水俱乐部等）；主要分布于东单、东四、西单、国贸、望京、双井、王府井、亚运村、中关村、什刹海、三里屯、五道口、十里堡、崇文门、西直门、南锣鼓巷等热门商区，极大地丰富了北京常住居民和流动人口的休闲娱乐生活。②

北京地区拥有旅行社1837家，其中特许经营中国公民出境业务的旅行社589家；拥有星级饭店554家，其中五星级64家、四星级130家、三星级203家；拥有A级旅游景区（点）227个，其中5A级8个、4A级72个、3A级95个；拥有农业观光园1328个，民俗旅游接待户1.6万户。据统计2015年北京市接待国内旅游总人数2.69亿人次，国内旅游总收入4320亿元；接待入境游客420万人次，实现旅游外汇收入46亿美元；组织公民出境游532万人次。③2015年北京市旅游业增加值占全市GDP比重达到7.5%。

五、荟萃的知识人才

北京地区拥有普通高等学校91所，其中部属高校36所、市属高校40所、民

---

① 《2015年北京市演出市场统计与分析》，网址：http://wenku.baidu.com/link?url=0XPMAmWB9xc-rEi2Ejn0pqnLSKpue8crTXvd2HKtDDtjS2kDYq1Vh5Omd9dSASazMQWexMR5UNEXzG_-f8OmLLaD6W1AmdRVYjdcYJL91ti。

② 《大众点评——北京休闲娱乐、健身运动行业》，网址：http://www.dianping.com/。

③ 《2015年北京旅游业概况》，北京市旅游发展委员会网站，网址：http://www.bjta.gov.cn/xxgk/tjxx/382067.htm。

办高校 15 所；[①]拥有教职工数约 14 万人，其中专任教师数约 8 万人；拥有在校学生（含本科生、硕博研究生和专科生）约 90 万人。[②]北京地区还有成人高等学校 24 所，其中部属高校 8 所、市属高校 16 所。在京普通高校教职工和在校学生总数超过了 100 万人。北京地区拥有国家级（含自然科学和社会科学）科研院所 100 余家，市属科研院所 30 余家，民办科研机构 200 余家。[③]在京从事科研人员超过了 25 万人。[④]北京地区拥有的高校数量、科研机构数量和高学历人员数量均在全国大城市中排列首位，这不仅仅是现实的、高素质的文化生产力群体，同时也是潜在的、高品位的文化消费群体。

六、庞大的外来人口

2015 年末北京市常住外来人口 822.6 万人，占常住人口 2170.5 万人的 37.9%。[⑤]短期（半年以下）进京出差、培训、旅游、探亲、访友等的外来人口，即非常住的流动人口估计超过了 1000 万人。2014 年全市常住人口密度为 1131／平方千米，其中首都功能核心区人口密度为 23953／平方千米，是城市功能扩展区的 2.9 倍，城市发展新区的 22 倍，生态涵养发展区的 109.9 倍。[⑥]尽管庞大的外来人口群体给北京社会生活带来了教育、医疗、住房、交通、环保、治安等诸多方面的难题与压力，但是外来人口群体为北京娱乐、休闲、健身等群体性的文化生产经营活动提供了巨大、潜在的文化消费市场基础。

---

① 《2016 年全国普通高等学校名单（北京 91 所）》，教育部网站，网址：http://www.moe.gov.cn/srcsite/A03/moe_634/201606/t20160603_248263.html。
② 刘永武：《北京高校 3 年新增 8 千人》，现代教育报网站，网址：http://www.modedu.com/Home/Article/index/id/24537.html。
③ 《北京科研机构名录》，网址：http://www.docin.com/p-764729845.html。
④ 《北京地区智库产业发展现状》，网址：http://www.xzbu.com/1/view-5607265.htm。
⑤ 《2015 年末北京常住人口 2170.5 万人》，《北京青年报》2016 年 1 月 20 日。
⑥ 陈勇、秦宏宇《北京市流动人口的历史、现状与未来》，《北京政法职业学院学报》2015 年第 3 期。

第二节　北京文化（创意）产业发展的重点

北京文化（创意）产业发展的重点，应当着重从以下几个方面入手。

一、挖掘自然人文资源，壮大产业发展规模

（一）以自然景观资源为依托，发展壮大相关产业规模

北京周边自然景观资源的主要分布：西部地区有房山世界地质公园（包括石花洞、十渡、上方山、盛莲山、百花山、野三坡、白石山、周口店八个园区）、海淀西山国家森林公园和鹫峰国家森林公园、门头沟天门山国家森林公园和小龙门国家森林公园；北部地区有延庆世界地质公园（包括龙庆峡、千家店、八达岭、古崖居四个园区）和野鸭湖国家湿地公园、昌平蟒山国家森林公园和大阳山国家森林公园；东部地区有密云云蒙山国家地质公园、平谷黄松峪国家地质公园、怀柔崎峰山国家森林公园和喇叭沟门国家森林公园；南部地区有丰台北宫国家森林公园和大兴古桑国家森林公园，等等。这些得天独厚的自然景观资源，为发展观光旅游、休闲度假和工艺制品行业奠定了坚实的物质基础。如何利用上述景区资源来壮大产业规模，可以考虑以下发展路径。

1. 规划开发具有潜质的观光休闲旅游业。2019 年中国北京世界园艺博览会和 2022 年中国北京冬季奥运会的成功申办，为京北延庆地区规划开发具有潜质的观光休闲旅游业提供了先决条件和巨大商机。值得一提的是，本届北京世界园艺博览会将成为历届世园会中唯一有自然河流穿过园区的一届。北京冬季奥运会延庆赛区将依托小海陀山的地理和气候优势，建造国家雪车雪橇中心和国家高山滑雪中心两个竞赛场馆。这些场馆设施的建设，势必带动京北冬季观光、休闲、健身产业的迅猛壮大，并带动周边地区夏季妫河水系公园、康西草原、百里画廊、松山和玉渡山风景区等观光产业的良性发展。

2. 规划发展经济实惠的乡村旅馆餐饮业（俗称"农家院"）。北京城乡居民私家车的拥有量在全国省区中名列前茅，周末和短假期间家庭成员开车出行观光旅游、休闲度假的潜在游客众多。另一方面，近年来"三公"消费受到政策限制，许多景区的高档饭店宾馆门可罗雀，这就为大力发展休闲体验、经济实惠的乡村旅馆餐饮业提供了潜在的市场空间。

3. 规划发展具有地域性特色的工艺制品业。北京拥有1个硅化木国家地质公园、4个国家矿山公园和15个国家森林公园，这就为发展具有地域性特色的矿物工艺品、林木工艺品行业提供了广阔的物质资源和发展前景。当然，为了科学利用物产资源和保护生态环境，应当在市属各区政府的统一规划、严格控制下兴办以矿产、林木为原料的工艺制品业。

（二）以人文遗产资源为素材，发展壮大相关产业规模

1. 开拓新的人文游览市场。北京作为六朝古都，共有文物古迹7309项，全国重点文物保护单位99处，市级文物保护单位326处，目前只有部分古迹项目和文保单位得以利用、对外开放。因此，应当坚持科学保护、有效利用的原则，充分挖掘现有未开发的人文古迹资源并结合当代视听传播技术手段，使其成为人们休闲观赏的新场所，以满足人们日益增长的文化消费需求。例如，20世纪30年代北京地区共有庙会36处，目前只有10余处流传下来、对外经营。所以，利用当年场地设施和文史资料进行恢复性开发，应当具有广阔的文化消费市场前景。

2. 规划发展北京花卉业。北京花卉业具有悠久的历史传统。根据史料记载，丰台区花乡的历史可追溯到两千年以前，从汉唐至明清。元《春明梦余录》记载"今右安门外西南，泉源涌出，为草桥河，接连丰台，为京师养花之所"；明《帝京景物略》中描写道："都人卖花担，每辰千百，撒入都门。"清《鸿雪因缘图》介绍"丰台为养花之所——培养花木四时不绝"。"前后十八村，泉甘土沃，养花最盛，故居民多以养花为业。"著名现代作家姚雪垠名著《李自成》一书中曾述有"刚从草桥端来的挂着露水珠的牡丹"的臻笔素描。当代北京是中国政治中心、文化中心和国际交往中心，城市街区、楼堂馆所、居民家庭对于观赏商品、美化环境的花卉和盆景的需求量非常庞大。在当代社会生活中，情侣过节、探亲访友赠送鲜花和花篮的习俗逐渐流行。遗憾的是，具有观赏价值、满足人们精神需求的花卉商品业，目前尚未纳入北京文化（创意）产业的行列之中。

3. 规划发展北京宠物业。北京人饲养宠物同样有着悠久的历史传统。老北京人喜欢饲养的宠物大体上分为四类：一是兽类（如猫、狗）；二是鸟类（如百灵、画眉、飞鸽）；三是鱼类（如金鱼）；四是虫类（如蝈蝈、蛐蛐）。饲养宠物既是老北京人的一种嗜好，也是老北京文化的重要组成部分。人们在玩赏宠物之中得到的是一份精神上的愉悦与享受，因而老北京人把饲养宠物当作与弈棋、品茗、论画一样的雅事。遗憾的是，民国时期北京众多庙会中的狗市、鸟市、虫市，伴随新中国成立后庙会停办而几乎绝迹。目前北京市区仅有花卉市场附带合法经营的观赏鱼市，

其他宠物市场基本处于地下（即非法）经营的状态。随着国民收入的增长、闲暇时间的增多，人们对于修身养性、休闲娱乐的精神生活需求日趋旺盛和追求广泛。所以，应当顺应时代发展的要求，在政府宏观政策的引导和调控下，将发展宠物业和花卉业纳入北京文化（创意）产业发展规划之中。

二、开展文化科技创新，促进企业转型升级

北京的科技实力主要体现在科研院所、拔尖人才、创新能力、转化成果四个方面，尤其在文化科技领域表现十分突出。成立于2000年的百度在线网络技术（北京）公司（以下简称"百度"），起初是为新浪等门户网站提供网络搜索技术服务的一家公司，通过持续的技术创新，短短几年内迅速成长为一家具有全球影响力的文化科技企业，拥有全球最大的中文搜索引擎。百度致力于为用户提供"简单、可依赖"的互联网搜索产品及服务，其中包括以网络搜索为主的功能性搜索，以贴吧为主的社区搜索，各区域、各行业所需的垂直搜索、MP3搜索、百度HI，以及门户频道等。根据第三方权威统计，在中国互联网搜索市场上，百度搜索约占80%的市场份额。百度拥有数千名研发工程师，是中国乃至全球最优秀的技术团队，这支队伍掌握着世界上最为先进的搜索引擎技术，不仅使百度成为中国掌握世界尖端科学核心技术的文化科技企业，也使中国成为除了美国、韩国、俄罗斯之外全球仅有的4个拥有搜索引擎核心技术的国家之一。[①]

成立于2004年的完美世界（北京）网络技术有限公司（以下简称"完美世界"）是中国领先的网络游戏开发商和运营商之一。完美世界主要致力于网络游戏引擎和游戏平台的自主研发，凭借其强大的技术实力、富有创意的游戏设计能力、对本土文化的深刻理解和丰富的市场经验，公司迅速推出广受大众欢迎的游戏产品，以满足全球用户不断变化的需求。完美世界全面开拓海外市场，成功地将旗下产品出口到海外100多个国家和地区，并在美国、日本、中国台湾及荷兰设立了全资子公司。2011年完美世界海外出口额已占到了中国网游海外出口总额的近40%，2014年完美世界入选"全国文化企业30强"。[②]

成立于1999年的北京歌华有线电视网络股份有限公司（以下简称"歌华有

---

① 张京成、王国华：《北京文化创意产业发展报告（2015）》，社会科学文献出版社2015年版，第316页。
② 同上书，第312页。

线"），主要从事全市有线电视网络的建设开发和运营维护，并从事广播电视节目传输、视频点播、基于有线电视网的互联网接入服务、有线电视广告设计、制作和发布业务等。歌华有线建成了全国最大、性能最优的高清交互基础设施和系统平台，建设了直播、点播、回看、新闻、综艺、教育、文化、健康、游戏、生活、政务、营业厅等专区，推出了众多品牌栏目和公共事业缴费等便民应用。歌华有线曾连续三届入选"全国文化企业30强"①

在首届"首都文化企业30强和30佳"入围企业中，通过文化科技创新实现转型升级、迅速壮大的企业还有：北京畅游时代数码技术有限公司、北京数码视讯科技股份有限公司、北京昆仑万维科技股份有限公司、乐视网信息技术（北京）股份有限公司、腾讯科技（北京）有限公司、北京四达时代软件技术股份有限公司、新奥特（北京）视频技术有限公司、北京雅昌彩色印刷有限公司、精彩投资（北京）有限公司、北京永新视博数字技术有限公司、北京风暴科技股份有限公司、北京中文在线数字出版股份有限公司、北京水晶石数字科技股份有限公司、北京爱奇艺科技有限公司、央视国际网络有限公司、汉王科技股份有限公司、北京金一文化发展股份有限公司、北京世纪华侨城实业有限公司等。这些企业以文化科技创新为先导，带动企业高速发展、迅猛扩张的经验值得借鉴与推广。

三、整合文化生产要素，打造文化航母企业

近些年来，北京文化（创意）产业通过整合文化生产要素打造文化航母企业的经典案例可圈可点。成立于2009年的北京演艺集团有限责任公司（以下简称"北京演艺"），旗下整合了中国杂技团、中国评剧院、中国木偶艺术剧院、北京曲艺团、北京曲剧团、北京民族乐团、北京河北梆子剧团、北京歌舞剧院、北京儿童艺术剧院、北京文化艺术音像出版社、北京市演出公司、北京市电影公司、北京市电影器材公司等17家企事业单位。北京演艺成功主办出品大型情景音舞诗画《天安门》、鸟巢版歌剧《图兰朵》、中国首部5D音乐舞台剧《公主的盛宴》、"中国三大男高音"音乐会、"中国故事·喜马拉雅之光"叶小纲作品音乐会、话剧《四世同堂》等项目。集团所属院团也创新推出舞剧《女娲》、杂技剧《金小丑的梦》、奇幻木偶剧《猴王》、儿童剧《想飞的孩子》等优秀精品。北京演艺荣获"北京影响力

---

① 张京成、王国华：《北京文化创意产业发展报告（2015）》，社会科学文献出版社2015年版，第305页。

影响百姓经济生活十大企业""中国演艺集团三强""中国演艺机构十强""中国品牌企业500强""亚洲品牌500强"等荣誉称号,并先后三届入选"全国文化企业30强"。①

成立于1999年的中国电影集团公司,旗下整合了中国电影发行放映公司、北京电影制片厂、中国儿童电影制片厂、北京电影洗印录像技术厂、中国电影合作制片公司、中国电影器材公司、中国电影卫星频道节目制作中心、华韵影视光盘有限责任公司等8家企事业单位。2010年由中国电影集团公司联合中国国际电视总公司、央广传媒发展总公司、长影集团有限责任公司、江苏省广播电视集团有限公司、北京歌华有线电视网络股份有限公司、湖南广电传媒股份有限公司、中国联合网络通讯集团有限公司等7家单位,共同发起设立了中国电影股份有限公司(以下简称"中国电影")。中国电影主业涵盖影视制作、电影发行、电影放映四大板块,涉及影视制片、制作、发行、院线、影院、器材生产与销售、放映系统租赁、电影衍生品开发、演艺经纪等众多业务领域,与世界200多个国家和地区的数百家著名电影企业有着密切的合作关系。中国电影拥有亚洲规模最大、技术先进、设施完善的影视制作基地;拥有全国最大的数字电影发行管理平台;下辖4条控股院线、4条参股院线及近百家控股影院,其年度电影票房收入约占全国电影票房收入总额的1/4。中国电影在行业中综合实力最强、产业链较为完善,堪称行业"老大"。2014年中国电影入选"全国文化企业30强"。

成立于2002年并于2009年转轨改制的中国出版集团有限责任公司(以下简称"中国出版"),旗下拥有8家专业出版社、5家杂志社和15家子公司。中国出版以出版物生产和销售为主业,是集纸质出版、数字出版、印刷服务、版权贸易、图书进出口贸易、信息服务②、艺术品经营、科技开发、金融投资于一体的专业化大型出版集团。中国出版每年出版图书和音像、电子、网络出版物1万余种,出版报纸、期刊50余种,出版物在全国零售市场的占有率约为7%;每年从事书刊版权贸易1000余种,进出口出版物20余万种,书报刊进口额和出口额分别占全国市场份额的62%和30%;拥有海外出版社、连锁书店和办事机构28家,海外业务遍及130多个国家和地区。中国出版连续六届入选"全国文化企业30强"。③

---

① 张京成、王国华:《北京文化创意产业发展报告(2015)》,社会科学文献出版社2015年版,第300页。

② 同上书,第308页。

③ 同上书,第310页。

在首届"首都文化企业30强和30佳"入围企业中，通过整合文化生产要素、迈入行业航母的企业还有：保利文化集团股份有限公司、中国对外文化集团公司、北京北广传媒集团有限公司、北京华录百纳影视股份有限公司、中国国际电视总公司、北京出版集团有限责任公司、中国科技出版传媒集团有限公司、北京数码视讯科技股份有限公司、同方知网（北京）技术有限公司、北京万达文化产业集团有限公司、中青旅控股股份有限公司，北京歌华文化发展集团公司、天创国际演艺制作交流有限公司、山水盛典文化产业有限公司、北京发行集团有限责任公司、北京中文在线数字出版股份有限公司等。这些企业通过重组、联营、兼并、收购等方式，有效整合人力、物力、财力等资源，促使企业由"小而全"转型"大而强"，进而集中优势力量、占领行业市场高地和获取更大的市场份额。所以，整合文化生产要素、打造文化航母企业，是发展壮大文化（创意）产业规模的重要途径之一。

四、发挥产业集群优势，挖掘区域潜在能量

北京地区诸多文化行业在全国处于领先地位，形成了较为完备的产业集群，占有较大的行业市场份额。例如，北京地区拥有国家级新闻通讯社两家、驻外记者站遍布全球主要大城市，图书出版社237家占全国总数40%、图书出版印数约占全国比重的1/2，报刊250余种占全国总数的13%、报纸出版印数约占全国比重的1/5，期刊3050余种占全国总数的30%、期刊出版印数约占全国比重的1/3，印刷企业约2000家、年度出版物工业销售产值在100亿元以上；拥有两家国家级电视台和一家市级电视台，69个电视节目频道；拥有影视节目制作机构3700余家；拥有中国互联网业百强企业中的51家；拥有各类会展场所100余家；拥有文艺表演团体440余家，休闲娱乐商户28000余家，并且在东单、西单、望京、王府井、亚运村、中关村、什刹海、三里屯、五道口、十里堡、CBD、定福庄等地区形成了各具特色的产业聚集区。

文化（创意）产业聚集区的优势在于：一是行业资源共享，有利于构建良性发展的产业链；二是专业人才集中，有利于高层次的人才流动和协同创新；三是营销组织配套，有利于降低市场流通费用和提高产品经济效益；四是政务机构配套，有利于文化企业降低营运成本和提高办事效率；五是财政金融扶持，有利于构建科技项目孵化器和促进小微企业快速发展。所以，发挥产业集群优势，挖掘聚集区域潜在能量，有利于壮大优势行业的发展规模。

五、强化知识产权保护，完善市场监管制度

文化（创意）产业是以知识产权为核心的提供知识产品和知识服务的行业，文化（创意）产业发展与知识产权保护之间存在着密切关系。独具匠心的文化创意，通过知识产权的开发利用，创造出具有高附加值的知识产品和服务，通过市场交易和消费，实现知识产品和服务的经济价值与社会价值。① 由此可见，知识产权开发是文化（创意）产业高速发展的动力，强化知识产权保护、完善市场监管制度是文化（创意）产业良性发展的基本条件。

知识产权也称智力成果权、智慧财产权，是法律赋予公民或法人对其在科学、技术、文化等知识领域内创造的智力成果依法所享有的权利。知识产权可以分为两大类：第一大类是创作性成果权，包括版权（亦称著作权）、专利权和商业秘密权；第二大类是识别性标记权，包括商标权和地理标志权。知识产权是法律产物，具有地域性、独占性、时间性特点。知识产权客体是一种精神财富，它不像厂房、设备、材料那样占有一定的空间，而是无形的利益，故又称之为无形财产。当代社会随着科学技术（尤其大众传播技术）的不断创新和广泛应用，一方面知识产品和知识服务的日新月异，带动文化（创意）产业飞速发展；另一方面，盗版走私、模仿专利、假冒伪劣、窃取商业秘密等现象层出不穷，极大地损害了文化产业经营者的合法权益，严重地扰乱了文化市场的经营秩序。强化知识产权保护，成为文化（创意）产业健康、有序发展的关键所在和重要环节。

从文化（创意）产业经营者层面上讲，应当树立知识产权自我保护意识，设立知识产权法务机构并配备专职人员。版权的自我保护措施：①建立版权业务档案，定期和不定期地向业务部门反馈版权业务信息；②审查版权合同草案和提出协议修改意见；③督促履行合同义务和回笼版权收入；④收集市场动态并负责查处盗版活动。② 商业秘密的自我保护措施：①建立保密文件档案；②制定保密工作制度；③限定涉密人员范围；④设置保密工作区域；⑤签订保密协议条款；⑥加强人才流动管理。在专利技术、注册商标以及企业字号和域名等方面，也应完善企业内部的规章制度，采取必要的自我保护措施。③ 从文化行政执法和司法部门层面上讲，应当逐步完善知识产权保护制度，提高文化行政执法的效率，加大文化行政处罚和司法

---

① 陈静：《北京市文化创意产业知识产权保护的问题与对策》，《新闻界》2010年第5期。
② 赵玉忠：《文化产业经营合同实务》，经济管理出版社2012年版，第35页。
③ 赵玉忠：《商业秘密的自我保护》，《电子知识产权》2003年第3期。

惩处的力度，形成对知识产权侵害者如同"过街老鼠人人喊打"的局面，营造有利于文化（创意）产业有序发展的文化市场环境。

六、把握两个效益关系，确保产业良性发展

文化（创意）产业的知识产出特征，在于为社会提供知识产品和知识服务，以满足人们精神生活对于文化消费资料的需要。因此，文化商品（也称知识产品和知识服务）具有双重的质量标准。一是文化商品与一般物质商品所共有的理化性能即形式质量，例如图书的纸张质量、印刷水平、装帧效果等；二是文化商品特有的思想意识即内容质量，例如图书的知识品位、教化功能、价值取向等。文化商品的内容质量，关系到意识形态产品的认识、教育、娱乐和审美功能效果及其价值取向。所以，文化生产经营者在知识生产和知识服务过程中，既要重视形式质量，更要注重内容质量；正确把握社会效益与经济效益两者关系。正如2014年10月15日习近平总书记在文艺工作座谈会上讲话指出："一部好的作品，应该是把社会效益放在首位，同时也应该是社会效益和经济效益相统一的作品。文艺不能当市场的奴隶，不要沾满了铜臭气。优秀的文艺作品，最好是既能在思想上、艺术上取得成功，又能在市场上受到欢迎。"不可否认的是，在当前文化产业化的大潮中，尤其在文艺创作方面，存在着有数量缺质量、有"高原"缺"高峰"的现象；存在着抄袭模仿、千篇一律的问题，存在着机械化生产、快餐式消费的问题。文艺不能在市场经济的大潮中迷失方向，不能在为什么人的问题上发生偏差，否则文艺就没有生命力。低俗不是通俗，欲望不代表希望，单纯感官娱乐不等于精神快乐。①

例如，根据《国产电影用八个月，交出了一份令人无法接受的答卷》一文作者统计，"2016年1.1日—8.12日上映国产片豆瓣评分统计"的170部国产电影中，获评7分以上的11部，5～7分的47部，3.5～5分的58部，3.5分以下的64部。（豆瓣评分标准采取5星制：1星为2分，评价最差；2星为4分，评价较差；3星为6分，评价一般；4星为8分，评价较佳；5星为10分，评价最佳，然后根据网友投票的汇总分得出加权平均数）作者认为：一部电影综合评分"7分（8分才能算作好电影）以上还算能看，5分以下基本是垃圾，3.5分以下更是屎一般存在。但八个月来国产电影5分以下占比72%"。也就是说，在年内上映的170部国产电

---

① 《习近平在文艺工作座谈会上讲话》，人民网，网址：http://culture.people.com.cn/n/2014/1015/c22219-25842812.html?_t=1444992499811。

影中，垃圾影片占到了三分之二以上！作者坦陈直言："中国有13亿人，每天上演着无数悲欢离合，缺人才吗？缺故事吗？缺工业基础吗？那么多人才、资本还在涌入这个膨胀的体系里，这完全是一个可能出现诸多电影佳作的环境。……当下，国产电影IP被资本市场越炒越热，票房纪录节节升高，但是随之而来的却是电影口碑的整体下滑。在资本涌向电影市场，使得电影市场获得发展的同时，挑选优质IP，进行精心的打磨，才是促进国产电影长远发展的正确选择。"①

值得业界深刻反思的是百度"竞价排名"事件。早在2008年11月央视《新闻30分》连续曝光了号称全球最大中文搜索引擎"百度"的竞价排名内幕。不少消费者抱怨称，由于百度搜索引擎竞价排名所提供的虚假网站或信息而上当受骗。"竞价排名"更被指为"勒索营销"，同时也因此而引发了公众对百度商业道德的质疑。百度的商业信誉因央视对虚假医疗广告的曝光而受到损害，"本周一，百度美国存托股股价曾一度下探133.8美元。收盘时百度美国存托股股价下跌了44.8美元，跌幅为25.04%"。②2016年4月网上曝光的"魏则西事件"，更是把百度推到了社会舆论的风口浪尖之上。据生物谷网站报道："魏则西事件"后，百度美股股价一度遭遇大跌，截至本周一美股收市，百度股价在163.55美元，相比"魏则西事件"之前百度股价（2016年4月29日）193.30美元，目前股价下滑15.83%，市值从680亿美元跌至约567亿美元，缩水约113亿美元，约合人民币740亿元。③综上所述，任何文化生产经营者都应当正确处理好社会效益与经济效益两者的关系；必须坚持"把社会效益放在首位，兼顾社会效益与经济效益相统一"的原则。唯有如此，才能确保文化（创意）产业不断壮大、良性发展。

---

① 刘小流：《国产电影用八个月，交出了令人无法接受的答卷》，360doc个人图书馆网站，网址：http://www.360doc.com/content/16/0816/16/68780_583646268.shtml。

② 《百度股价周一暴跌近44.8美元，跌幅25.04%》，网易科技网站，网址：http://tech.163.com/08/1118/06/4R0TPKEP000915BF.html。

③ 《魏则西事件对百度的影响：3个月损失20亿，市值缩水74亿，但闹剧还远未结束》，生物谷网站，网址：http://news.bioon.com/article/6684401.html。

第三章　北京文化（创意）产业发展的难点

第一节　北京文化（创意）产业发展的劣势

北京文化（创意）产业的发展既有优势也有劣势，其劣势主要体现在以下几个方面。

一、区域人口总量较小

北京市区总面积1.64万平方千米、常住人口2170万人，分别相当于河北省区总面积18.85万平方千米的9%和常住人口7424万人的29%，并被河北省区所环绕，如同躺在河北大婶怀中的婴儿。由于区域空间相对狭窄、人口总量相对较小，北京部分传统的文化（创意）产业难以大显身手，所以必须转变观念、积极寻求外向型的产业发展路径。例如，《北京晚报》不仅要立足于服务本区域读者，随着京津冀一体化协同发展规划的实施，应当增加有关北京周边地区河北省13个市县和天津市的新闻报道内容，以吸引相邻区域的潜在读者群。

二、城市交通拥堵严重

随着北京社会经济的飞速发展和人口的不断增多，北京的城市交通拥堵日趋严重。根据高德软件有限公司发布的《2015 Q2中国主要城市交通分析报告》，采用"延时拥堵指数"作为城市拥堵程度评价指标，"中国十大堵城"北京位居榜首，杭州、广州、济南、大连、哈尔滨、深圳、上海、重庆、成都分列第2—10位。[1] 另

---

[1]《2015 Q2中国主要城市交通分析报告》，高德软件有限公司，百度文库，网址：http://wenku.baidu.com/link?url=SJXrgcZgGwR0BVDy4x-F_opm9ShR-22CbfIT1eD0d7BMxvjDYB8ISUAiKQdJH7c_imucuqA6AoUOt6X_P0xHm_VN2CRe7lt47ySQwrP2Y4i###。

据荷兰交通导航服务商 TomTom 发布的《2015 年全球拥堵城市排行榜》，北京的拥堵指数为 37%，名列第 15 位。由于北京、上海、莫斯科等城市高速公路（包括快速路）的拥堵状况比普通公路更加严重，如果将高速公路的拥堵状况做一个排名，北京拥堵率全球排名第 6 位。该报告称，全球拥堵情况最严重的时段出现在晚高峰；相比不拥堵的情况，车主平均要花费双倍的时间在晚高峰通勤。[①] 在北京市民中流传一句民谣："首都首都，天天都堵。一天不堵，不叫首堵。"北京城市交通拥堵状况给文化创意产业带来的不利影响有二：一是节假日期间，前往八达岭、十三陵等景区和郊区采摘/农家院的高速公路时常处于饱和状态，许多自驾游者宁愿待在家里而放弃出行；二是下班晚高峰时段，大多上班族为了躲避交通堵塞宁愿回家看电视而放弃选择前往影院、剧场、歌厅、酒吧、体育场等群体性场馆参与休闲娱乐活动。

三、人工薪资水平最高

2015 年全国各大城市最低工资标准排行，月最低工资标准深圳市为 2030 元，排名首位；北京市为 1850 元，排名第 6 位。小时最低工资标准北京市为 18.5 元，排名首位；海口市为 11.2 元，排名末位。[②] 实际上，根据 2015 年全国各大城市秋季月平均薪资排行，北京为 8894 元，排名首位。[③] 值得一提的是，北京地区绝大多数的国有和民营企业履行为单位员工缴纳"五险一金"（即养老保险、医疗保险、失业保险、工伤保险、生育保险和住房公积金）的法定义务，鲜有拖欠员工薪资和拒交"五险一金"事件的发生。与其他城市相比，北京制造文化商品和提供文化服务项目的成本费用中的人工薪资所占比重较高，相应加大了北京文化企业维系生产经营的难度。这就迫使有些文化商品制造企业及小微文化科技企业不得不选择在郊区甚至外地安营扎寨，以求降低人工成本和提高经济效益。

---

① 《全球最拥堵城市排行榜：北京位列 15 上海 24 名》，腾讯新闻网，网址：http://news.qq.com/a/20150406/009003.htm。

② 《全国最低工资标准（2016 年 1 月最新版）》，百度文库，网址：http://wenku.baidu.com/link?url=DjSJIIyABJ4BFPsyHnd4FVvleMfy90g5Yv-LkkrcloIBSk4S_LDfPdPr7JZGz9Huk4gietgIA0BOmDfZVCajebeXHKFCO5dsczBdK-Tlgcu。

③ 《全国城市工资排行北京居首 快来看看你的工资挂几档》，中国青年网，网址：http://finance.youth.cn/finance_gdxw/201511/t20151126_7350767.htm。

四、生活成本居高不下

根据英国《经济学人》智库发布的《全球生活成本调查 2016》报告数据所显示：中国大陆生活成本最贵的城市中，上海位居国内冠军、全球排名第 11 位，深圳位居国内亚军、全球排名第 16 位，北京位居国内季军、全球排名第 31 位。该调查报告在评估各地生活成本时，会考察 160 个品类中 400 多种商品价格，包括饮食、服饰、家庭用品、个户用品、房租、水电煤、私立学校和其他服务娱乐等，但其中不包括"房价"这一类别。① 近年来，由于在上述城市工作将面临着沉重的生活压力，许多大学毕业不久的"北漂"和"南漂"一族纷纷逃离"北上广深"。所以，在北京文化企业就业的"北漂"一族，不得不选择在五环、六环以外租房居住或购置房产；或为节约交通费用而频繁跳槽。对于文化企业而言，这种状况不利于专业人才的稳定和创新项目的开展。

第二节　北京文化（创意）产业发展的难点

北京文化（创意）产业发展的难点，主要体现在以下几个方面。

一、小微民企信用较低，项目开发融资困难

在北京文化（创意）产业中，注册资本千万元以下、从业人员百人以下的小微民营文化企业占有较大的比重，尤其是软件开发、动漫网游、设计创意、影视策划、婚庆礼仪、中介咨询、文博画廊、微商网店等行业。这些文化企业大多缺乏信用担保的物质基础，开发文化创意项目的投资风险和资金缺口巨大，很难获得风投机构和商业银行的扶持。虽然北京市府设立了文化创意产业专项基金，但是僧多粥少、蜻蜓点水，很难解决众多小微企业融资需求。近些年来，有些商业银行响应政府号召面向文化（创意）产业领域予以投资贷款扶持；由于文化地产具有实物担保

---

① 《中国城市生活成本全球排名飙升　排名前三的是谁？》，搜狐公众平台，网址：http://mt.sohu.com/20160315/n440486652.shtml。

的功能，绝大多数项目投在产业园区、产业聚集区或产业功能区建设方面，真正投在颇具投资风险的文化创新项目所占的比重很小。2015年以来北上广深地区兴起的"创科空间"的运营惨状，就是一个非常典型的例证。资本的本性是获取更多的收益和利润，所以研发周期长、前景不明朗和兼有公益性质的文化创新项目，很难获得风险投资基金和商业银行的青睐。

二、人工生活成本双高、企业面临双重压力

由于北京地区聚集了众多的央企集团总部、高新科技企业和文化创意企业，专业人才在企业员工中所占比重较高和人工薪资水平较高，分摊到企业产品成本中人工成本所占比重也相应地加大。据统计2015年秋季求职期全国需求最旺盛的十大行业依次为互联网/电子商务、基金/证券/期货/投资、房地产/建筑/建材/工程、教育/培训/院校、计算机软件、专业服务/咨询（财会/法律/人力资源）、贸易/进出口、广告/会展/公关、IT服务（系统/数据/维护）、快速消费品（食品/饮料/烟酒/日化）。[①] 在人才需求最旺盛的十大行业中，与文化（创意）产业相关的就占到了五席。由此可见，文化创意企业在招募大量的高素质专业人才的同时，不得不承受高额人工成本的运营压力。

由于生活成本高攀不止且在全国各大城市中名列前茅，在北京市常住外来人口822.6万人中，多数"北漂"一族的生活境遇较为凄惨。高素质专业人才在京谋求较为理想职业的同时，又不得不承受高房租或高房价、高伙食费、高出行费等支出的生活压力。面对城区的高房租和高房价，许多人选择在五环以外的海淀苏家坨、昌平回龙观、房山长阳、大兴黄村、朝阳亦庄、通州土桥、河北燕郊等地区租房或购房，每天上下班乘坐地铁、公交花费10元以上、耗时2~5小时不等。在这类人群中，为了选择就近上班单位而跳槽的现象非常普遍，有些人不堪重负而逃离了"北上广深"。北京文化创意企业需要大量高素质专业人才，但是面对有潜质、挑重担的专业人才频繁流失的现象也无可奈何。

---

① 《全国城市工资排行北京居首　快来看看你的工资挂几档》，中国青年网，网址：http://finance.youth.cn/finance_gdxw/201511/t20151126_7350767.html。

三、"条块分割、多头管理",市场监管效能低下

目前北京市文化行政管理体制依从国家"小文化"概念下的行政管理体系,对应设文化局、新闻出版广电局、体育局、旅游委、网信办等文化行政管理部门,由此形成"条块分割、多头管理"局面,极不利于北京文化(创意)产业健康、有序地发展。我国现行"小文化"行政管理体制和管理方式明显存在着缺陷:(1)本位主义、地方保护;(2)政出多门、各行其是;(3)立法滞后、效能低下;(4)有法不依、执法不严。例如,知识产权行政执法体系涉及新闻出版广电局(主管版权)、工商局(主管商标)、知识产权局(主管专利)和文化局(主管文化市场稽查大队)四个行政部门,行政执法资源如同一盘散沙,难以对文化市场上泛滥成灾的盗版走私、模仿专利、假冒伪劣、窃取商业秘密等违法现象形成围剿态势,难以保障文化(创意)产业正当权益和良性发展。又如,营业性信息服务网站要涉及若干个行政主管部门的业务审批与许可。以新浪网首页标识为例,计有工信部门颁发的京ICP证000007、电信业务审批[2001]字第379号、电信与信息服务业务经营许可证000007号、增值电信业务经营许可证B2-20090108,网信办颁发的互联网新闻信息服务许可京网文[2014]2045-295号,新闻出版广电部门颁发的广播电视节目制作经营许可证(京)字第828号,药监部门颁发的(京)-经营性-2014-0004,教育部门颁发的京教研[2002]7号、卫生部门颁发的京卫网审[2015]第0749号,公安部门颁发的京公网安备11000002000016号。由此形成了"一个儿媳应对多个婆婆"的荒唐局面。再如,动漫游戏业主管部门涉及文化、新闻出版广电两个行政部门,多头管理、责任分散,缺乏强有力的统筹协调机制和平台,难以形成合力,制约了整个行业的有序发展。

文化(创意)产业与文化市场密不可分。产业是在市场中发展的,要充分发挥文化市场对文化资源配置的基础性作用,逐步建立政府调节市场、市场引导企业的文化(创意)产业运行框架和文化市场监管体制;规范文化市场秩序,打破市场界限、地域界限和行业界限。所以,我国现行文化行政管理体制和文化市场监管体制仍不够完善,存在许多问题需要改善。建立和完善结构科学、行为规范、服务便民、政民合作、监督有效、救济有力、运行高效的文化行政管理体制和文化市场监管体制,是保障文化市场规范发展、文化(创意)产业良性发展的重要基础和先决条件。

四、"非首都功能"疏解，制约部分行业发展

北京的"首都功能"与"非首都功能"是相对应的两个概念。2014年2月，习近平总书记在北京考察时指出：要明确城市战略定位，坚持和强化首都全国政治中心、文化中心、国际交往中心、科技创新中心的核心功能，深入实施"人文北京、科技北京、绿色北京"战略，努力把北京建设成为国际一流的和谐宜居之都。要调整疏解非首都核心功能，优化三次产业结构，优化产业特别是工业项目选择，突出高端化、服务化、集聚化、融合化、低碳化，有效控制人口规模，增强区域人口均衡分布，促进区域均衡发展。[①]2015年2月，在中央财经领导小组第九次会议上习近平总书记提出要疏解北京非首都功能："作为一个13亿人口大国的首都，不应承担也没有足够的能力承担过多的功能。"[②]所谓"首都功能"，就是要坚持和强化北京作为全国政治中心、文化中心、国际交往中心、科技创新中心的核心功能。与此相对应，"非首都功能"是指与四个中心不相符的城市功能，诸如部分相对低端、低附加值的产业运营功能和服务功能。目前北京由于人口和功能过度聚集而导致的"大城市病"问题，使得北京的功能优化与品质提升受到阻碍。通过疏解非首都功能，推动首都城市功能的结构优化，不仅可以为北京新的国际化功能发展腾挪空间，也为广大人民群众提供更优质的生活服务空间；还为吸引高素质、国际化人才创造条件。通过疏解"非首都功能"，将带动北京城市的现代化治理水平提升。

北京市政府制定并实施的非首都功能疏解方案，包括一般性制造业、区域性物流基地和批发市场、部分教育医疗等公共服务机构、部分行政性和事业性服务机构等四个领域；分为近期、中期、远期三个阶段实施；通过"禁、关、控、转、调"五种方式来完成疏解非首都功能目标。近三年来，通过调整经济结构和空间结构、控增量和疏存量等一系列措施，北京累计退出了污染企业1006家，完成五年任务84%；2015年拆除、清退升级改造市场233个，涉及建筑面积251万平方米，商户3.3万户。通过批发市场、学校、医院疏解，为北京发展高附加值、优势产业腾出大量的宝贵空间。目前北京市制造业、建筑业、批发和零售行业等禁限行业新增市场供给同比大幅度下降，而金融业、信息服务业、科技服务业增速明显增长，高精

---

① 《习近平在北京考察 就建设首善之区提五点要求》，新华网，网址：http://news.xinhuanet.com/politics/2014-02/26/c_119519301_3.htm。

② 《习近平：疏解北京非首都功能》，新华网，网址：http://news.xinhuanet.com/chanye/2015-02-11/c_1114339800.htm。

尖产业发展势头良好。[①]但是在实施非首都功能疏解的过程中,一味地追求"高精尖"的思路和采取"一刀切"和"红线倒逼"的做法,在一定程度上制约了北京文化(创意)产业的科学发展,也与强化首都作为全国"文化中心"的核心功能背道而驰。

首先,生产服务市场与文化消费市场不可厚此薄彼。生产服务市场属于生产要素市场范畴,是指以满足企业或个人生产活动为目的、直接为生产过程提供服务的市场,诸如时下流行的产业园、孵化器、创客空间、众创空间等,就是典型的生产服务市场。文化消费市场则是指满足消费者文化消费需求的市场,包括文化商品(图书、报刊、工艺制品、游戏软件等)及文化用品(电脑、手机、相机、电视机等)经销场所、文化设施(歌厅、酒吧、影剧院、体育场馆等)服务场所和文化信息(广播、电视、网络节目等)服务市场。为了疏解常住人口,将现有的文化消费市场全部转型为生产服务市场的做法并不可取,势必后患无穷。一方面,线上交易平台不可能完全取代线下实体交易市场,也就是说实体交易市场有其存在的客观现实性。另一方面,生产服务市场的需求毕竟是有限的,盲目扩张的结果必然是物力资源的空置浪费和赔本经营。

其次,高端消费市场与低端消费市场不可厚此薄彼。艺术品位有高雅的"阳春白雪"与通俗的"下里巴人"之分;比如京剧、昆曲、交响乐、芭蕾舞、文物藏品与民歌、秧歌、流行歌曲、东北二人转、仿复制品的差别。文化经营场所也有高端与低端之分,比如国家大剧院与天桥小剧场的差别,它们对应满足不同层次消费者的文化消费需求。以北京古玩市场为例,如果说北京古玩城、琉璃厂古玩店、亮马收藏品市场属于高端消费市场,那么以摆摊经营为标志的潘家园旧货市场、报国寺古玩市场属于低端消费市场。虽然北京古玩城在中国十大古玩市场排行榜名列榜首,是目前北京最大的古玩旧货及民间艺术品交易中心,同时也是国内首家许可经营文物监管范围的旧货、文物集散市场。但是,潘家园旧货市场的名气在国内首屈一指并且名扬海内外。坊间曾有戏言,北京有两个地方永远人头攒动:一个是天安门广场,所有人仰首看升国旗;另一处是潘家园旧货市场,大家伙儿只顾着低头寻宝。由此可见,潘家园旧货市场的繁荣兴旺,说明它能够满足巨大、潜在的大众文化消费需求。

北京与马德里可作一对比分析。马德里是西班牙首都,全国高新技术产业中

[①] 《瞄准"高精尖"北京在疏解非首都功能中谋求可持续发展》,凤凰资讯,网址:http://news.ifeng.com/a/20160530/48876018_0.shtml。

心、总部经济中心、商业中心、文化中心和旅游中心。马德里拥有 1962 座古建筑，周边 100 千米内拥有 6 项世界文化遗产。马德里堪称休闲娱乐之都，除世界著名的弗拉门戈艺术节和拉斯·本达斯斗牛场的圣伊斯德罗游艺会之外，还有卡斯喀拉广场附近的露天旧货市场，圣米盖尔菜市场内的小吃城，以及遍布大街小巷的酒吧、迪厅、卡拉 OK、爵士吧、俱乐部、夜总会和现场音乐会，无论是白天还是夜晚甚至黎明，聚集着不同阶层人士和来自世界各地游客。在北京市区，真正容纳大众需求的收藏文化、饮食文化、茶叶文化、服饰文化的潘家园旧货市场、簋街和东华门小吃街、南锣鼓巷主街、动批市场、雅宝路服饰市场，统统以"疏功能、控人口"为由关门停业或"转型升级"，那么首都功能区靠什么样内涵来支撑其作为全国的"文化中心"？所以，在宏观决策上不能采取欠缺科学性的、因噎废食的举措。

第四章　北京文化（创意）产业发展的对策

第一节　北京文化（创意）产业发展的趋势

2006年北京市政府出台的"十一五"规划首次提出"通过大力发展文化创意产业转变经济增长方式，尽快实现建成创新型城市的目标"以来，历经十年的政策扶持和优化培育，北京文化（创意）产业实现了高效、快速的发展，成为首都经济稳增长、调结构、转方式的重要支撑。尽管在"十二五"时期北京文化（创意）产业经历了非均衡性增长的过程，但是产业整体实力持续壮大、经济收益稳步增长。尤其是在中央明确北京全国"政治中心、文化中心、国际交往中心、科技创新中心"的城市战略定位以来，作为首都核心功能产业的北京文化（创意）产业迈入了历史发展的新阶段。基于上述市情现状，北京文化（创意）产业的未来发展将会出现以下几个主要趋势。

一、强化首都核心功能，将为产业发展营造良好的外部环境

强化首都作为全国"政治中心、文化中心、国际交往中心、科技创新中心"的核心功能，深入实施"人文北京、科技北京、绿色北京"的战略，努力把北京建设成为国际一流的和谐宜居之都的目标，势必为北京文化（创意）产业发展营造良好的外部环境。首先，北京构建全国的"文化中心"，势必要兴建更多的文化场馆、休闲场所和娱乐设施，势必会扩大信息内容服务规模，这将有利于承担着传承民族文化、弘扬中华文化重任的北京文化（创意）产业的高速发展。其次，北京构建全国的"科技创新中心"，势必会吸引更多的高新科技企业来京安营扎寨，这将有助于"文化"与"科技"之间的联姻，从而带动北京文化（创意）产业的良性发展。再次，北京构建全国的"国际交往中心"，势必会吸引跨国公司在京设立分部或分支机构，吸引国际会议在北京举办，吸引海外游客到北京旅游观光，从文化市场角

度来说必将有利于北京文化娱乐业、会展业、广告业和旅游业的良性发展。最后，北京作为全国的"政治中心"，虽然每年全国人大、全国政协"两会"期间和每五年一次党代会期间给北京带来巨大的城市交通压力，但是会议代表及其随从人员形成较为庞大的流动人口，势必会转化为北京文化消费市场潜在的人群，这对北京文化（创意）产业的发展而言弊少利多。

二、推动京津冀协同发展，将为产业发展提供更大的活动空间

2014年2月习近平总书记在京召开座谈会上指出：推进京津冀协同发展，要立足各自比较优势、立足现代产业分工要求、立足区域优势互补原则、立足合作共赢理念，以京津冀城市群建设为载体、以优化区域分工和产业布局为重点、以资源要素空间统筹规划利用为主线、以构建长效体制机制为抓手，从广度和深度上加快发展。[①]2014年8月京津冀三地文化行政部门签署的《京津冀三地文化领域协同创新发展战略框架协议》提出，京津冀三地应在优势互补、共建共享、统一开放的原则下，通过整合优势文化资源形成区域发展合力，探索构建跨区域文化战略合作机制，形成跨区域文化发展的新格局，推动京津冀三地文化交流与合作向更高水平、更深层次、更宽领域发展。[②]2015年4月经由中央政治局会议审议通过的《京津冀协同发展规划纲要》指出：推动京津冀协同发展是一个重大国家战略，核心是有序疏解北京非首都功能，要在京津冀交通一体化、生态环境保护、产业升级转移等重点领域率先取得突破。要坚持协同发展、重点突破、深化改革、有序推进。要加快破除体制机制障碍，推动要素市场一体化，构建京津冀协同发展的体制机制。[③]文化（创意）产业的繁荣兴旺，需要相邻区域间的互通合作与协同发展。京津冀三方未来应充分利用各自的文化资源与产业优势，整合三地传统的文化品牌，挖掘三地产业合作的巨大潜力，共同开发跨区域、互补性、融合性的文化创意产业项目，促进京津冀三地文化（创意）产业的共同发展。

---

① 《打破"一亩三分地"，习近平就京津冀协同发展提七点要求》，新华网，网址：http://news.xinhuanet.com/politics/2014-02/27/c_119538131.htm。

② 《京津冀三地签署文化领域协同发展战略框架协议》，人民网，网址：http://world.people.com.cn/n/2014/0829/c157278-25565492.html。

③ 《京津冀协同发展规划纲要获得通过》，人民网，网址：http://politics.people.com.cn/n/2015/0501/c1001-26935006.html。

三、"双创"引领时代潮流，将为产业吸引更多的社会投资

2015 年李克强总理在全国人代会上所作政府工作报告提出"大众创业、万众创新"，由此被称为"双创"元年。推动大众创业、万众创新，"既可以扩大就业、增加居民收入，又有利于促进社会纵向流动和公平正义"。"让人们在创造财富的过程中，更好地实现精神追求和自身价值"。①"双创"可以促使众人的奇思妙想变为现实，让人力资源转化为人力资本，更好地发挥我国人力资源雄厚的优势。采取"双创"方式，旨在鼓励全社会勇于创造，大力解放和发展生产力，有助于社会最终实现共同富裕。"双创"有助于推动我国经济结构调整、打造发展新引擎、增强发展新动力、走创新驱动发展道路。要使经济实现持续发展，离不开大量的市场参与者、灵活高效的调节机制和竞争有序的市场格局。推进"双创"活动，既可以在最大范围内推动人、财、物等各种市场要素自由流动，更可以倒逼不合理体制机制实现改革突破，最终提升整个经济的运行效率。文化（创意）产业属于 21 世纪最具发展潜力的朝阳产业，开启"双创"元年以来，各类风险投资纷纷涌入文化（创意）产业领域，尤其是"互联网+"技术的快速发展，众筹创新遍地开花、方兴未艾。

四、筹办世园会和冬奥会，将为产业发展创造绝佳的历史机遇

2019 年中国北京世界园艺博览会简称"2019 北京世园会"，别称"长城脚下的世界园艺博览会"，是由中国政府主办、北京市政府举办的 A1 类世界园艺博览会，是继 2008 年北京奥运会和 2010 年上海世博会之后，未来十年我国举办的级别最高、规模最大的专业类世博会。2019 北京世园会园区位于京北延庆区，紧邻举世闻名的八达岭长城，依托妫河水系和森林公园，规划总面积 960 公顷，会期自晚春至深秋历时近半年。众所周知，世园会是一项具有较大影响和悠久历史的国际性活动，它既是人类社会发展进程中对当时文明的真实记录，更是对未来美好前景的展望和憧憬。正像"一切始于世园会"的名语所言，现代社会的组织结构和系统中的很多因素都是从世园会孕育诞生的，如将许多商品汇集一处买卖的百货店，组织观光游览的现代旅游活动，提供休闲娱乐的各类公园、游乐园、度假村、俱乐部等。

---

① 《政府工作报告起草组成员解读"大众创业、万众创新"》，中国经济网，网址：http://www.ce.cn/xwzx/gnsz/gdxw/201503/06/t20150306_4740363.shtml。

时至今日，世园会熔人类创造的一切文明成果于一炉，伴以精彩纷呈的文艺表演，展示丰富多彩、富有魅力的壮观景色，设置琳琅满目、充满喜庆节日气氛的空间，成为各种技术交流、旅游观光、娱乐消遣的理想场所。2019 北京世园会的积极筹办与成功举办，将为北京文化（创意）产业发展增添不胜枚举的运营素材、开发项目和巨大的潜在市场。

第 24 届冬季奥林匹克运动会即 2022 年北京冬季奥林匹克运动会简称"2022 北京冬奥会"，是由中国政府主办、北京市政府和张家口市政府联合举办的一项国际体育盛会。北京冬奥会分三个区域布局竞赛场馆，建设三个相对集聚的场馆群。北京市区的奥林匹克中心区将主要承办冬奥会五个冰上项目；京北延庆区将建设雪车、雪橇比赛场馆和滑雪大项中的高山滑雪比赛场地并承办相关的比赛项目；张家口市崇礼县将承办除雪车、雪橇大项和高山滑雪以外的所有雪上比赛项目。为了保障北京冬奥会北京市区、延庆区、张家口市崇礼县三地赛场间的交通服务，将建设连接北京—延庆—张家口三地的高速铁路（如 2019 年建成京张城际高铁）和高速公路（如 2019 年建成兴延高速和首都环线高速 G95 的通达）。2022 北京冬奥会的积极筹办和成功举办，不仅完善京张两地道路交通设施和冬季运动场馆建设，而且为赛后京张地区旅游观光业、休闲娱乐业、竞技健身业展现了广阔的发展前景。

五、进入"互联网+"时代，知识产权保护依然面临严峻的形势

通俗来说，"互联网+"就是"互联网+各个传统行业"，指的是依托互联网信息技术实现互联网与传统产业的联合，以优化生产要素、更新业务体系、重构商业模式等途径完成经济转型和升级。伴随着知识经济时代的来临，无所不在的网络与无所不在的计算、无所不在的数据、无所不在的知识共同驱动无所不在的创新。信息技术的不断创新与广泛应用，重塑了物联网、云计算、大数据等新一代信息技术的新形态。"互联网+"不仅仅是互联网移动了、泛在了、应用于传统行业了，更会同无所不在的计算、数据、知识造就无所不在的创新，推动当代社会以用户创新、开放创新、大众创新、协同创新为特点的生活实验室、创客、维基模式、产消者、众包等典型创新模式的不断涌现。换个角度来说，"互联网+"是传统行业与互联网的融合与重构。制造业、物流业、交通业、通信业、金融业、新闻业、广告业、医疗业、教育业、旅游业、餐饮业等几乎所有的传统行业、传统应用与服务都在被互联网所改变。传统行业向互联网迁移，带来了资金流、信息流、物流整合，形成了新的平台，产生了新的应用，带来了产业或服务的转型升级。"互联网+"

模式将给各个行业带来了创新与发展的机会。"互联网＋"代表着一种新的社会形态，即充分发挥互联网在社会资源配置中的优化和集成作用，将互联网的创新成果深度融合于经济、社会各个领域之中，提升全社会的创新力和生产力，形成更广泛的以互联网为基础设施和实现工具的经济发展新形态。

但是进入"互联网＋"时代，同时也给知识产权保护尤其是与文化（创意）产业息息相关的著作权保护带来严峻的挑战。由于数字化作品具有易复制、侵权较隐蔽的特点，著作权人很难发现作品被侵权，即使发现也难于追究责任。数字化环境下的使用取证很难，经济损失难以估量，维权成本很高，成效很低，使著作权人难以维护自己的正当权益。① 尤其是随着互联网和数字化技术的不断创新与广泛应用，我国的网络视频信息产业飞速发展，网络视频娱乐市场空前繁荣。从供给方面讲，有搜狐视频、新浪视频、网易视频、腾讯视频、百度视频等门户网站，优酷土豆、乐视、爱奇艺、酷6、我乐等专业网站，CNTV、PPTV、凤凰视频、芒果TV等电视网站，还有众多专事提供信息存储空间服务的视频分享网站。从需求方面讲，中国互联网信息中心《第38次中国互联网络发展状况统计报告》数据表明，截至2016年6月中国网民规模达到7.10亿人，其中手机网民规模达到6.56人；中国网络视频用户规模达到5.14亿人，其中手机网络视频用户规模达到4.40亿人。② 与此相应的是，涉及网络视频作品著作权纠纷的案件飞速增长。究其原因，新技术应用层出不穷，而人们的认识相对滞后。即使在互联网技术发明地的美国，也面临着互联网和数字化技术日新月异所带来的诸多法律难题。1998年美国国会通过了《千年数字版权法案》，其中确立有"避风港规则"即"通知＋移除"规则和"红旗标准"。2006年国务院颁布的《信息网络传播权条例》，借鉴了美国"避风港规则"对网络应用做出了相应的规范。但无论在美国还是在中国，各地各级司法机关对新型版权纠纷案例适用"避风港规则"存在着不同释义和诸多争议。③ 由此推论，进入"互联网＋"时代，我国知识产权保护状况依然面临着非常严峻的形势。

---

① 陈静：《北京市文化创意产业知识产权保护的问题与对策》，《新闻界》2010年第5期。
② 中国互联网信息中心：《第38次中国互联网络发展状况统计报告》，网址：http://www.cnnic.net.cn/hlwfzyj/hlwxzbg/hlwtjbg/201608/P020160803367337470363.pdf
③ 赵玉忠：《视频网站适用"避风港规则"免责条件探析》，《电子知识产权》2016年第1期。

六、疏解非首都功能，传统产业将会面临复杂多变的局面

以海淀区中关村电子一条街为例，它曾经是中国最大的电子产品批发零售市场。近年来随着电子商务平台的异军突起，E世界、海龙、鼎好、科贸大厦等著名电子产品实体卖场门可罗雀，有的关门停业，有的转型升级。据有关报道称：2016年7月起，占地2万余平方米、开业17年的海龙电子城完成了电子产品零售区域的空间腾退，1~5层电子卖场部分正式停止营业，涉及疏解人口超过千人。转型升级后的海龙大厦将变身为智能硬件为主的科技研发、创新创业机构聚集地及大数据软件交易中心。升级后的海龙大厦将为中关村创业企业提供更优质、完善的配套设施。目前，海龙大厦已引入包括硬蛋科技有限公司、燕园创业众筹孵化器、北京天使共赢投资中心在内的孵化器、创客社区和商务中心。[1] 有学者直言："海龙电子城停业与线下渠道没落无关。"……大家比较关心的电子产品线下渠道究竟有没有没落呢？在手机行业方面，今年以来已有多家手机企业宣布将大力拓展线下渠道。根据赛诺的数据显示，从2015年3月开始，线上渠道手机的销量以平均每月5%的速度递减，而线下手机市场的销量平均每月上升6%~8%。目前，大部分手机产品线下渠道份额已经超过60%。据了解，华为已在全国重点城市的核心商圈建立了近300多家体验店，超过1万多个专区专柜。雷军在小米5发布会上表示，将把小米之家由"服务店"升级为"线下零售店"，并将在全国拓展200~300家的规模。乐视与迪信通达成战略合作，定下开设3500家线下店面的目标。所以，海龙电子城转型这件事和线下渠道没落无关，仅仅是一个企业业务的调整而已。[2] 令人忧虑的是，中关村广场购物中心也在腾退转型升级中，这里将集合创新创业区、生态办公区以及特色餐饮区于一体，为企业总部、互联网金融机构、科技创新企业等打造生态办公区。西城区"动批"商圈中的天皓成服装城撤市后将转型为宝蓝金融创新中心，天和白马服装城撤市后重点引入金融科技类企业。据北京市科委发布的《2015年北京众创空间发展报告》称，目前北京市共有众创空间200余家，孵

---

[1] 《破解大城市病　北京疏解非首都功能取得新成效》，新浪新闻中心，网址：http://news.sina.com.cn/gov/2016-07-25/doc-ifxuhukz0943973.shtml。

[2] 《海龙电子城停业与线下渠道没落无关》，凤凰科技，网址：http://tech.ifeng.com/a/20160715/41859784_0.shtml。

化器、大学科技园150余家。[①]据科技部火炬中心统计，2015年初全国众创空间数量仅有70余家，至年底达到2300多家。而据投中研究院数据，截至2015年底中国众创空间已有1.6万家。[②]这种急速增长的背后是泡沫化的隐现，一些众创空间无人光顾，陷入经营困难、濒临倒闭的境地。网上《众创空间：遍地扶持下的"过剩"隐忧》《倒闭频发，别瞎折腾了，联合办公空间哪有未来！》之类的热点话题此起彼伏。

值得关注的是，2015年6月北京召开的疏解非首都功能会议，七城区人口疏解方案出炉，簋街、潘家园列入疏解方案。许多热门地点成为本轮疏解重心，其中东城区聚焦故宫周边、永外地区等区域，将南锣鼓巷主街、簋街和东华门小吃街等列入"疏功能、控人口"的六大项目；朝阳区针对雅宝路和潘家园地区市场集群，集中开展用地面积5千平方米以上的市场疏解，潘家园更是列入了朝阳区五年疏解方案，今年将启动前期调研，并腾退1000个摊位。据潘家园相关负责人表示，作为北京文创产业功能区之一，潘家园升级、转型是必然之举。潘家园旧货市场未来将从多方面着手，形成一条具有自身特色的组合产业链，融入博物馆、展览、拍卖、艺术品典当、艺术品信托以及教育培训等多元化内容。[③]

事实上，此前潘家园旧货市场产权方已有所动作。2015年12月，潘家园旧货市场第一次向商户发放《地摊使用合同》，合同规定摊位使用期限为2016年1月1日至6月30日，今后合同须每半年签一次。合同还规定，商户应充分理解目前北京市中心区人口与功能疏解的政策并配合；因政府功能疏解政策须对现有市场进行整体升级改造建设，此种情况不视为任何一方违约，商户应无条件配合市场管理方，在规定时间内向管理方腾退摊位。4月9日朝阳区国资委领导率潘家园旧货市场有限公司领导一行在张家口进行考察，潘家园旧货市场有限公司与张家口签订了市场搬迁项目，并称此举将加快京津冀一体化产业转移步伐。5月20日市场管理方张贴告示，要求与商户重新签订合同；同时告知，凡因个人原因未在规定时间内签订合同者，视同自愿放弃经营权，市场将收回摊位，解除使用关系。由此引发了

[①]《北京发布2015众创空间发展报告 "首都孵化"成全国创新创业"风向标"》，中国科技网，网址：http://www.wokeji.com/kbjh/zxbd_10031/201606/t20160609_2602272.shtml。

[②]《成立四个月，烧了100多万的众创空间倒闭了，根本赚不到钱》，微众圈，网址：http://www.v4.cc/News-1551277.html。

[③]《七城区人口疏解方案出炉 簋街、潘家园列入疏解方案》，千龙网，网址：http://finance.qianlong.com/2016/0617/684010.shtml。

30 日部分商户以"维护摊位所有权,不同意潘家园外迁"名义进行的首次罢市。①这块收藏集散宝地罕见遭遇"停业"风波,一度引得人们感叹"何处寻文玩"。不过进入暑期的市场人气远超以往,不少原先空着的摊位也有主儿了。伴随市场内古玩占比趋少,新添的工艺品生意越来越火,渐渐担起买卖主角儿。艺术市场学者季涛认为,搞古玩收藏从来只能是小众的、高端的,如果普通大众都想撞大运一夜暴富,绝非幸事。"当市场不再恋恋不舍曾经的光环,褪去古玩的名头,让更多工艺品参与其中,反倒可以吸引更多的人参与赏玩。"到了那时,才表明国内艺术品市场走在了大众收藏的路上。②

第二节 北京文化(创意)产业发展的对策

北京文化(创意)产业既面临着发展机遇,也面临着严峻挑战。要大力推动和促进北京文化(创意)产业的发展壮大,就必须审时度势、把握机遇,采取积极务实的发展对策。

一、坚持传统文化行业与新兴文化行业并举发展的方针

在人文旅游行业领域,北京拥有得天独厚的人文景观和文化设施资源,除了维系故宫、长城、颐和园、圆明园、十三陵、奥运设施等品牌旅游项目外,还应积极开拓乡村游、休闲游、会展游、修学游、培训游等多种经营项目。在演出行业领域,除了维系京剧、话剧、芭蕾舞、交响乐、歌星演唱会等招牌文艺表演项目外,还应积极培育竞技表演产业(如兴办具有潜质的竞技运动项目俱乐部),开拓竞技表演市场。随着大众传播技术(尤其是互联网和数字化技术)的不断创新和广泛应用,文字和音像知识产品出现井喷现象并以几何级数成倍地增长,极大地丰富了

---

① 《担心摊位被收回 北京著名古玩街潘家园旧货市场商户停业抗议》,搜狐财经,网址:http://mt.sohu.com/20160601/n452393263.shtml。

② 《度过"停业"风波 潘家园旧货市场迎来火热暑期》,人民网,网址:http://bj.people.com.cn/n2/2016/0729/c82840-28746812.html。

网民的文化娱乐生活。在"互联网+"时代，网络资讯（搜索引擎、网络新闻、在线教育、即时通信、电子邮件等）、网络分销（含网上购物、网上预订、网上拍卖等）、网络视频（网络电视、网络综艺、网络拍客等）、网络游戏、网络金融（网上银行、网络理财、网络保险等）、网络出版、网络社区（微博、微信、博客、论坛、BBS、虚拟社区等）运营项目隐含着巨大的商机。在新兴文化行业市场领域，要抓住机遇、勇于挑战，方能创造辉煌。

值得反思的是，在"疏功能、控人口"大背景下能够体现首都"文化中心"核心功能的部分传统文化行业正面临着全面清理、关停并转的命运。传统文化行业大多属于劳动密集型行业，因而在发展传统文化行业与严控市区人口之间存在着难以调和的矛盾，但是适当保留知名品牌、体现首都"文化中心"核心功能的部分传统文化行业是非常必要的。如果将体现北京特征的古玩文化及服饰文化、饮食文化、茶文化的潘家园旧货市场、雅宝路服装市场、簋街和东华门小吃街、马连道茶叶市场等统统采取"一刀切"和"红线倒逼"做法迫使它们疏解迁徙，如果将大众文化消费市场通通转型升级为高端文化消费市场（诸如中国古玩城、隆福寺艺术品交易中心）或是文化生产服务市场，拿什么要素内容来体现具有北京特色的全国的"文化中心"以及繁荣文化消费市场？所以，不能因噎废食，应当适度规模地保留拥有北京知名品牌、能够满足大众文化消费的传统文化行业及其文化行业市场。

二、加大对文化（创意）产业中民营企业扶持的力度

在北京文化（创意）产业中民营文化企业占有较大的比重，在民营文化企业中小微民营文化企业又占有更大的比重。所以，发展北京文化（创意）产业，必须对民营文化企业予以高度重视。首先，应当继续利用北京文化（创意）产业专项资金的相关政策，为民营文化企业提供系列配套的优惠政策和激励措施，加大对动漫网游、设计创意等文化创意行业中民营文化企业的扶持力度。鼓励商业银行和风险投资基金公司重点支持民营文化企业，进一步促进北京形成多元化的文化（创意）产业的投融资格局。其次，创业板的出现将使民营文化企业多一条融资途径。文化科技和文化创新企业的发展瓶颈是高投入、高产出，承担的风险比较大。在没有创业板的情形下，由于融资缺乏抵押物，使得民营文化企业融资极其困难。民营文化企业创业板上市将促使其经营更加规范，企业内部管理制度更加完善，有利于建立现代企业制度。创业板推出后，具有市场能力、经营规模适度的民营文化企业将会逐

渐成长、壮大起来。① 由此带动北京文化（创意）产业高成长、规模性的发展。

三、依经济规律推进文化（创意）产业功能区的建设

2014年北京市政府发布了《北京市文化创意产业功能区建设发展规划（2014—2020）》，提出了将在市级文化创意产业聚集区和国家级产业基地、园区的发展基础上规划建设20个文化创意产业功能区，按照"两大主线带动、七大板块支撑"的产业体系，统筹整合资源，优化文化创意产业空间布局，促进要素重聚与产业链分工协作。北京文化（创意）产业功能区的规划愿景是美好的，但是如何落到实处就必须按照经济规律办事。

在目前已认定的市级和区县级文化创意产业集聚区中，具有产业集群基础的中关村科技园区、天坛—天桥演艺园区、怀柔影视产业基地、大兴星光电视节目制作基地、CBD—定福庄国际传媒产业园区、西城和朝阳出版创意产业基地、大兴印刷包装产业基地、台湖出版物会展贸易园区、西城DRC工业设计创意产业基地、琉璃厂（及隆福寺、报国寺、潘家园、中国古玩城）文化艺术品交易园区、北京展览馆、农业展览馆、新老国展产业园区以及王府井、大栅栏、欢乐谷、"三山五园"等文化休闲园区名副其实，产业链有机衔接，规模经济效益可观。有些文化产业园区／文化产业聚集区实属炒作概念，或演变为文化地产项目"挂羊头卖狗肉"，诸如798艺术区、宋庄原创艺术与卡通产业集聚区、国家新媒体产业基地、北京音乐创意产业园、中国动漫游戏城、三间房国际动漫产业园等，它们的创收能力微乎其微，甚至赔本赚吆喝。诚如房地产老板潘石屹所说："看到很多文化产业园区我觉得很荒唐，精神和文化不是由房子、园子构成的，用物质的方法来做最后又搞成了房地产，是个悲哀。这种'挂羊头卖狗肉'的做法，不但对文化没有贡献，对城市发展也是种破坏。做任何事一定要有纯洁的动机。文化不是为了发展精神文明，而是为了免税、圈地、上市、资金支持、多设置一些机构、多一些人当官。这样路一定会走错。"② 当年曾经入驻798艺术区的文化企业家洪晃真情坦言：798艺术区慢慢

---

① 李柏锋：《北京文化创意产业发展存在的问题与对策建议》，《科技创新与生产力》2013年第12期。

② 《潘石屹：看到很多文化产业园区我觉得很荒唐》，新青年网，网址：http://house.we54.com/html/2012/lshuati_0620/9273.html。

向798商业区的转变。①

近10年来在北京文化（创意）产业的发展大潮中，为了追求领导政绩，违背经济规律而吹牛皮、放空炮的案例不胜枚举，在此仅举两个典型案例。

【例一】2010年新华社北京5月18日电（记者张旭） 北京电影学院与相关合作方共同打造的"影视动漫游产学研基地"将落户北京昌平区温榆河畔温都水城。据双方代表介绍，本次北京电影学院与宏福集团合作，将致力于中国影视动漫产业的人才、平台、资源等要素有效对接。未来，动漫美术馆、3D未来影视院线、青少年影视动漫体验中心等新型影视文化旅游项目将陆续与市民和旅游者见面。"影视动漫游产学研基地"项目投资约50亿元，建成后预计可形成年产值约100亿元的"影视动漫文化创意产业旗舰"，每年预计形成税收将达到4亿元以上。② 就中国电影业而言，2010年全国生产故事片526部，动画片16部、纪录片16部、科教片54部、特种影片9部；全国城市电影院线37条，包括现代化影院1826家、银幕5300块；全国电影票房年收入首次突破了100亿元人民币，其中国产影片票房收入57亿元，进口影片票房收入44亿元。③ 建成后的"影视动漫游产学研基地"一家创造的年产值就相当于2010年全国电影票房收入，这无疑是痴人做梦、天方夜谭。

【例二】2012年9月30日《京华时报》报道：《北京500亿打造世界最大水上剧院》。北京市重点文化项目引进再结硕果。昨天，北京市政府与新濠国际发展有限公司签约在京建设北京新濠国际文化艺术中心。该项目落户朝阳"798"艺术区，两年内建成。届时，这里将成为世界最大的水上表演乐园。北京新濠国际文化艺术中心，将以"水舞间"高端演艺品牌为龙头，内容包括"水舞间"国际剧院、激光镭射大舞台、原生态艺术村、国际艺术画廊、国际高星级艺术酒店、高端艺术公寓、国际艺术品交易中心、艺术品检测鉴定中心等。④ 首先，500亿元打造的是以"水舞间"国际剧院为招牌的综合性房地产项目，而非独一无二、世界最大的水上表演乐园。其次，如果500亿元投资包含"798"艺术区地产折价入股，那么该项

---

① 《798艺术区慢慢向798商业区的转变》，东北网，网址：http://publish.dbw.cn/system/2012/09/13/054231613.shtml。

② 《北京电影学院"影视动漫基地"将落户京郊昌平》，新华网，网址：http://news.xinhuanet.com/2010-05/19/c_12118083.htm。

③ 《2010年中国电影票房收入突破100亿元 总量超英国》，中国网，网址：http://news.xinhuanet.com/2010-05/19/c_12118083.htm。

④ 《北京500亿打造世界最大水上剧院》，《京华时报》2012年9月30日。

目投资含有太多的水分。再次，北京是当今全球极度缺水的大都市之一，该投资立项完全脱离了北京水资源的承载力。国际极度缺水标准是人均500立方米，300立方米则是危及人类生存生活底线的灾难性标准。如果按照北京10年来年均21.2亿立方米水资源总量计算，2011年北京人均水资源量仅有107立方米/人，仅为极度缺水线的1/5。① 显而易见，该创意投资项目不适宜在京安营扎寨。② 不知何故该项目并未启动，如同俗话形容"泥牛入海无消息"。

四、吸收编外行业扩大文化（创意）产业发展的规模

鉴于国家统计局颁布的行政规章《文化及相关产业分类》存在着严重的理论缺陷，应当摆脱该文化及相关产业分类标准的束缚，依知识性与经营性双重性标准科学界定文化（创意）产业的外延范围，将花卉业、宠物业、咨询业、教育培训业、竞技体育表演业等经营性行业纳入文化（创意）产业的序列之中。所以，建议北京市政府因地制宜地出台地方法规、地方规章和优惠政策，扶持上述编外的文化经营行业步入良性、高速发展的轨道。

五、拓展京津冀"文化经济一体化"协调发展的空间

推进京津冀经济一体化发展，打造首都经济圈，推进环渤海地区发展已上升为国家战略，这也为京津冀"文化经济一体化"拓展了发展空间。京津冀三地同属京畿重地，自然和人文资源丰富，区域总人口超过1亿人。文化（创意）产业的全面繁荣，离不开区域的互通合作、共同发展。京津冀三地要立足于各自的文化资源与产业优势，依据现代产业分工要求及文化优势互补和共建共享原则，以推动区域分工和优化产业布局为重点，重构文化（创意）产业链条，推进文化生产要素资源的多项流动，推动文化消费市场的一体化进程。③ 在破除体制机制障碍、完善协同发展政策、搭建合作共建的产业促进平台的基础上，整合京津冀传统的文化品牌，共同开发跨区域、融合性文化创新项目，推进京津冀文化经济一体化的发展。

---

① 《北京正处第四次水危机 人均水源量仅107立方米》，《时代周报》2012年6月5日。
② 赵玉忠：《略论北京文化创意产业发展对策》，《燕京创意文化产业学刊》第三卷，文物出版社2012年版。
③ 李道今：《新时期首都文化创意产业发展的战略选择》，《北京文化创意产业发展报告（2015）》，社会科学文献出版社2015年版，第46页。

六、加大对知识产权行政执法保护和司法保护的力度

随着"互联网+"时代的到来，知识产权保护尤其是与文化（创意）产业息息相关的著作权保护面临着严峻的形势。盗版走私、模仿专利、假冒伪劣、窃取商业秘密等现象层出不穷，极大地损害了文化产业经营者的合法权益，严重地扰乱了文化市场的经营秩序。目前北京市知识产权行政执法体系涉及新闻出版广电局（主管版权）、工商局（主管商标）、知识产权局（主管专利）和文化局（主管文化市场稽查大队）四个行政部门，行政执法资源如同一盘散沙，难以对文化市场上泛滥成灾的盗版走私、模仿专利、假冒伪劣、窃取商业秘密等违法现象形成围剿态势，难以保障文化（创意）产业正当权益和良性发展。在现行文化行政管理体制下，建议由北京市政府牵头整合市、区两级文化行政执法资源，组建具有文化行政执法权能的独立机构，对文化市场进行常态化的监督管理，对于盗版走私、模仿专利、假冒伪劣、窃取商业秘密等违法现象加重行政处罚力度；情节严重、构成犯罪的，主动移交司法机关依法惩办。北京市司法机关在审理知识产权侵权纠纷案中，应当对恶意侵权人加大经济损失的赔偿金额并处高额罚金；对受害人的调查取证费用、差旅费用和律师费用予以合理的补偿。在审理知识产权刑事案件中，对被告人的犯罪事实在查证核实基础上予以严惩。由于互联网和数字化技术的不断创新与广泛应用，北京文化（创意）产业投入产出新的文化创意产品和专利技术项目在全国范围占有很高的比重。在知识产权立法相对滞后的情形下，北京市高院和北京市知识产权法院还应依据法理积极探索办理新型案件的思路，并总结典型案例和司法规则在全市司法系统推广。

综上所述，从文化行政和司法部门层面上讲，应逐步完善知识产权保护制度，提高文化行政执法的效率，加大文化行政执法处罚和司法惩处的力度，形成对知识产权侵害者如同"过街老鼠人人喊打"的局面，营造有利于文化（创意）产业有序发展的文化市场环境。

下篇
重点行业研究报告

第五章　北京出版业发展研究报告

第一节　北京出版业概述

现代社会中,"文化消费"作为大众追求的最主要的生活消费之一,已日渐受到重视。北京作为中国文化创意产业发展的核心城市,其大众的"文化消费"更是飞速增长。然而文化创意产业是一个综合的概念,涵盖众多产业类型。各个国家和城市都有不同的创意产业分类方式,一般都包括艺术品产业、古董产业、服装设计、建筑设计、音乐产业、出版业、广告业、电视业、电影业、娱乐软件业这些重要的行业门类。北京市文化创意产业包括文化艺术,新闻出版,广播电视电影,软件、网络和计算机服务,广告会展,艺术品交易,旅游,休闲娱乐,其他辅助服务九个大类。例如,2008年,北京新闻出版业就业人数达6.55万人,占同年全国新闻出版业就业人数的25.87%;北京软件业就业人数达7.03万人,占同年全国软件业就业总人数的11.63%[①]。这些优势产业还包括广播电视电影、建筑设计、动漫等。

特别在如今这个网络媒体发达的时代,数字出版所占出版业的比例逐日增长,但传统出版业依旧在困难中有所前进。传统出版业涵盖多种业务与参与者,大致包括出版社、发行单位(出版公司)与印刷厂。本报告将就北京市传统出版业发展现状与问题进行简要的分析与研究。

一、北京报纸业的经营概述

从2011年下半年至2015年初,北京综合类报纸的整体平均销量处于下滑态势。谈起如今的北京报业发行市场,"下滑"成了北京市报纸业所提及的最常用的

---

① 杨松:《北京创意产业集聚特征分析和启示——以出版业为例》,《北京规划建设》2012年第3期。

的词。据北京世纪华文对零售市场的监测,2013年下半年,北京市场上6份综合类报纸的整体平均销量为80.35份,与2012年下半年同期相比,整体平均销量下滑10.24份,下滑幅度为11.3%;与2013年上半年环比,整体平均销量下滑7.79份,下滑幅度为8.84%[①]。首先,从近年来北京综合类报纸的销量排名来看,《北京晚报》目前依然处于第一位,《新京报》从2013年上半年开始,销量排名超越《京华时报》上升至第二位,使得《京华时报》的销量排名第三位,《法制晚报》的销量排名未发生改变,稳居第四位,《北京青年报》与《北京晨报》的销量排名后两位;具体从市场份额来看,在早报市场中,《新京报》与《京华时报》累计市场份额为54.6%,占据一半以上的市场份额,市场份额分别为30.61%和23.99%;在晚报市场中,《北京晚报》与《法制晚报》累计市场份额为41.35%,两报市场份额分别为33.32%和8.03%。整体来看,北京综合类报纸的市场集中度较高,《北京晚报》《新京报》和《京华时报》3份报纸的累计市场份额达到87.92%;具体从平均销量来看,《北京晚报》和《新京报》的平均销量在25份左右,分别排名前两位,单摊平均销量分别为26.78份和24.59份,《京华时报》的平均销量为19.28份,《法制晚报》《北京晨报》和《北京青年报》分别排名后三位,其平均销量都在10份以下。整体来看,北京各综合类报纸的零售市场竞争主要体现在《北京晚报》《新京报》和《京华时报》这3份报纸上;从销售能力及铺货程度来看,北京世纪华文监测的数据显示,《北京晚报》《新京报》《京华时报》和《法制晚报》的覆盖率都达到了100%,《北京晨报》和《北京青年报》的覆盖率也在97%以上。结合实销率来看,《北京晚报》与《新京报》的实销率相对较高,达到98%以上,《京华时报》与《法制晚报》的实销率超过80%,《北京晨报》与《北京青年报》的实销率在65%以上。整体来说,北京综合类报纸的零售市场铺货程度较佳。

二、北京期刊业的经营概述

作为平面方式传播,期刊具有视觉表现能力强、印刷精美、长期保存等特点而为读者喜爱,甚至被读者收藏。从受众的角度看,期刊读者群稳定且明确,尤其是专业类杂志,读者的针对性强,同时,期刊对读者文化、社会层次要求更高,一般期刊订阅者都有较强的社会购买力。期刊因为内容关注某一领域,能进行深度报

---

① 《观察:从数据看北京报业发行市场格局》,中国行业研究网,网址:http://www.chinairn.com/news/20140115/153836154.html。

道，在传统四大媒体中最富理性色彩。期刊业作为文化产业的一部分，是新闻出版产业的重要组成部分。

从品种数上看，全国期刊出版品种最多的是北京（含中央级和北京市属），共有3044种（其中中央级2870种，北京市属174种）；从总印数上看，全国期刊出版总印数最多的也是北京（含中央级和北京市属），共有101 947万册（其中中央级98 584万册，北京市属3 363万册）；从总印张数上看，全国期刊出版总印张数最多的也是北京（含中央级和北京市属），共有7 674 235千印张（其中中央级7 416 566千印张，北京市属257 669千印张）；从定价总金额数上看，全国期刊出版总金额最多的也是北京（含中央级和北京市属），共有970 250万元（其中中央级936 050万元，北京市属34 200万元）；从期刊平均期印数上看，全国期刊出版总印数最多的也是北京（含中央级和北京市属），共有5 991万册（其中中央级5 794万册，北京市属197万册）[①]。

三、北京图书业的经营概述

作为全国新闻出版发行中心，首都图书出版业拥有无与伦比的发展优势；同时，作为北京文化创意产业的核心产业，首都图书出版业呈现出十分巨大的发展潜力，已成为首都文化创意产业中最成熟、最有实力的门类之一。

近年来，北京作为全国出版人才高地的聚合效应已经显现。北京作为全国新闻出版发行中心，目前已经汇集了全国四分之一的出版人才，从业人员总数已达到36万人，其中新闻采编人员11.7万多人、出版编辑人员6.2万多人、印刷复制人员10.2万人、出版物发行人员8.4万人、行政管理人员350余人。从文化结构来看，研究生、博士生占5%。大学本科学历占23%，大专学历占25%，高中（中专）学历占39%，初中以下的学历占8%。而且随着北京新闻出版人才政策的逐步完善和各地新闻出版单位不断进军北京，首都的出版人才队伍还在不断壮大。

同时，政府职能的转变为出版人才营造了良好的环境。近年来，北京市新闻出版（版权）局先后出台了12个人事制度改革的文件。在用人方面引入了竞争激励机制，实行公开选拔领导干部；为切实提高北京地区出版从业人员素质，培养造就高素质的出版人才；建立健全人才评价体系，为了公平、公正地做好人才评价工作，北京市新闻出版局加强了人才评价的各项制度建设，初步形成了一套规范有序的人

---

① 赵彦华：《2011—2012年全国期刊业发展状况分析》，《出版发行研究》2013年第1期。

才评价机制。目前北京市新闻出版局已形成了以考评结合的新闻出版高级职称评价机制，以量化考核和专家评审相结合的引进优秀人才资格认定，以考试为主的初、中级出版专业职业资格评价机制和出版物发行员职业资格评价机制，初步建立新闻出版从业人员守法档案为评价内容的人才辅助评价系统，形成工作业绩、守法诚信与考评并重的首都新闻出版人才评价体系，首都出版人才规划体系已经日趋成熟和完善。

第二节 北京出版业的经营现状和问题

一、北京出版业的经营现状

北京是全国出版业最集中的城市。据统计，目前北京约占有全国图书市场40%的份额，而且还在不断提高。同时在我国500多家图书出版社中，有237家在北京，占全国总数的41.36%，而这其中还包括了一大批大出版社和出版名社。由此联带的作者资源和市场影响力形成了强劲的凝聚力，吸引了全国各地包括港澳台地区的出版发行机构及外国著名传媒机构抢滩北京，使北京成为名副其实的出版资源聚集地。与此同时，北京也行成了一个全国出版人数最多、从业者素质普遍很高的人才中心。据有关统计资料显示，目前北京已经汇集了全国四分之一的出版人才，从业人员总数已达36万，其中新闻采编人员11.7万多、出版编辑人员6.2万多、印刷复制人员10.2万、出版物发行人员8.4万、行政管理人员350多。这其中，硕士研究生、博士生学历者占5%，大学本科学历者占23%，大专学历者占25%，高中（中专）学历者占39%，初中以下学历者占8%，高学历专门人才占了一半以上[①]。而且随着北京新闻出版人才政策的逐步完善，各地新闻出版单位不断进军北京，首都的出版人才队伍素质和数量还在不断提高和壮大。

据北京市新闻出版局统计，2008年，北京共出版图书15.34万种，同比增长22.4%；出版期刊9.48亿册，同比增长3.4%；出版报纸76.72亿份，同比增长5%。数据显示，北京出版业并未受到全球经济衰退的影响，仍然处于增长态势。

---

① 左文:《北京图书出版业发展现状及对策分析》,《出版发行研究》2008年第10期。

根据《首都新闻出版业"十一五"发展规划》的规划，北京新闻出版行业2010年出版图书预计将达16万种，比"十一五"初期增长30%，这是当今国内出版业喜闻乐见的一个前景。之后，传统纸媒遭遇到网络与数字媒体的双重打击，受此影响，传统出版业也呈现出下降趋势，甚至有不少专家分析声称，传统纸媒将在不久的将来退出历史的舞台。但传统出版业经历打击之后并没有继续消沉下去，直至2012年，北京市新闻出版业各项指标较之前几年稳中有升，共计出版图书10756种，报纸14亿多份，期刊0.35亿册，网络出版、手机报刊、电子书等新兴出版业态快速发展。截至2011年11月底，北京地区新闻出版业年度收入达到619.3亿元，同比增长12.3%，资产总额达到1196.5亿元，同比增长13.1%[①]。

另一方面，为应对数字媒体时代的到来，我国出版业曾进行了大范围的改革。在全国新闻出版改革的热潮中，北京地区的出版单位的改革走在了最前端，出版发行集团建设、出版体制改革等得到了推进。一方面图书出版单位的转制已经取得成效，一部分经营性事业单位转变为企业，一些已经转为企业的将由单一的国有企业转变为股份制企业。改革为出版发行单位带来了前所未有的成果，如中国出版集团在组建后的几年间，集团资产规模增长了23%，所有者权益增长了16.5%，销售收入增长了21.7%，各类出版物的出版增长了60%多；各类出版物进口总额占全国出版物进口总额的57.9%，各类出版物出口总额占全国出版物出口总额的36.54%，图书零售市场占有率继续保持全国第一；另一方面，作为北京图书出版业重要组成部分的"民营文化公司"，也在新闻出版改革的进程中得到了迅猛发展。以"文化公司"和"图书发行公司"为主，涉及图书编辑、策划、发行的公司有3000多家，其中经营相对稳定、具有一定规模的公司约有2000多家，销售额上亿元的民营文化工作室至少有30家。民营文化公司已成为图书市场上的一支生力军。

目前，首都出版业已经发展为各项业务门类齐全、各项服务互相配套的比较完整的出版格局和产业结构，成为北京文化创意产业的重要支柱。即使按照传统的统计方法，出版业和版权服务业的社会贡献率及在文化产业中的比重也值得重点关注。现在，北京地区的图书出版社，约占全国的二分之一，报刊出版单位约占全国的三分之一；音像、电子出版单位占全国的45%；网络出版单位占全国的26%。根据北京市新闻出版局制定的首都新闻出版产业"十五"发展规划，到2010年，北京新闻出版（版权）行业增加值将超过300亿元，比"十五"初期增长50%，占

---

① 《北京新闻出版业年度收入同比增长12.3%》，《中国新闻出版报》2013年2月19日。

全市当年文化产业增加值的 60%，超过全市当年 GDP 的 5%，实现利税 150 亿元，成为北京市国民经济的支柱产业。其中年出版图书、音像制品、电子出版物 16 万种，比"十一五"初期增长 30%，报纸、期刊增长 25%，出版物批发、零售和连锁经营企业增长 25%，出版物进口数量增长 50%，印刷、复制企业增长 50%，出版（版权）行业和印刷复制业从业人员增长 95%。另外，如果把出版业产业链的持续、健康发展纳入出版业的经济贡献，按照 1∶4 的国际发展经验推算，是 20% 的 GDP 的贡献率，将成为首都经济的重要支柱。

（一）北京报业的经营现状

就北京市报业的零售市场来看，近年来北京综合类报纸的销量排名变化不大，《北京晚报》目前依然处于第一位，《新京报》从 2013 年上半年开始，销量排名超越《京华时报》上升至第二名，《京华时报》的销量排名第三位，《法制晚报》的销量排名未发生改变，稳居第四位，《北京青年报》与《北京晨报》的销量排名后两位。

具体从市场份额来看，在早报市场中，《新京报》与《京华时报》累计市场份额为 54.6%，占据一半以上的市场份额，市场份额分别为 30.61% 和 23.99%；在晚报市场中，《北京晚报》与《法制晚报》累计市场份额为 41.35%，两报市场份额分别为 33.32% 和 8.03%。整体来看，北京综合类报纸的市场集中度较高，《北京晚报》《新京报》和《京华时报》3 份报纸的累计市场份额达到 87.92%。

具体从平均销量来看，《北京晚报》和《新京报》的平均销量在 25 份左右，分别排名前两位，单摊平均销量分别为 26.78 份和 24.59 份，《京华时报》的平均销量为 19.28 份，《法制晚报》《北京晨报》和《北京青年报》分别排名后三位，其平均销量都在 10 份以下。

从销售能力及铺货程度来看，《北京晚报》《新京报》《京华时报》和《法制晚报》的覆盖率都达到了 100%，《北京晨报》和《北京青年报》的覆盖率也在 97% 以上。结合实销率来看，《北京晚报》与《新京报》的实销率相对较高，达到 98% 以上，《京华时报》与《法制晚报》的实销率超过 80%，《北京晨报》与《北京青年报》的实销率在 65% 以上。整体来说，北京综合类报纸的零售市场铺货程度较佳。

与零售市场相比，2013 年下半年北京综合类报纸社区订阅排名出现了一些变化，依次为《北京晚报》《新京报》《北京青年报》《京华时报》《法制晚报》《北京晨报》和《北京娱乐信报》。据调查统计，《北京晚报》《新京报》是大多数家庭选择订阅的报纸，累计市场份额占到58.22%，两份报纸社区订阅市场份额仅相差2.14个百分点，《北京晚报》的市场份额为30.18%，《新京报》的市场份额为28.04%，《北京青年报》的市场份额为17.49%，《京华时报》的市场份额为13.6%，《法制晚报》的市场份额为7.74%，《北京晨报》和《北京娱乐信报》在社区订阅所占比例相对不高，市场份额都在3%以下。与2013年上半年相比，北京综合类报纸的社区订阅比例基本保持稳定状态。

居民订阅报纸主要取决于报纸的公信力、便利性、内容、服务等几个因素。通过调查发现，《新京报》有60%以上的订户认为该报纸的公信力强且内容最为丰富，有35%以上的订户认为比较方便，服务好送报及时；在《北京青年报》的订户中，有34.21%认为该报纸的内容丰富；在《北京晚报》的订户中，30.17%的订户取决于便利性，在《法制晚报》和《京华时报》的订户中，订阅报纸的因素具有多方面的原因。

订阅满意度是对订报服务、报纸内容两方面满意度的综合测评。根据调查结果，北京综合类日报订户对报纸订阅的满意度较高。具体来看，《新京报》《北京青年报》的订户满意度高于其他报纸，在《新京报》的订户中，有44%的读者对该报纸"非常满意"，另有52%的读者表示"比较满意"；在《北京青年报》的读者中，有42%的读者持"非常满意"态度；在《北京晨报》《北京晚报》和《京华时报》的读者中，持"非常满意"态度的在35%~40%之间。

2013年下半年，世纪华文在北京单位订阅报纸的调查中共取得3908个样本，7份报纸单位订阅排名依次为《新京报》《北京青年报》《京华时报》《北京晚报》《北京晨报》《法制晚报》《北京娱乐信报》。从单位订阅市场占有率来看，《新京报》《北京青年报》处于领先地位，两份报纸累计占44.4%的市场份额，《新京报》占22.65%，《北京青年报》占21.75%，两份报纸差距不大；《京华时报》《北京晚报》的市场占有率在15%以上，《北京晨报》的市场占有率在10%以上，《法制晚报》和《北京娱乐信报》的市场占有率相对较低。

从单位订阅来看，北京综合类报纸的单位订阅主要分布在私营企业中，国有企业、党政机关、合资企业也占一定比例。具体来看，在《新京报》的单位订户中，国有企业、合资企业的比重相对均衡，订阅比例在24%以上，私营企业、党政机关和外资企业的订阅比例在17%左右；在《北京青年报》的单位订户中，除私营企业外，其他企业所占比例相差不大，所占比例都在16%左右；在《北京晚报》《法制晚报》《京华时报》《北京娱乐信报》和《北京晨报》的单位订户中，私营企业占有较大比例，多在60%以上。

通过调查我们还发现，订报规模较大的企业，看报读者的传阅率相对较高。在《新京报》的订户中，20人以上企业规模占78%以上，其中，有26%以上的订户企业规模在40人以上；在《北京青年报》的订户中，有66%以上的订户企业规模在20人以上，其中有20%以上的订户企业规模在40人以上，在《北京晨报》《北京晚报》《北京娱乐信报》《法制晚报》的订户中，20人以下规模的企业所占比例较大，都在60%以上。综合来看，《北京青年报》《新京报》在中等以上规模的企业中订阅比例较高，《北京晚报》《北京晨报》《北京娱乐信报》《法制晚报》的订户集中在中小型企业。

（二）北京期刊业的经营现状

2013年下半年全国期刊单位零售总量环比下降5.66%，但不同类别期刊市场表现不同，有增有减；期刊零售发行呈现高度集中态势，文摘类、女性类、动漫类、汽车类、女性高码洋时尚类在全国50城市销量指数排名前五位；时政类、旅游类、财经类、军事类、育儿类、男性类、娱乐类期刊的销售指数依次排在6—12位；与多数类别期刊下降不同的是，文摘类、汽车类、动漫类是零售量增长率排名前三的类别，与2013年上半年同比上涨率分别是15.02%、10.53%与4.36%；文学类、主妇类、科普类保持平稳；时政类、高码洋类、女性类等类别呈小幅下降态势；育儿类、男性类、财经类、潮流类下降幅度较大[①]；另外，代销比例再次增加，竞争压力增大。从期刊发行市场来看，为了避免发行量的下滑，部分期刊或渠道商开始加大代销比例，2013年期刊代销比例增加7%，代销比例的增加可以说缓解了部分报刊亭主的压力，但使期刊发行压力增大，部分期刊发行量的增长依赖于覆盖率的增加。市场流量向各类期刊排名在前列的优势媒体集中。近年来，期刊零售发行市场新面市的期刊数量极少，发行市场中较为活跃的几份类别的期刊，如女性高码洋、男性高码洋、时政类、财经类等类别的期刊呈现出向优势媒体集中态势，这些类别的期刊排名前几位的期刊在许多大中城市市场集中度越来越高。再加上许多大中城市报刊亭拆改建，这也是期刊整体发行下滑的重要原因之一。据统计，2008年到2012年间，全国仅邮政报刊亭就被拆除了1万多个，2013年报刊亭拆改建数量还在增加。报刊亭被拆一部分原因是买报刊的人减少了，但报刊亭拆了，势必会使阅读人群减少。

文摘类期刊是市场热销期刊，2013年下半年文摘类期刊上升幅度较大，与

---

① 田珂、崔江红：《中国期刊发行市场盘点》，《中国报刊广告》2014年第3期。

2013 年上半年同比上升 15.02%，销量指数排名排在各类期刊首位。该类期刊种类繁多，开本较小，零售价位不高，在各大中小城市零售摊点有售，内容丰富有内涵，具趣味性、故事性，深受大众喜爱，拥有不同年龄段的读者，阅读人群相对稳定。从市场份额排名来看，《知音·普通版》《读者（原创版）》《青年文摘》《特别关注》《意林》《格言》《知音·海外版》《青年文摘·彩版》《家庭》《最小说》排在前十位。其中《知音·普通版》市场份额接近 10%，排名 2 至 5 名的《读者（原创版）》《青年文摘》《特别关注》《意林》4 份期刊市场份额在 9% ~ 6% 之间。

女性高端时尚类期刊在零售发行市场一直活跃，2013 年整体平均销量呈现小幅下降趋势，销量排名依次为《瑞丽服饰美容》《昕薇》《瑞丽伊人风尚》《ELLE. 世界时装之苑》《时尚伊人》《瑞丽时尚先锋》《VOGUE. 服饰与美容》《时尚芭莎女士版》《嘉人》。其中《瑞丽服饰美容》《昕薇》两刊市场份额都在 17% 以上，优势地位突出，《瑞丽伊人风尚》的市场份额在 13% 左右，其余各刊间差距不大，市场竞争激烈。各刊拥有不同优势，《瑞丽服饰美容》在华北、华东、华南、华中地区具较大优势，销量第一；《昕薇》在华西地区销量第一；《瑞丽伊人风尚》的市场地位比较稳固，在大多数城市的销量排名在第三、四名位置；《ELLE. 世界时装之苑》在华东地区排名第三；《时尚伊人》在华北、华西具一定优势；《瑞丽时尚先锋》在华西、华北地区具优势。沈阳、青岛两城市表现突出，9 份期刊实销率与覆盖率都在 80% 以上，除此之外，女性高码洋时尚类期刊在北京、上海、成都、杭州的覆盖率普遍在 90% 以上，一线城市竞争激烈。

2013 年男性时尚类期刊零售发行市场整体平均销量呈下滑态势，2013 年下半年与上半年相比下滑 7 个百分点，下滑区域集中在华东、华中地区，销量排名依次为《男人装》《时尚先生》《男人风尚》《智族 GQ》《时尚芭莎男士版》《时尚健康男士版》《ELLEMEN 睿士》《风度》《新视线》《名牌》。其中《男人装》的市场份额为 20.78%，在零售市场处于领先优势；《时尚先生》《男人风尚》《智族 GQ》的市场份额在 15% ~ 12% 之间，各刊之间的差距较小，《时尚芭莎男士版》《时尚健康男士版》《ELLEMEN 睿士》市场份额在 10% ~ 7% 之间，余下三份期刊的市场份额在 7% ~ 3% 之间。男性时尚类期刊在北京、天津、武汉、合肥、青岛、西安、重庆、石家庄、南京、长春、郑州的市场集中度较高，销量前三名期刊《男人装》《时尚先生》《男人风尚》累计市场份额超过 50%，其中在合肥表现突出，实销率、覆盖率也高于其他几份期刊[①]。

---

① 田珂、崔江红：《中国期刊发行市场盘点》，《中国报刊广告》2014 年第 3 期。

汽车类期刊种类较多，竞争也更为激烈。世纪华文对五大区域连续监测数据显示，2013年汽车类期刊零售发行总量呈现出上半年平稳下半年拉升态势，与2013年上半年相比，汽车类期刊总量上升12.11%。其中华东、华中两地区汽车类期刊的总量上升幅度较大，其次在华西、华北和华南地区上升幅度较小。汽车类期刊竞争格局相对稳定，2013年下半年排名前十名期刊依次为《汽车之友》《车主之友》《汽车导购》《轿车情报》《汽车族》《汽车博览》《越玩越野》《座驾》《中国汽车画报》和《汽车杂志》。前8位各刊在多数城市累计市场份额超过60%，二线城市的市场集中度明显高于一线城市，销量排名靠前的一些汽车类期刊实销率和覆盖率普遍较高。各刊间市场份额相差不大，优势媒体表现不突出，《汽车之友》的市场份额达到10.55%，《车主之友》的市场份额为9.45%，《汽车导购》《轿车情报》《汽车族》和《汽车博览》四刊的市场份额在8%~6%之间。

2013年家居类期刊整体平均销量降幅较大，与2013年上半年环比，家居类期刊整体销量下滑9.85%。从竞争格局来看，家居类期刊18城市综合排名依次为《瑞丽家居》《时尚家居》《家居廊》《安邸AD》《世界家苑（新家）》《美好家园》和《家饰》。从媒体角度来看，《瑞丽家居》《时尚家居》依然在家居类期刊中占据主导地位，市场份额分别是28.42%、22.12%，其中《瑞丽家居》在北京、上海、深圳等17个城市平均销量全面领先；《时尚家居》仅在武汉平均销量领先；《安邸AD》和《家居廊》在多数城市争夺第三的位置。从各城市的实销率来看，家居类期刊在一线城市北京、上海、广州和深圳的实销率较低，都在60%以下，而在长春、大连、沈阳、石家庄和天津等二线城市的实销率相对较高。

零售市场中低码洋时尚类期刊，以低价、促销等灵活的发行方式在一线城市展开竞争。在北京、上海、广州的5份期刊销量排名依次为《伊周FEMINA》《红秀GRAZIA》《壹号THEONE》《优家画报MODERNLADY》《OK精彩》。其中排名前两位的《伊周FEMINA》和《红秀GRAZIA》的市场份额较大，分别为36.10%和28.10%，余下三刊的市场份额在16%~6%之间。《壹号THEONE》通过连续大力促销，以其较低的价格和高附加值的礼品受到读者追捧，市场表现较好。

2013年下半年，潮流类期刊销量排名依次为《嘉人美妆》《昕薇风采美妆》《Ceci姐妹》《视觉》《健康与美容》。从竞争格局来看，《嘉人美妆》《昕薇风采美妆》的市场份额在25%以上，累计市场份额占整个市场的三分之二；《Ceci姐妹》的市场份额在15%左右，《视觉》《健康与美容》的市场份额在12%左右。从竞争态势来看，《昕薇风采美妆》的发行态势较好，其实销率与覆盖率都在80%以上，处于领先地位，其他期刊的这两项指标都在60%~80%之间①。

动漫类、科普类、文学类、主妇类等类别的期刊在零售市场也呈现出上升态势，政治类期刊发展平稳、财经类、IT类期刊下滑明显。动漫类期刊近年来受到年轻人追捧，期刊种类也在逐年增多；科普类期刊具一定的科学普及性，是一支小众类期刊，文学类期刊在2013年因更贴近市场，贴近百姓而呈现小幅上升态势；主妇类期刊同样是一支细分类别的期刊，内容更为生活化，这几个类别的期刊都拥有各自的读者群。国际国内受到更多人关注的政治时事热点不断，2013年时政类期刊零售市场呈现出上半年上涨、下半年平稳发展态势，在各类期刊销售指数排名在第6位，相对靠前，其中《看天下》《三联生活周刊》《人物》《环球》《博客天下》《南方人物周刊》《南风窗》《新周刊》《环球人物周刊》《凤凰周刊》依次排名前十位，《看天下》占据15.57%的市场份额，排在首位，《三联生活周刊》《人物》《环球》市场份额在9%~6%，余下各刊市场份额差距不大。

随着国际国内旅游热不断升温，旅游类期刊种类增多，竞争也较为激烈，世纪华文所监测的此类期刊达20种，在各类期刊销售指数排名在第7位，其中《中国国家地理》市场份额为7.64%，排在首位，《中国国家地理》《华夏地理》《博物》《时尚旅游》《户外》《新发现》《中国国家旅游》《人文地理》《户外探险》《旅行者》的市场份额在5%~3%之间，市场份额较为接近，竞争差距未拉开，市场竞争激烈。

财经类期刊2013年呈下滑态势，在各类期刊销售指数排名在第8位，其中《第一财经周刊》《财经天下》《商界》《财经》《理财周刊》《销售与市场》《证券市场红周刊》《环球企业家》《商业周刊》《IT经理世界》排在前十位。从体育类期刊来看，世纪华文监测15类期刊中，排名在前十位的期刊依次是《足球周刊》《扣篮》《当代体育·扣篮》《体育博览》《全运动·尺码》《体育画报》《体育时空》《全运动·时空篮球》《网球》《篮球俱乐部》，其中《足球周刊》的市场份额为18.63%，《扣篮》市场份额为10.46%，《当代体育·扣篮》市场份额为8.44%，整体来看篮球类期刊累计市场份额比重大，可以说全球篮球经济热的升温也带动了中国篮球经济的发展。

---

① 《2013期刊零售市场火拼激烈 文摘类销售指数居首》，《中国新闻出版报》2014年3月4日。

(三) 北京图书业的经营现状

北京是全国出版业最集中的城市。在我国 573 家图书出版社中，237 家在北京，占全国总数的 41.36%。据统计，目前北京约占有全国图书市场 40% 的份额，而且还在不断提高。北京汇集了人民出版社、商务印书馆、三联书店、高教出版社、外研出版社、科学出版社和北京出版集团等全国的大社、名社及其连带的作者资源和市场影响力。在改革浪潮下，全国各地出版发行集团纷纷抢滩北京，国外和我国港澳台地区著名传媒集团如美国 IDE、时代华纳、新闻集团等纷纷在北京设立总部和分支机构。全国各地出版发行集团都纷纷北上，在北京建立分支机构，如广西师范大学出版社在北京成立贝贝特公司，长江文艺出版社成立北京发行中心，上海世纪出版集团成立世纪文景图书公司等，这些都已经成为全国性的知名品牌。此外，相当一批外地的民营图书公司，也将企业总部迁往北京或在北京开展业务，如山东世纪天鸿、广东天时音像、福建厦门光合作用书房，以及四川、湖南、湖北等地的文化工作室等。目前，北京图书发行企业有近 1 万家，年销售收入约 200 亿元，随着近年来民营书业迅速崛起，已占据整个首都图书市场 52% 的份额。第三极、国林风、风入松等民营书店已具备相当规模。北京已成为名副其实的出版资源云集的高地。

巨大的发展优势铸就了首都新闻出版巨大的发展成绩。近年来，首都图书出版业在全国一直占据主导地位。据最新统计，2007 年，北京地区出版图书 125412 种，其中新版图书 69594 种，重版、重印图书 55818 种，分别比 2006 年增长 10.76%、7.41% 和 15.23%，重印率为 44.51%，比 2006 年增加 1.73 个百分点。总印数 18.68 亿册（张），比 2006 年增长 8.63%；总印张 195.30 亿印张，比 2006 年增长 4.94%；定价总金额 314.84 亿元，比 2006 年增长 11.46%。2007 年北京地区图书出版占全国的比重分别为：出版图书种数占全国的 50.51%，新出图书种数占全国的 51.09%；总印数占全国的 29.68%，总印张占全国的 40.14%，定价总金额占全国的 46.53%[①]。同时，根据目前发展趋势，首都图书出版业的前景十分看好，根据《首都新闻出版业"十一五"发展规划》的规划，北京新闻出版行业 2010 年出版图书预计将达 16 万种，比"十一五"初期增长 30%，这显然是一个十分诱人的前景。

2013 年，中国的图书出版业总体趋势是稳中有升、总体向好。图书出版品种、

---

① 左文:《北京图书出版业发展现状及对策分析》,《出版发行研究》2008 年第 10 期。

图书印数、图书销售及图书出版的经济指标都有所增长。图书出版有重点、有亮点，图书发行有热点，图书管理有创新点。

2013年，国家新闻出版行政管理部门新审批设立了两家图书出版单位：2013年4月26日，国家新闻出版广电总局批准生活书店出版社复社；5月底，安徽出版传媒集团所属的全资子公司北京时代华文书局获准开业。批准新组建三家出版集团：中国财经出版传媒集团、中国工信出版传媒集团、长江少年儿童出版集团。出版单位的数量和出版集团的数量出现微小的变化。

2012年中国的图书出版仍然稳步增长：图书品种较快增长，全国共出版图书41.4万种，同比增长12.04%；图书印数稳步提高，全国图书总印数79.25亿册（张），同比增长2.85%；全国图书出版实现营业收入723.5亿元，同比增长12.3%；全国共出口图书1325.69万册，同比增长54.91%；出口金额4250.09万美元，同比上年增长29.71%。图书品种增长过快对出版业来说，最直接的后果是人均劳动强度增加，单品种收益却下降。可说喜忧参半。

2013年，一系列与图书出版、发行、管理等密切相关的改革与政策相继出台，给图书出版带来新的生机、新的活力、新的气象。2013年3月，新闻出版总署与国家广播电影电视总局合并，组建国家新闻出版广电总局；中国共产党十八届三中全会的决议，对深化出版体制机制改革提出了新要求；图书出版的优惠政策再次延长5年，图书发行环节的普惠政策首次出台；整治儿童图书市场，为儿童提供积极向上、健康纯洁的图书。

2014年图书出版有三点值得期待和关注：图书出版单位改革进一步深化；图书品种增长将会受到抑制，图书质量将会更加受到重视；网络书店与实体书店的角力持续胶着。

二、北京出版业的经营问题

根据数据分析，受到网络与新媒体的打击，2008——2012年北京地区图书出版和印数均下降明显，报纸、期刊品种基本保持不变，印数呈下降趋势；音像制品品种和印数都呈疲软态势；另外，北京报纸业的竞争越来越激烈，由于政策的原因，报纸业的资源尚没有完全整合，资源整合是报纸业发展的趋势。音像制品有下降趋势。音像制品处于颓势的原因主要来自两个方面，一是来自新媒体的替代，二是来自盗版的影响。网络出版、手机报、mp3、ipad等各种新出版形式和阅读终端的出现，对音像制品有很大的替代性，而且新出版形式的方便快捷越来越受到消费者的喜爱。此外，盗版一直是困扰音像业的大难题，其中，网络免费下载已成为新型的更为隐蔽的盗版形式。尽管打击盗版的力度一直在加大，人们的版权意识也在逐渐加强，但是打击盗版并非一日之功。因此，音像制品的颓势也是意料之中的。

就北京出版业本身来说，存在着出版结构比例失调的问题。当前，北京的出版结构比例失调现象较为突出，以图书出版为例，北京的图书产品在一般出版、教育出版和专业出版三大门类中，对教材尤其是中小学教材和教辅依然高度依赖。据有关统计，2007年，北京地区共出版文教类图书27725种，占总量的22.11%（占全国的30.66%）；总印数101046万册（张），占总量的54.10%（占全国的21.11%）；总印张6956059千印张，占总量的35.62%（占全国的23.33%）；定价总金额864138万元，占总量的27.45%（占全国的26.03%），各项数据的平均值高于全国平均水平[①]。而与此形成鲜明对比的是在一般图书，尤其是大众畅销书和专业图书的运作上没有很好的模式，对这两大领域的产品开发远远不够，同时对新技术给传统出版带来的冲击认识不足，对由于信息网络技术的发展所形成的替代品威胁的严重性认识不足，电子图书等产品所占的比例微乎其微。另一方面，北京出版业产品市场占有率不高。出版物高库存率是出版产品市场占有率不高的典型症候，也是我国图书出版业的一个通病，而北京地区的高库存率尤为突出。这一点从北京地区图书出版总量很大与北京人均购书总量很小的对比中即可窥见。虽然近年来北京图书出版的定价总额和营业总额呈现逐年增加的趋势，但是这实际上在很大程度上是由单品种图书价格的不断上升来实现的。也就是说，居民用于购书的钱和实际能买到的书在数量上减少了。按照目前市面上图书虚高的平均定价推算，北京人年均消费图书仅为2~3本。出版产品的市场占有率不高的根本原因在于产品本身的质量得不到读者的认可。当前，影响出版产品质量的突出问题是盲目出版和重复出版。一些出版社为了追求短期经济利益而盲目出版，市场上什么书畅销就盲目跟风出版什么书。近年来，由电视节目《百家讲坛》引发国学类图书出版热潮；由《求医不如求己》等引发的养生类图书出版热潮；由《盗墓笔记》引发盗墓探险类小说层出不穷等等，无不是盲目出版的典型表征。迈克尔·波特认为，差异化是竞争优势之源。而盲目跟风出版和重复出版，一方面暴露出出版原创能力的严重不足，但更重要的是造成了出版产品差异化优势的丧失，并使出版市场出现秩序混乱和产品的大量积压，以致高库存率成为了当今出版业久治不愈的顽疾。

---

① 左文：《北京图书出版业发展现状及对策分析》，《出版发行研究》2008年第10期。

（一）北京报业的经营问题

网络时代的到来与新媒体的不断发展壮大似乎是整个报业面临的最大且最艰巨的问题。在新传媒时代，传统的报业传媒在传播方式和发展方式等方面，遇到了新媒体环境的严峻挑战。一段时间以来，对报业发展不利的观点似乎逐渐占了上风，认为现在是报业的冬天。但除了外部的冲击造成报业出现生存问题之外，还存在很多其他的问题。

随着互联网网络与新媒体的兴起，微博已然成为国民获取信息的首要渠道：传播速度快、传播者平民化、传播范围广是微博等新兴网络媒体区别于传统报纸行业的最大优势。但随之而来的诚信问题却也成了目前中国社会的主要问题之一。

由于网络新媒体时代的来临，不少报纸都随之做出了转型，以适应当今媒介的发展潮流，纷纷开发移动客户端以及进驻微博。传播学大师麦克卢汉曾说："媒介是社会发展的基本动力，也是区分不同社会形态的标志，每一种新媒介的产生与运用，都宣告我们进入了一个新时代。"微博带来的就是一个媒介新时代，它以其快速、方便，迅速占有了广大受众。例如《人民日报》《北京晚报》《北京青年报》以及《新京报》《京华时报》等北京本地主流报纸都有了自己的官方微博。在这种情况下，为了紧跟信息潮流，微博已经成为越来越多报纸的新闻线索来源库。但不可否认的是，微博上时常充斥着一些真假难辨的信息，甚至是一些恶意造假的图文，这给各家报纸在寻找新闻线索的过程中布下了无数陷阱和地雷。

其实，即便是在网络不发达的过去，对新闻来源进行求证和核实，一直也是报纸等传统纸媒体的基本原则，这是确保新闻真实性的最笨拙却又最有效的办法。然而，随着新闻竞争的日益激烈，为了求快求新求异，一些报纸渐渐失去了对这一原则的坚守耐心。更有甚者，根本不作任何考证或过滤，直接把微博上的信息当新闻来报，在新闻真实性上打起了"擦边球"。这类不经核实的随意"转发"，以夺取眼球效应为目的，失去了报纸应有的新闻操守和追求，对报纸的公信力造成了极大打击。

日前"秦火火网络造谣传谣"的案件在北京市朝阳区人民法院进行了一审审判，这不仅反映了我国对网络虚假信息的查处力度加大，更从侧面反映了我国网络环境鱼龙混杂，这就更要求我们报纸的官方微博在追寻新闻的同时，要时刻谨记新闻人的宗旨，杜绝造谣传谣。

如果说在被网络新媒体围攻下的当今报业最核心的竞争力是报纸内容，那么其内容的质量高低却在根本上取决于各大报社的记者与编辑。不管时代如何变化，

"人才"都是所有行业的最大的核心竞争力。

市场经济体制下,北京各大报业之间竞争首先表现在资本主导下市场资源的不断集中化,在报业战场上,报业必须通过资本运作与资金投入,才能取得更好的发展,这是北京各大报业乃至全国各大报业存在的根基;另一方面,报业的持续发展离不开与其他产业经济的联合,其中最为重要的便是报业中的广告业务。前些年由于国家进行宏观调控,直接影响了广告行业在报业中的投放,随着网络与新媒体的崛起,报业的广告投放更是逐年下滑。如果观察数据会发现,2011年以来,北京报业的广告投放与前些年相比是增长的趋势,其实也会发现,房地产与汽车行业仍然占据着各大报纸的大量篇幅,其他产业的广告版面投放却在日益减少;另外,北京各大报业之间新闻创意的争夺也是非常明显的,这也就造成了各报纸之间新闻趋同的现象。所以在以上这些困境下,报业的人才战略更显得尤为重要。不管是新闻战还是广告战抑或是发行战,归根结底都是人才战。

如果仔细观察北京当地的各类新闻发布会,你会发现一个有趣的问题:青年记者与编辑占了大部分比例,而很多记者甚至不是专业出身,从来没有过新闻从业经验与专业知识,这也就决定了他们的新闻水准与从业素质不会太高,这也就不难解释为何如今北京各大报纸经常出现一些缺乏新闻基本常识与人文关怀的文章。对此,一位业内人士说:"在北京,通编采人员的流动是非常频繁的,特别是年轻的记者和编辑,几乎是在不同的都市报之间跳来跳去,他们关注的有工资问题,还有自己个人的发展问题,还有报纸能够提供环境的问题。每一个新的报纸的出现,都会引起一个大的跳槽风波。"[①]

目前北京报业人才缺乏严重,首先缺乏既有学问又能深入实践中,实地考察与跑动的这样一种人才,因为只有了解百姓的呼声与诉求,了解社会现实,才能运用自己的专业学识,把老百姓的观点加以提升与精炼,并从老百姓的视角出发进行表述;其次是缺乏既会管理报纸版面与内容,又会管理报社人才的管理者,就北京报业来说,各大报纸版面越来越多,内容越来越丰富,而读者们对新闻的要求也越来越高:新闻不仅要新,而且更要有个性,这就要求我们的管理者拥有自己鲜明的个性的同时,必须拥有很强的业务能力与协调能力,以及最大限度的包容度,这样才能发挥领导者的人格魅力,留住同样具备以上素质的人才;最后北京报业缺乏的是既知道如何经营也懂得如何利用媒体的人才,在报业竞争已经从版面之争深化到报纸的诸多要素,报业越来越讲究经营的今天,这类既了解办报规律又懂商业运作的

---

① 祁建:《北京报业生境——理想与现实的落差》,《传媒》2005年第8期。

人才,是目前新闻媒体所普遍缺乏的。

(二) 北京期刊业的经营问题

北京期刊市场表面热闹,而实际上却是竞争惨烈,有杂志创刊就很快有杂志消失。在80年代末90年代初,《读者》《知音》《演讲与口才》这样的大众杂志曾经风靡一时,那个时候的杂志可以选择的种类也很少,但是如今,这些大众杂志虽然还能维持较高的发行量,但是却不再是大众的主流期刊读物。如今的报刊亭挤满了五颜六色的、沉甸甸的各种类型的杂志,时尚类杂志、财经类杂志、消费类杂志、时政类杂志、人物类杂志、文摘类杂志成为当下期刊业百花齐放的重要构成元素,而新刊出刊速度依然是热情不减。回首中国的期刊业,依然有很多问题值得去思考:第一,本土原创期刊的缺乏与疲软值得关注。目前在期刊市场,比较活跃的广告价值较高的依然是那些贴着国际标签的刊物,比如时尚期刊领域,康泰纳仕、桦榭集团等都纷至沓来,争抢着大量的时尚奢侈品广告,而很多本土的杂志也都开始和国外进行版权合作,杂志市场也成为了国际化味道称雄的市场。当然,也有很多本土的杂志取得了较好的成绩,但是相比较如今中国在全球的被关注程度,中国却没有任何一个来自本土的期刊挤占到国际市场,反而在本土的市场中与国际期刊之间展开竞争。中国期刊看来也需要有新的中国创造。第二,长期利益还是短期利益的矛盾。一个期刊是通过包装追求较高的广告价值还是专心做好内容吸引高价值读者以吸引广告主关注?在期刊市场,这是两种不同的模式,从现阶段广告主的投放来看,有较好的包装依然是吸引广告主投放的重要手段,但是从读者市场来看,情况就不那么乐观了,很多杂志的读者群小得可怜,特别是一些自诩做得完美无缺甚至是引导潮流的时尚媒体;而一些期刊由于得到广告主的认可,就将内容放在了一边,追求短期效益成为了期刊市场的特点之一,这使得一些期刊开始通过各种推广和包装手段吸引广告主,当广告主发现后,期刊很快就面临生死存亡问题。第三,如何满足读者的内容需求成为期刊的一个重要危机。中国的人口规模巨大,受众口味较为多元,因此一个期刊要想满足更多的读者的阅读需求就显得有些困难了,各类期刊如何进行自身内容的定位,就成为一个关键问题。有人说,把中国的时尚杂志封面都撕掉,放在一起看,会发现这些杂志内容基本是一样的,甚至一些时尚杂志主编就是灵魂,主编一换,读者立即就能感受出来,不适应新主编风格就放弃阅读。如何准确定位目标受众群体并提供满足他们阅读需求的内容就成为了很多期刊面临的核心问题,因为,没有内容自然就吸引不了读者,没有读者自然就没有任何广告价值,到最终期刊还是得回到内容为王的媒体经营道路上来,因此对于很多期刊来说，对于读者文化需求的研究是必不可少的工作，期刊也犹如一个消费类产品，需要有需求确认、群体定位、产品的研发、市场营销、品牌建设、售后服务等一系列的工作。第四，找不到真正的读者群，或者读者群错位也是期刊市场一个怪现象。很多财经杂志言必称CEO读本，可实际上，CEO根本都不正面看一眼，现在的CEO们常常忙得连看个杂志的时间都没有？一个财经杂志如何能够让CEO看？最后发现看这些杂志的往往是那些想成为CEO的人，比如部门总监、部门经理等级别的人。有的杂志总是自恋自己的内容如何地适合其目标读者，但是实际上，目标读者与实际读者根本就是两群人；还有的时尚杂志出刊就送赠品，大力促销，甚至连科技类的杂志都送促销品，时间长了发现，消费者购买杂志也好像到超市买日用品一样，促销就买，不促销就不买，很多杂志根本没有读者忠诚度可言，一些杂志并不认为这是自己的问题，还在继续做这种毫无意义的促销发行游戏。一个杂志如何让受众黏住它，期刊市场必须面临读者群的重新定位问题。第五，网络化的期刊挑战与机会。越来越多的期刊开始试水网络刊物，甚至一些时尚和财经杂志都建立了网络版杂志，应该说，互联网既是期刊发展的机会，同时也充满挑战，挑战在于一个期刊不是做了个网络版杂志，读者就会跑到网上去从而增加对于期刊的黏性，因为互联网有互联网运作的规则，一个杂志做了个网络版只是一个形态上的变化，但是如何应对互联网的资讯需求才是其真正需要思考的，从这个角度来说，期刊与大的有影响力的门户网站在内容上的合作或许才是创造新价值的创新之道。

（三）北京图书出版业的经营问题

北京图书出版业所取得的成绩有目共睹，但同时也面临着国内其他地区后来居上以及国际同行业竞争加剧等挑战，而认真审视当前所存在的主要问题，乃首都图书出版业的当务之急。

一是出版结构比例失调。出版结构是指各种出版物选题的构成和一定的比例，即为满足不同层次的读者需要而确定的各类出版物出版选题占出版物总数的比重关系。建立合理的出版结构，对于出版业的健康发展至关重要。当前，北京的出版结构失调现象突出，以图书出版为例，北京的图书产品在一般出版（也称大众出版）、教育出版和专业出版三大门类中，对教材尤其是中小学教材和教辅高度依赖。在全国教材教辅近年来强劲增长的大背景下，北京地区的图书产品结构也不可避免地产生了过度依赖教材教辅的失调现象，2007年，北京地区共出版文教类图书27725种，占总量的22.11%；总印数101046万册（张），占总量的54.10%；总印张

6956059千印张，占总量的35.62%；定价总金额864138万元，占总量的27.45%。与全国同类图书相比种数占30.66%，总印数占21.11%，总印张占23.33%，定价总金额占26.03%，教育类图书所占比重高于全国平均水平。而与此形成鲜明对比的是一般图书尤其是大众畅销书和专业图书的运作模式没有很好形成，这两大领域的产品开发远远不够，同时对新技术给传统出版带来的冲击认识不足，对由于信息网络技术的发展所形成的替代品威胁的严重性认识不足，电子图书等产品所占的比例微乎其微。

二是产品市场占有率不高。出版物高库存率是出版产品市场占有率不高的典型症候，也是我国图书出版业的一个通病，而北京地区的高库存率尤为突出。以2002年为例，全国图书库存累计总价值为343.48亿元，北京地区就多达118.58亿元，占全国库存金额的34.5%。而同期北京地区的图书纯销售额为53.49亿元，全国为434.96亿元，仅占全国总销售额的12.3%。居高不下的库存率严重阻碍了首都出版业的持续健康发展。根据由上海市振兴中华读书指导委员会办公室和上海社科院、上海大学等专家组成的课题组共同研究完成的《上海读书指数报告》显示，2004年北京人均图书年消费为74.19元，虽然几乎是全国平均水平35元的2倍，但是与发达国家相比还有很大差距。同时，在北京平均每人每年1964.19元的文化消费中，购买图书的费用仅占3.8%，这无论如何都不是一个令人乐观的数据。而且，虽然近年来首都图书出版的定价总额和营业总额呈现逐年增加的趋势，但是这实际上在很大程度上是由单品种图书价格的不断上升来实现的，也就是说，居民用于购书的钱实际能买到的书在数量上减少了。按照目前市面上图书虚高的平均定价推算，北京人年均消费图书仅为2～3本。出版产品的市场占有率不高的根本原因在于产品本身的质量得不到读者的认可。当前，影响出版产品质量的突出问题是盲目出版和重复出版。一些出版社为了追求短期经济利益而盲目出版，市场上什么书畅销就盲目跟风出版什么书，由《品三国》《论语心得》等引发的国学类图书热潮、由《无毒一身轻》《求医不如求己》等引发的养生类图书热潮、由《马未都说收藏》引发的收藏类图书热潮等等，无不是盲目出版的典型表征；另一方面，一些出版社不在选题策划上多花功夫，而是不停地"炒剩饭"，目前首都图书市场上至少能见到50多个版本的《红楼梦》和《西游记》以及60多种新装帧的《水浒传》和《三国演义》就足以证明这一点。按竞争策略大师迈克尔·波特的理论，差异化是竞争优势之源，而盲目跟风出版和中外名著的不断重复出版，一方面暴露出出版原创能力的严重匮乏，另一方面更重要的是造成了出版产品差异化优势的丧失，并使出版市场出现秩序混乱和产品的大量积压，以致高库存率成为了当今出版业久治不愈的顽疾。

三是管理体制尚待完善。首先，条块分割问题依然存在。目前，北京地区的出版单位仍然分为中央单位和北京市属单位，在北京地区的200多家出版社中，90%以上为中央级出版社，总产值约占我国出版业的50%左右，而北京市属的出版社仅有17家（包括6家副牌）。中央级出版社由于其主管主办部门为中央各部委办局或中央级社会团体以及民主党派，出版社的负责人也多数是由上级主管部门委派和任命，所以大部分出版社至今仍具有司局级或处级等行政级别，出版社负责人和各业务部门负责人乃至于普通员工也相应地享受不同的行政级别和待遇。不同的隶属关系和利益关系制约着新闻出版管理体制，中央与市属单位之间尚未建立起有效的沟通、合作机制与渠道，条块分割的现状十分不利于首都出版业整体健康发展。其次，民营文化工作室的管理亟待加强。时至今日，民营文化工作室"行业内、体制外"的性质并没有彻底改变，这必将导致其在发展竞争中处于边缘地位。在图书的发行方面，民营书业以其灵活性和高效率占得了市场的先机，经过多年的摸爬滚打，民营书业已经在首都出版市场形成了一个稳定的发行网络。其中，大多数从业者显示出了良好的专业素质并建立了牢固的商业信誉，但是还是有一小部分公司喜欢钻政策的空子，以致不遵守出版法规的行为时有发生；而在图书的出版方面，由于政策的限制，民营书业没有独立出版权，只能以选题策划的方式与出版社合作，但即便是这样，一些文化公司凭借其选题策划能力和敏锐的市场触角，往往在市场上占有主导地位，他们所担忧的是不占有书号这一"天然资源"，所以在与出版社的合作中，都不同程度地受到某些客观制约，无论是前期的合作条件，还是后期图书发行手续的办理，文化公司都只能依赖、顺从出版社，有时甚至不得不接受不公平的条件。但由于文化公司策划的图书往往能较快地带来较大的市场利润，也就是说，在"有奶便是娘"的依赖心理下，这种合作模式实际上导致了少数出版社变成了民营文化工作室的附庸，即使出书很少，也可以或者说只能依靠合作出版来获得出版利润。这种由于政策资源性限制导致的畸形合作模式大大限制了民营书业和首都图书出版业的又好又快发展。

最后，出版物市场秩序有待进一步改善。当前，首都出版物市场并没有建立有效的运营规则，所以容易形成不公平的市场竞争。以教材教辅图书为例，依然存在着大量的行政垄断现象，很多重要出版资源掌握在有关行政部门手中，这些行政部门又通过发文、评估等等手段掌控出版物市场，为部门或者行业、地区利益寻租，极易导致行业腐败。图书价格制度、销售资金结算制度、出版物市场信用制度、出版风险投资规避制度等一定程度上都尚未建立健全，以至于近年来折扣战、回扣战、高定价低折扣、黄金书等不正常现象屡见不鲜。2005年11月至2006年5月，北京市朝阳检察院共办理有关书商案件15件，但由于对"明扣""暗扣"的违法性质缺乏准确界定，最终只有1件明确立案，其他14件都作出了不予立案处理。无独有偶，2006年不到半年时间内，9所北京市属市管高校图书馆的9名干部涉嫌索取图书回扣问题被检察院调查，包括私设小金库、集体收受回扣、个人私自收取商家"暗扣"，涉案金额高达百万元以上，而这些暴露出来的问题也许仅仅只是冰山一角。另外，买卖书号、盗版盗印、出版诚信危机等也无不成为了扰乱首都出版市场秩序的不良因素。

　　四是人才培养亟待科学化。当前，首都图书出版业存在一个人才悖论：一方面是确实不缺人，编、印、发三大环节普遍人员过剩；但另一方面又确实缺人，即缺乏优秀的出版人才。至今为止，首都大部分出版单位尚未建立科学有效的人才培养交流机制，而作为出版人才后备基地的首都高校出版专业的人才培养也暴露出尖锐的矛盾：一方面是出版专业的不断扩招，另一方面是该专业的毕业生就业时遭受出版单位的冷遇。一项由北京大学编辑出版专业的学生开展的调查发现，被调查的164家出版单位中，明确表示需要编辑出版专业学生的只有15%。北京大学编辑出版专业1999—2004年6届毕业生共126人中去出版社的只有13人，仅占10.32%，这种局面足以反映出毕业生自身条件与出版用人单位实际要求之间的背道而驰。这其间的主要原因除了培养数量过剩以致僧多粥少外，更重要的还在于出版专业学科本身就存在设置狭隘、课程单薄等原因导致了出版专业学生知识结构与实际需求的脱节。首都高校于20世纪80年代初设立的编辑出版专业大多脱胎于中文专业，而实际上"大出版"概念的内涵与外延都远远超出了中文专业的范畴，就图书出版而言，就涉及社会科学和自然科学的各个学科门类。所以，出版专业应该是一个综合的、跨学科的专业，应该有更科学合理的学科建制与师资配备。

　　上述种种原因导致首都图书出版业领军人物奇缺、专业骨干匮乏、人才梯队青黄不接、人才结构比例失调等问题普遍存在，一定程度上阻碍了首都图书出版业的可持续发展。

第三节 北京出版业的发展趋势与对策

一、北京报业的发展趋势与对策

"再见!"2013年12月31日23:58,距离2014年的元旦钟声敲响还有两分钟,《新闻晚报》的官方微博发出最后一条微博,向2013年告别,也向即将走进2014年的读者道别——2014年1月1日,14岁的《新闻晚报》正式休刊。一份报纸在辞旧迎新的时刻却以这样的方式向读者道别,不免让人们心生几分悲凉,也让在网络等新媒体"围攻"下,正经历广告、发行双重下滑压力的中国报业,在跨入2014年之际显得有些落寞与悲壮。在如此大环境之下,北京报业作为全国报业的领头者,又将面临怎么样的局面?

通过北京市2013年综合类报纸销量排名我们可以看到,《北京晚报》与《新京报》两家独大,2013年整年都是增长态势,而反观剩下的四家北京市面上的主流报纸,均存在市场份额减少的情况,特别是《北京晨报》,其覆盖率也有呈现出下降的趋势。

其实在网络新媒体时代,报纸想要继续发展,必须要以新的科学技术作为手段,全面武装自己,实现传统报纸与新媒体的融合,但只改变方式并不能使自身立于不败之地,北京报业发展的根本还是要以新兴的形式、优质的新闻内容抓住广大读者的心,只有受到读者的青睐与支持,才能真正将自己做大做强。

就目前北京报业的报纸销量来看,都市报依旧占据鳌头。但各大都市报办报理念与定位的不同造就了其读者人群的不同,所以在分析读者人群时并不能一概而论。在改变报纸阅读方式的同时,全面分析自身的读者人群,并抓住该部分读者的胃口与兴趣,便是北京各大报纸的发展趋势之一,谁能赢得更多的读者,谁就能发展得更好。这里我们就《北京晚报》与《京华时报》的读者人群进行比较分析。

首先是《北京晚报》:1.《北京晚报》在北京九个城区每日平均阅读人数达到400万人,约为第二名报纸读者人数的两倍,是北京地区读者最多的报纸;2.《北京晚报》首选率为38.41%,是北京居民首选率最高的报纸;3.《北京晚报》覆盖高学历读者人数为139万,高职位(包括公务员与白领)读者占读者人数的80%,遥遥领先于其他报纸；4.《北京晚报》忠实读者人数313万人，是第二名报纸的2.1倍，阅读70%以上内容的读者为275万人，遥居各报首位，是第二名报纸的1.8倍；5.独占读者总数为211万人，占自身读者总数的61.7%；主动读者人数为324万人，占北京晚报读者总体的94.67%，是第二名报纸的1.9倍；6.《北京晚报》主动读者占《北京晚报》读者总数的94.67%，居于各报首位。

《京华时报》是《人民日报》主管的一家综合性日报。2001年5月28日横空出世，一石激起北京报业市场千层浪。在强手如林的首都，《京华时报》以自己的方式创造着一个又一个报业奇迹：创刊只有10个月，《京华时报》便从容不迫地从32版扩充为48版，直至72版，由一叠变为二叠、三叠，成为北京新闻分量最足、本地资讯最多、新闻时效最强的早报。那么《京华时报》的读者人群为：1. 聚焦高端，实现目标群体精准到达，年轻时尚：15～44岁读者占70%；2. 男性比例高：男性读者占56%，家庭收入主体和大型耐用品的决策者；3. 高学历：中高等学历读者占87%；4. 高端人群：白领读者占59%；5. 高收入：个人月收入2000元以上读者占57%。

通过以上对两家报纸读者人群的分析我们可以看出，《北京晚报》包容性强、覆盖率广，它对读者的年龄、学历与工作并无太多限制，这也就决定了《北京晚报》在新闻内容采集方面走的必然会是群众路线，不仅有时事政治类型的新闻，更有社会新闻与民生方面、娱乐方面的报道；而《京华时报》的针对性却要更强一些，它的读者定位更年轻化、专业化，因此，《京华时报》在内容方面便与《北京晚报》会有很大的区别。

另外，报业经济是以报为主的经济，综观各国报业发展，无不以报纸的发行和广告为基础，进而兴办与报、与传媒有关的各种实业。广告是报业的支柱，是报纸的经济命脉和主要财源。报业经营者应该更加高度重视广告经营，提高报业广告的从业人员素质，扩大广告队伍。目前北京报纸广告版面上占据大部分篇幅的是汽车行业与房地产业，近些年来北京报纸的广告投放量虽处于增长状态，但广告种类却在日渐减少，单纯依靠房地产与汽车行业，还不足以满足未来信息技术社会更严峻的考验，因此，不断提高自身竞争力，在融入新媒体的同时，大力扩展广告业务也是北京报业未来的发展趋势之一。

如果北京报业想要发挥自己最大的经济效益，那么除了把握好报纸的内容与读者之外，还必然要进行整合营销。整合营销是一种对各种营销工具和手段的系统化结合，根据环境进行即时性的动态修正，以使交换双方在交互中实现价值增值的营销理念与方法。整合就是把各个独立的营销综合成一个整体，以产生协同效应。这些独立的营销工作包括广告、直接营销、销售促进、人员推销、包装、事件、赞助和客户服务等。战略性地审视整合营销体系、行业、产品及客户，从而制定出符合企业实际情况的整合营销策略。这里不得不讲到，《京华时报》最初在北京报业市场上得以立足，最可圈点的地方就是发行：《京华时报》用它无孔不入的发行，用一种比《北京青年报》更谦恭的作风，比《北京晚报》亲近的姿态，比《北京晨报》频繁和持久的曝光率，将自己呈现在京城每一个报摊上、每一个过街天桥上、每一个公交车站旁，《京华时报》用其发行的策略，就轻松占有了北京报纸市场很重要的一部分份额。一个媒体的成功，是在策划、制作、包装、发行、广告和活动六大环节上的综合成功。未来的报业竞争，行销也将占据重要的位置。

最后，便是报业必然向网络化以及更多新媒体转化的趋势。互联网用户逐年递增，报纸与网络新媒体的融合是必然之路，中国的网民总数以亿计，其中绝大多数的网民都在 35 岁以下，他们是经济和社会活动中最富生机和活力的群体，他们获取新闻信息的习惯，他们对媒体的接受程度，将最终决定 21 世纪媒体市场的结构和格局。

二、北京期刊业的发展趋势与对策

北京是我国期刊最为发达的地区，期刊研究学者李频曾评价其"期刊式样多样化，品种最多形态最全"，其产业发展规模与影响力为传媒界所瞩目[①]。近年来，随着国际与国内媒体环境的变化，同时也随着期刊业的持续发展，北京地区的期刊也呈现出新的趋势，新的挑战与发展契机也随之而来。

北京地区处于并将长期处于期刊的领先地位，这得益于北京得天独厚的历史与人文环境。北京地区的期刊知名度高、发行量大、影响力强是毋庸置疑的，而且据统计，我国期刊广告营业额前 20 强中，近 90% 的期刊都在北京地区，例如《世界时装之苑》《瑞丽服饰美容》《财经》等著名期刊。与传统期刊相比，北京地区的电子出版也非常发达，并且在与新媒体融合方面，也都遥遥领先于国内其他地区。

但是，北京地区期刊发展中也遇到了诸多问题，产生了很多不足。首先，北京地区期刊缺乏一定的国际竞争力与影响力。就全国范围来讲，北京期刊业乃是领头羊，但将其放在国际大环境中，我们就会发现，有一定国际知名度和影响力的期刊少之又少。特别是在期刊、电子出版物的版权输出与引进方面，数量上仍有显著的

---

① 陈冠兰、钟静：《北京地区期刊的发展现状与对策》，《传媒》2014 年第 7 期。

差距。二是期刊的经营观念与手段需要与时俱进，与国际接轨。北京有一大批各级政府与团体主办的期刊，它们创办历史长，是政府机构和部门宣传方针政策，进行学术交流的重要平台，有非常大的政治影响力，并能够引起广泛的社会效应。在市场经济体制的主导下，这些期刊也开始走向市场化，因此，传统的编辑和经营观念需要逐步改变，特别是在现代广告传播方面更显得不足。

因此未来的北京期刊业除了继续保持自己的优势之外，还应该在提高国际竞争力方面进行创新与改革，实施国际发展策略，这需要借助于政府政策方面的支持；第二，持续发展数字出版，将众多的党政机关期刊都纳入新媒体融合的范围之内，加大力度促进传统期刊的转型；第三，在传统期刊的基础之上，搜寻和创造更多的增值服务，拓宽其价值延伸，从而使北京地区的期刊更具国际影响力与竞争力。

三、北京图书业的发展趋势与对策

首先要切实用科学发展观统领新闻出版工作，以人民群众的需求为目标，进一步解放思想，转变观念，进行富有活力和朝气的图书出版观念创新；其次要保持民族性、体现时代性、凸显地域性，不断促进出版理论与实践研究，进行具有鲜明现代化气息、浓郁民族韵味和北京特色的图书出版内容创新；再次要鼓励首都出版机构充分利用人民群众喜闻乐见的一切传播手段，依法对图书出版内容资源进行全方位、深层次开发，使各种传播手段与区域优势出版资源有机结合，使图书出版逐步实现传统传播方式与现代多媒体的共同发展，进行图书出版可持续发展的传播手段创新；最后要充分尊重人民群众的主体地位和创造精神，通过举办形式多样、效果明显的全民阅读活动、原创作品征集出版活动等有效形式，调动人民群众参与图书出版的积极性和创造性，实现出版的全民参与机制创新，进一步激发首都图书出版的创造活力。

二要着眼于基层大众，积极发掘有潜质的出版人才，充分利用首都得天独厚的出版资源、师资力量对来自人民大众的热情参与、责任感强、爱好学习的出版人才进行定期免费培训，有针对性地提高其业务水平，努力培养一批业务精、视野宽的出版专业人才；要不拘一格降人才，对于民营出版机构的出版经营，敢于大胆引进、破格提拔；要创新人才任用、职称评聘、评价和奖励机制，调动各类人才的积极性，努力促进出版人才的集聚；要尽快搭建首都出版人才交流的平台，改善首都高校出版专业设置、师资配备，加强高校出版人才与出版实际的紧密结合，充分利用网络等主流媒体，把民间出版人才的发掘、培养、任用纳入政府责任范围，进一步加强基层出版骨干培养交流机制。

三要探索富有生机的市场运营模式。各新闻出版单位在生产出数量更多、质量更好的出版物的同时，还要针对人民群众日益增长的新闻出版产品需求，在贴近群众、服务群众、适合群众上多下功夫，以合理的出版物价格、周到的出版服务、广阔的出版发行网络吸引广大人民群众。同时要积极发展和完善经纪、代理、评估、鉴定、认证等中介机构，提高新闻出版服务的市场化程度；推行版权代理、市场研发、信息提供、出版物发行数量认证等专业化、社会化服务，搭建起政府部门、出版单位和人民群众之间有效交流沟通的桥梁，并在有效管理的基础上，允许民营文化工作室参与图书出版的部分环节，同时加大出版市场监管力度，严厉打击盗版盗印等扰乱图书市场秩序的行为，最终形成人民群众能够便捷参与并身受其利的、富有生机活力的出版市场运营机制。

四是建立新型多元的投融资机制，就是要实现图书出版既有业内投资又有业外投资，既有国有投资者又有集体或民营投资者，既有战略投资者又有普通投资者，既有机构投资者又有个人投资者，在当前主要指的是要在以项目投入、政府采购为主要手段的传统财政投入的基础上，支持非国有的经济成分和资本形式进入图书出版产业领域，扩大图书出版市场准入，实现图书出版投资主体多元化、社会化，鼓励转企后的出版集团以股份化为重点扩充企业资本，并鼓励出版社积极探索建立新型多元的图书出版投融资机制的途径，在对民营出版公司实行备案制度的基础上，可以允许出版社通过项目融资的方式与之开展项目合作，鼓励出版社整合民营文化工作室，允许出版社与之成立无出版权的公司，同时对具备一定资质的民营文化工作室自主策划的图书给予租型权试点和对民营资本参股出版社改制进行试点。建立新型多元的投融资机制的根本目的，在于为人民群众更直接地参与图书出版业提供更便捷的条件，促进首都图书出版业可持续地健康发展。

第四节　北京出版业主要经济数据

一、北京报业主要经济数据

表1　2013年上半年北京综合类报纸销量排名

媒体名称	销量排名	市场份额	覆盖率
北京晚报	1	32.96%	100%
新京报	2	26.41%	100%
京华时报	3	26.07%	100%
法制晚报	4	10.45%	100%
北京青年报	5	2.53%	98.65%
北京晨报	6	2.47%	98.65%

表2　2013年下半年北京综合类报纸销量排名

媒体名称	销量排名	市场份额	覆盖率
北京晚报	1	33.32%	100%
新京报	2	30.61%	100%
京华时报	3	23.99%	100%
法制晚报	4	8.03%	100%
北京青年报	5	2.02%	98.55%
北京晨报	6	2.03%	97.83%

二、北京期刊业主要经济数据

表3　2013年上半年北京男性时尚类期刊销量排名

媒体名称	销量排名	市场份额	覆盖率
男人装	1	32.70%	98.65%
智族GQ	2	13.89%	95.27%
时尚先生	3	13.15%	95.95%
时尚健康男士版	4	12.61%	95.95%

续表

媒体名称	销量排名	市场份额	覆盖率
男人风尚	5	7.55%	96.62%
时尚芭莎男士版	6	7.48%	95.95%
新视线	7	4.86%	64.86%
ELLEMEN 睿士	8	4.32%	94.59%
风度	9	2.43%	84.46%
名牌	10	1.01%	54.05%

表4 2013年上半年北京女性高码洋时尚类期刊销量排名

媒体名称	销量排名	市场份额	覆盖率
瑞丽服饰美容	1	20.18%	98.65%
昕薇	2	20.00%	98.65%
瑞丽伊人风尚	3	12.68%	98.65%
时尚伊人	4	10.98%	95.95%
VOGUE·服饰与美容	5	9.33%	97.30%
瑞丽时尚先锋	6	7.50%	97.30%
时尚芭莎女士版	7	7.41%	96.62%
ELLE·世界时装之苑	8	7.13%	96.28%
嘉人	9	4.79%	96.62%

表5 2013年上半年北京汽车类期刊销量排名

媒体名称	销量排名	市场份额	覆盖率
汽车之友	1	12.52%	98.55%
车主之友	2	9.19%	99.18%
汽车导购	3	8.21%	98.63%
轿车情报	4	6.81%	97.45%
汽车族	5	6.64%	95.66%
汽车博览	6	5.33%	96.62%
越玩越野	7	5.31%	96.05%
中国汽车画报	8	4.92%	98.07%
汽车杂志	9	4.77%	98.18%
汽车与驾驶维修	10	4.75%	97.49%
名车志	11	4.29%	97.07%

续表

媒体名称	销量排名	市场份额	覆盖率
座驾	12	4.07%	97.70%
汽车测试报告	13	4.03%	96.63%
汽车与你	14	4.01%	97.36%
汽车驾驶员	15	3.87%	97.29%
动感驾驭	16	3.83%	95.14%
汽车导报	17	3.12%	81.94%
家用汽车	18	2.05%	68.05%
汽车知识	19	1.48%	69.74%
世界汽车	20	0.81%	50.00%

表6 2013年上半年北京家居类期刊销量排名

媒体名称	销量排名	市场份额	覆盖率
瑞丽家居	1	32.25%	97.30%
时尚家居	2	29.50%	95.95%
安邸AD	3	13.94%	93.92%
家居廊	4	10.37%	94.59%
美好家园	5	5.83%	88.51%
世界家苑（新家）	6	5.51%	86.49%
家饰	7	2.59%	62.16%

表7 2013年下半年北京男性时尚类期刊销量排名

媒体名称	销量排名	市场份额	覆盖率
男人装	1	29.37%	100.00%
时尚先生	2	13.48%	98.66%
智族GQ	3	13.48%	97.99%
时尚健康男士版	4	13.13%	97.32%
时尚芭莎男士版	5	10.23%	99.33%
男人风尚	6	8.50%	97.32%
ELLEMEN睿士	7	4.49%	96.64%
新视线	8	4.22%	66.44%
风度	9	2.43%	59.83%
名牌	10	0.69%	49.66%

表8 2013年下半年北京女性高码洋性时尚类期刊销量排名

媒体名称	销量排名	市场份额	覆盖率
瑞丽服饰美容	1	20.52%	99.28%
昕薇	2	19.26%	99.28%
时尚伊人	3	12.35%	98.55%
瑞丽伊人风尚	4	12.01%	99.28%
瑞丽时尚先锋	5	9.68%	99.19%
VOGUE·服饰与美容	6	9.18%	99.28%
时尚芭莎女士版	7	7.61%	98.55%
ELLE·世界时装之苑	8	5.56%	97.83%
嘉人	9	3.83%	98.55%

表9 2013年下半年北京汽车类期刊销量排名

媒体名称	销量排名	市场份额	覆盖率
汽车之友	1	11.85%	95.56%
车主之友	2	8.82%	96.96%
汽车导购	3	7.92%	94.22%
轿车情报	4	6.65%	96.37%
汽车族	5	6.50%	98.94%
汽车博览	6	5.30%	90.58%
越玩越野	7	5.28%	90.09%
中国汽车画报	8	4.93%	96.54%
汽车杂志	9	4.79%	91.19%
汽车与驾驶维修	10	4.77%	95.98%
名车志	11	4.35%	95.48%
座驾	12	4.15%	89.85%
汽车测试报告	13	4.11%	83.65%
汽车与你	14	4.09%	95.63%
汽车驾驶员	15	3.97%	89.22%
动感驾驭	16	3.93%	93.65%
汽车导报	17	3.29%	88.63%
家用汽车	18	2.31%	77.48%
汽车知识	19	1.79%	82.46%

续表

媒体名称	销量排名	市场份额	覆盖率
世界汽车	20	1.18%	68.97%

表10 2013年下半年北京家居类期刊销量排名

媒体名称	销量排名	市场份额	覆盖率
瑞丽家居	1	29.44%	98.55%
时尚家居	2	25.84%	98.55%
安邸AD	3	13.71%	93.48%
家居廊	4	11.24%	93.48%
美好家园	5	8.76%	85.51%
世界家苑（新家）	6	8.31%	89.86%
家饰	7	2.70%	57.97%

数据来源：北京世纪华文国际传媒咨询有限公司（CCMC）。

（本章执笔：张肖潇）

第六章　北京文物美术业发展研究报告

第一节　北京文物美术业概述

据中国美术史料记载，中国文物美术市场开始于魏晋，形成于唐而盛于宋。中国传统的艺术品市场以名家书画、能够表明中国历代王朝文化的陶瓷和红木家具为主。新中国成立初期，受国内政治运动的影响，中国艺术品市场遭到了严重的冲击和影响。改革开放后，我国经济飞速发展，随着人民生活水平的提高以及对精神文明追求的日益增强，艺术品市场得到了飞跃式发展。全国各地区的各大博物馆、美术馆纷纷不惜花重金吸纳珍品，各类民间收藏团体、民间收藏馆、展览馆如雨后春笋般大批涌现，艺术品投资已成为继股票、房地产之后的第三大投资热点。

中国是一个艺术品大国，各种艺术品种类繁多。目前，中国市场交易的艺术品除了雕塑、油画、版画、钱币、邮票、古董、珠宝玉器，还有书画、陶瓷、文房雅玩、篆刻砚台、家具、紫砂、沉香等具有浓郁中国传统文化内涵的艺术品类别。价格高低不等，多则上亿元，少则上百元。艺术品依靠其历史意义、不可再生性、稀缺性，具有很高的货币价值。而艺术衍生品价格通常较为低廉，几十元至上万元不等。艺术衍生品的出现使得艺术品走出富人权贵的圈子进入了普通百姓家，如今寻常大众也可以享受到其带来的美学价值。

一、文物美术简介

（一）文物业

文物是指遗存在社会上或埋藏在地下的历史文化遗物。根据我国《文物保护法》规定文物包括下列遗物：（1）具有历史、艺术、科学价值的古文化遗址、古墓葬、古建筑、石窟寺和石刻；（2）与重大历史事件、革命运动和著名人物有关的，具有重要纪念意义、教育意义和史料价值的建筑物、遗址、纪念物。(3)历史上各个时代珍贵的艺术品、工艺美术品;(4)重要的革命文献资料以及具有历史、艺术、科学价值的手稿、古旧图书资料等;(5)反映历史上各时代、各民族和社会制度、社会生产、社会生活的代表性实物。

其中,前两类属于不可移动文物,后三类属于可移动文物。文物市场是由可移动文物作为文化商品及文物市场的客体进入流动领域所形成的市场。文物市场按消费对象划分,可分为团体收藏市场和个人收藏市场。文物市场又分为主体和客体两大部分,主体包括:(1)文物收藏者,包括国家博物馆、地方博物馆、民间收藏家以及文物复制品制作商等。(2)文物经销商,包括画廊、拍卖行、国营文物商店、个体文物商贩等。客体的由来是因为由于可移动文物可以作为文化商品进入流通领域,所以它们能够成为文物市场的客体。

文物商店。我国文物商业的主体,长期以来是由文物主管部门批准开设的文物商店。它是内部实行企业管理的文物事业单位,主要任务是通过商业手段,收集流散在社会上的文物并使之得到保护。为博物馆(院)和有关科研部门提供藏品和资料并把完成这一任务作为检验文物商店工作成绩的重要尺度。同时,将一般不需要由国家收藏的文物投入市场,满足国内文物爱好者的需要。

文物拍卖市场。拍卖是一种特殊的贸易方式,是指以公开竞价的形式,将特定物品或者财产权利转让给最高应价者的买卖方式。文物艺术品拍卖是一种重要的艺术商业中介形式,是指以委托寄售为业的商业企业,用公开出价和竞价的方式当众出卖寄售文物艺术品的商业行为。拍卖企业从拍卖成交金额中收取一定的手续费。拍卖企业是被委托方或者货主的代理,定期或不定期地举办拍卖会招揽文物艺术品收藏者、投资者等。

文物交易旧货市场。旧货市场文物交易的存在是民间文物收藏活跃的重要表现。

(二)美术业

美术品也称艺术品、艺术作品或艺术产品,指人们为了满足精神生活的需要,通过有目的的艺术劳动所创造的产物。有广义和狭义之分。广义的美术品,包含了绘画雕塑和工艺美术品,但不包括实用性工业美术品和建筑艺术产品。狭义的美术品,只限于绘画(以及书法、篆刻、碑帖)、雕塑和艺术摄影作品。美术市场是指美术品(包括工艺美术产品)交易的领域和场所,隶属于艺术市场的一个分类,凡美术品经营活动均属美术市场的范围。美术市场按消费对象可以分为团体消费市场和家庭消费市场。美术市场的经营主体包括两类：（1）艺术品生产者，包括画家、书法家、雕塑家、民间艺人、美术公司、工艺美术品厂、艺术陶瓷厂等；（2）艺术品经销商，包括画廊、艺术品拍卖行、个体艺术品经纪人、工艺美术公司、工艺美术商店、个体工艺商贩等。

美术品市场同其他产业市场相比是比较特殊的，它可以明显地分为三个层次：第一层次的经营是通过购买和销售直接完成美术品所有权的转移，这类经营行为主要是通过画廊、画店以及美术品公司来完成的；第二层次的经营是以经济行为为主的市场，指通过第三方中介行为，完成作品所有权的转移，主要是通过拍卖和经济公司来运作，另外还有诸如评估、鉴定、展览等；第三层次则是指高端的艺术博览会。在发达国家的艺术品市场中，这三个层次并驾齐驱，与国际艺术产业相比，我国艺术品经营的一个特殊性在于我国的二级市场的成熟度、繁荣程度以及受关注程度远远超过一级和三级市场。

三个层次的市场产生的销售渠道主要有四种：逐笔售定、包销和代理、公开拍卖、展销。它们又通过四种与其对应的组织形式运行：画商、画廊、拍卖公司、艺术博览会。

二、北京文物美术业的基本情况

党的十八大报告强调要增强文化整体实力和竞争力。要坚持把社会效益放在首位、社会效益和经济效益相统一，推动文化事业全面繁荣、文化产业快速发展。党的十七届七中全会《决定》中关于文化服务的要求，文化事业的支出在财政支出中的比例逐步提高，加大资金投入，同时要制定各种政策，搭建各种平台，吸引各类资本投入文化建设，大力扶持文化产业，要加强对文化基础设施建设的力度，尽快完善覆盖城乡的公共文化体系和网络，大力支持各项文化惠民建设，使人民群众共享文化发展的成果。

据测算，我国文化产业维持18%～20%的年均增速。在国民经济中所占的比例逐步增加，初步显示出成为国民经济支柱型产业的潜力。其中北京、上海等地的文化产业占国内生产总值的比重均达到5%以上，成为当地新的支柱产业。

中国的文物美术业不仅受单纯的供需影响，而且受到意识形态领域内政策所左右。新中国成立以来，我国文物市场一直受到政策的高度控制，《中华人民共和国文物保护法》等一系列法律法规的颁布更是将文物交易的管理上升到国家法律层面。但是在实践中，这个高度控制的市场实际上处于高度失控状态，致使合法市场与非法市场并存，产生无序不平等竞争。

2011年12月9日，国务院关税税则委员会下发了《关于2012年关税实施方案的通知》（税委会[2011]27号），决定自2012年起，规定三类艺术品进口关税税率由12%降至6%（暂行1年）。

2012年7月国家文物局发布《关于进一步做好文物拍卖标的审核工作的意见》，强调要强化拍卖人员征集鉴定责任，健全标的审核制度，严格标的申报管理，规范拍卖图录管理。7月23日，国务院办公厅下发了《关于清理整顿各类交易场所的实施意见》，就清理整顿范围，清理整顿政策界限的使用以及落实清理整顿工作的安排等做出了详细规定。2012年9月19日，北京市工商局、北京市商务委、北京市文物局三部门联手建立拍卖监管联席会议制度，对北京市拍卖行为进行监督，对北京市快速增加拍卖企业进行有限管理。2012年年底，《著作权法》（修改草案）第三稿在国家版权局的网站上进行公示，一条关于"追续权"的新规定颇引人注意："美术作品、摄影作品的原件或者作家、作曲家的手稿首次转让后，作者或者其继承人、受遗赠人对该原件或者手稿的每一次转售享有分享收益的权利，'追续权'不得转让或者放弃。"这意味着今后只要艺术作品在拍卖市场上拍出的价格高过艺术家首次转让时的收益，其中的利润都必须让艺术家本人来"分一杯羹"。2014年8月22日，中国证监会发布了《私募投资基金监督管理暂行方法》，将艺术品、红酒等特定商品的私募基金纳入监管范围，文化艺术品类投资基金从此有了规范的监管。2015年4月24日，第十二届全国人大常委会第十四次会议通过了新修改的《中华人民共和国拍卖法》。新《拍卖法》将设立拍卖企业的前置行政审批程序更改为企业设立后从事拍卖业务的行政许可，简化了取得从事拍卖业务资质的程序，降低了经营拍卖业务的准入门槛；同时，对字号中未标注"拍卖"字样的企业，当其申请从事拍卖业务许可时，做出了放宽性的规定，为拍卖行业和拍卖业务的扩展创造了条件；此外，对非拍卖企业未经许可即从事拍卖业务的行为，明确界定为违法经营，并进一步明确了处罚机构和处罚措施，有利于有效遏制未经许可从事拍卖业务的非法经营活动的蔓延，为治理当前拍卖市场混乱的秩序提供了直接有效的法律依据。[①]

---

① 叶朗：《中国文化产业年度发展报告》，北京大学出版社2013年版。

第二节 北京文物美术业经营现状和问题

一、北京文物美术业的经营现状

在中国经济快速崛起的牵引与巨大消费能力的推动下，随着中华文化认同感的进一步增强，以及中国艺术品市场国际化与国际艺术品市场中国化进程的推进，北京作为世界艺术品市场中心之一的格局正在不断显现出来。北京艺术品交易业发展迅速、成交额不断刷新，艺术品市场在国际影响力日益扩大，北京已发展成为中国首屈一指的文物艺术品交流中心，并日渐形成与伦敦、纽约、香港鼎足而立的国际文物艺术品交流之都。

2012 年，中国纯艺术品交易额为 630 亿元，不包括中国的古玩市场，其中 87% 是中国二级市场，也就是拍卖市场交易完成的。剩下的 13% 的交易额由画廊和一些基金占据。从艺术收藏品机构分布来看，240 家重点机构占了 630 亿元中的 450 亿元，为 80% 左右的交易份额，剩下的约 180 亿元由将近 22000 家中小型机构瓜分。[1] 2012 年，从人员的从业数字来看，将近有 13 万人直接从事艺术品交易工作，加上一部分延伸的相关从业人员，累计达到近 45 万。从我国艺术市场进入第二个十年以来，机构与画廊的收益分析来讲，目前中国二级市场，也就是拍卖公司的收益情况相对来说好一点，平均收益约为 38 亿元，北京平均收益为 28 亿元，上海平均收益为 21 亿元，艺术基金刚刚开始还谈不上过多的收益。

2012 年我国艺术品市场整体发展降速，相比于 2011 年我国艺术品市场交易总额的 2108 亿元，2012 年市场交易总额为 1784 亿元，同比下滑 15%。2012 年艺术原创作品仍是我国艺术品市场的最大交易品类，交易额达 954 亿元，占到总额的 54%。其中拍卖交易额为 442 亿元，画廊、艺术经纪和艺术品博览会交易额为 460 亿元，艺术品出口额为 34 亿元，艺术品网上交易额为 18 亿元。此外，现当代原创工艺美术品的交易额为 650 亿元，艺术授权品、艺术复制品、艺术衍生品的交易额为 180 亿元。2012 年艺术品交易明细见第四节表 1。

2013 年我国艺术品市场的整体成交较 2012 年有所回升，市场交易总额为 2003

---

[1] 何峰：《北京画廊业发展现状研究》，《商业时代》2010 年第 1 期。

亿元，同比增长12%。2013年，国内画廊、艺术经纪、艺术博览会、拍卖市场、艺术品出口、艺术品网上交易的原创艺术品交易额为1003亿元，同比增长5%。2013年，我国画廊、艺术经纪、艺术博览会一级市场的交易额为475亿元，同比增长3%；艺术品拍卖市场成交额为438亿元，与2012年基本持平；艺术品出口额为60亿元，同比增长76%；艺术品网上交易额为30亿元，同比增长67%；此外，现当代原创工艺美术品（工艺画、陶瓷、玉器、珠宝首饰、家具、织锦、刺绣、编织、地毯、壁毯、漆器、金属等）的交易额为800亿元，同比增长23%；艺术授权品、艺术复制品、艺术衍生品的交易额为200亿元，同比增长11%。

就北京而言，可以用"雨后春笋"这个词来形容北京近年来的艺术品市场，经济的繁荣推动了艺术品收藏行业的发展，艺术品交易已经成为国家文化创意产业的一项重要内容。最近几十年北京艺术品市场走过三轮牛市。第一轮牛市的时间是1992年到1995年的春天，在此之后，艺术品市场陷入低迷，调整了八年之后，终于在2003年重新崛起。从2003年开始，艺术品市场迎来了第二轮牛市，频频出现千万元级别的艺术品。从2003到2005年下半年，这轮牛市持续了三年，调整了四年。2009年下半年到2011年上半年，是第三轮牛市。这个牛市行情最为火爆，出现了大量亿元书画和瓷器拍卖行情。而2012年艺术品交易行情骤然趋冷，拍卖金额比2011年减少了将近一半。北京各个艺术品市场也出现了清冷的迹象。

近年来，北京地区作为中国的政治、经济、文化中心，把文化创新、科技创新"双轮驱动"作为发展的总体战略，积极推动"文化科技融合"，使得北京艺术市场发展成为国内规模最大的中国艺术品市场。

北京之所以能够成为艺术品交易的中心，在艺术品市场取得佳绩，取决于三方面因素。首先，得益于经过多年积累形成的，并且不断放大的有一定聚集效应的北京独特的艺术文化圈。其次，与北京相对于其他地区的较为成熟的产业链也有很大关系。从艺术家、画廊、艺术区、文化创意产业区、古玩城、博览会、美术馆、院校、拍卖公司到艺术基金等各个环节，而北京文化资产管理办公室也积极推动艺术市场的建设，开设文化产业基金，定向扶持文化产业建设，兼顾大中小艺术行业企业的全面发展，这一系列的策略，使得北京都占据着作为首善之区的巨大优势。最后，北京的各大拍卖公司，不断利用自己的特有优势，去整合市场的资源，从而在市场竞争中立于不败之地。

（一）画廊业

1. 总体格局

在国际艺术市场上，画廊业在艺术品市场中的地位是非常重要的，它是美术艺术品投资市场的主力，是衡量美术艺术品市场的发达、繁荣与否的重要标准。在成熟的西方艺术品市场模式中，画廊业是一级市场，普通作品在其中买卖；拍卖业是二级市场，画家必须由画廊代理成熟后，重要作品才可以进入。而目前国内的真实情况是一级市场的画廊业发展缓慢，二级市场的拍卖行十分火爆，二级市场争夺了一级市场近50%的生意，占绝对多数的资金，直接进入艺术品拍卖市场。

在北京，形成了以荣宝斋等为代表的传统画廊、实行经纪代理制度的现代画廊以及企业支持的民营美术馆等经营方式为主的模式。截至2012年年底，据统计在中国约有6000家画廊，2012年的交易量高达42000笔。其中，中国重要大中城市共有约1512家活跃画廊，北京地区有605家，占到了总数的40%，较为集中。据观察，中国的画廊市场规模呈现每年约10%的增长，主要集中在北京、上海、香港等几个城市，其中北京市场的画廊增长最为迅速。据雅昌在线统计，目前北京大小画廊总量累计1054家，属全国之最，最著名的艺术聚集区是北京798艺术区，这里集结了上百家画廊，包括著名的桥舍画廊、798艺术区白盒子艺术馆、山艺术·北京林正艺术空间、尤伦斯当代艺术中心、佩斯北京等。在798发展过程中拉动周边发展，逐渐形成草场地艺术区、黑桥艺术区、酒厂艺术区等。因北京画廊的数量多、艺术氛围浓，吸引来大批艺术家以及怀揣艺术梦想的毕业生，聚集到著名的"宋庄画家村"以及其他艺术家聚集区。这也为北京的一级市场发展奠定了坚实的基础。

北京地域的画廊经营的美术品可以分为三大品类：中国古代及近代艺术品类、中国现代艺术品类、中国当代艺术品类。数据表明，北京地区有68%以上的画廊经营中国当代艺术品类，24%左右的画廊经营中国现代艺术品类，其余少数经营中国古代及近代艺术品类。可以看出，北京地区的画廊经营以中国当代、现代艺术品为主要经营内容。

为促进艺术品市场的发展，树立诚信经营的中国画廊行业形象，2004年以来，文化部先后开展了3批"中国诚信画廊"评选活动，一共评选出64家优秀企业。经过几年的发展，为维护诚信画廊的社会公信力，2012年5月至6月，文化部开展了诚信画廊复核以及第四批诚信画廊评审工作。通过实地考核、专家审议、网络公示等程序，保留49家企业"诚信画廊"品牌。对于因企业经营范围、注册地、法人等重要情况变更或者停止经营，或者因涉及经营纠纷、经营不善，不再符合诚信画廊评选标准的15家企业取消"诚信画廊"资格。加上此次第四批授牌的45家画廊企业，全国诚信画廊总数达到了94家。①

在2012年公布的第四批45家诚信画廊中，北京地区的画廊共有15家，见第四节表2所示。②

2. 主要困境

第一，中国缺少对画廊业的税收优惠，同时目前中国的税制并不利于画廊这种经营模式的企业发展，使得画廊业成为高税率的行业。画廊从艺术家手中购买得到艺术品，但是艺术家并不能为画廊开具被税务机构认可的发票，所以画廊缴纳的税金是以出售艺术品的价格总额为基数缴纳的。而对于艺术品拍卖公司而言，则是以其收取的佣金总额为基数缴费。因此，画廊缴税的税金比率是拍卖公司的数倍。目前中国画廊的增值税为17%，这是画廊经营中相当大的负担。

第二，中国艺术品拍卖行业的强势发展，挤压了中国画廊业的生存空间，画廊业难以竞争到优质的艺术资源，盈利状况很差。根据北京画廊协会的调查，在全国有1560家画廊，其中北京有742家，2012年画廊的业绩与2011年或者2006年、2007年相比下滑幅度很大。因为国内二级市场很强大，很多人跳过画廊直接借用拍卖力量，想要很快有名气，有一个市场的价格标准。这是当下社会的一种急躁心态。私下交易的猖獗让画廊业"雪上加霜"。据不完全统计，私下交易的成交额大约占到了中国艺术品市场总成交额的60%～70%。根据雅昌艺术市场监测中心对1300多位收藏人士进行的问卷调查显示，私人交易是中国收藏人群最主要的交易方式，超过70%的收藏人士都进行私人交易。

第三，中国对当代艺术作品消费能力不足，购买群体不稳定，限制了画廊业的发展。中国艺术品买家具有强烈的投资心理，对当代艺术作品消费需求度较低，画廊可以提供的用于满足投资需求的艺术资源又相对较少，很大程度上限制了画廊的经营模式的发展。在一个成熟的艺术品市场中，收藏者扮演着很重要的角色，而中国的普通老百姓并未大规模进入艺术品收藏领域，市场还不够成熟，收藏层级体系的构建并未完成，购买群体不稳定。

第四，画廊专业经营能力普遍不足，中小画廊缺乏规范。与欧美许多画廊经营是家族式不同，中国缺乏真正具备画廊经营管理的专业人才。许多画廊的经营者都

---

① 裴刚：《北京画廊业10年成长调查》，《当代美术》2011年第2期。
② 郭晶：《北京当代艺术品市场职业画廊经纪人研究》，中国艺术研究院2015年硕士论文。

拥有其他产业，如房地产、金融投资等，艺术品只是其多项商业经营中的一项，画廊的艺术专业性较差。在运营机制上中国画廊与西方画廊有相当大的差异性，由于国内画廊主要采用的是经纪人模式，代销艺术家的部分作品，而不是像西方画廊那样普遍采用代理制。因此，国内画廊很难真正与艺术家建立起长期、固定的合作关系，画廊经营"守株待兔""随行就市"，艺术资源稀缺，艺术品价格大幅度摆动。此外，国内的艺术家受传统市场观念和国内艺术品市场的实际情况的影响，似乎更愿意直接出售自己的作品，这样可以免除艺术中介机构的费用和上交国家的税收。这些不规范的交易形式破坏了正常的市场秩序和游戏规则，阻碍了艺术品市场的健康发展。

第五，资金问题。国内的画廊不同于国外的画廊有充足的资金支持。画廊与艺术家形成代理关系需要大量资金投入，对艺术家的宣传、推广、印刷画册、举办展览等都需要资金投入，并且回报周期长，若没有充足的资金支持，画廊举步维艰。国内画廊在发展之初，都或多或少面临着资金压力。

（二）拍卖业

中国艺术品拍卖市场经过20年的发展，在经历成交额持续增长并在2011年达到峰值后2012年市场在结构和需求等方面的盘整使市场总额缩水34.67%。2013年迎来艺术市场的稳健发展，市场成交额、成交量与2012年基本持平，各品类的市场份额涨跌互现，拍品成交区间呈现的对比可见市场中低端市场的庞大需求。

1. 行业和市场规模

截至2013年12月31日，全国具备文物拍卖经营资质的企业共计382家，总量较2012年增加27家，增速7.6%，较上年有所减缓。382家文物拍卖企业中，具备第一、二、三类文物拍卖经营全资质的企业128家，剩余254家企业具备二、三类文物拍卖经营资质。382家文物拍卖企业注册资本总额超过46.85亿元，从业人员共计6564人，其中，在完成填报工作的309家企业中，专门从事文物艺术品拍卖业务的从业人员为4244人，较2012年度增加了377人。

2013年度，全国共举办911场文物艺术品拍卖会，分2226个专场。上拍711965件（套）拍品，成交360341件（套），成交率50.61%，成交额350.95亿元，应收买方佣金47.07亿元。[①]

2013年度内，新批文物拍卖企业53家，其中，北京18家，占据了28.3%。与

---

① 《2013中国文物艺术品拍卖市场统计年报》，《收藏：拍卖》2014年第12期。

此同时，年度内共有26家企业被吊销文物拍卖经营许可证。

总体上看，全国文物艺术品拍卖市场在经历了2012年的调整之后，在2013年发展平稳，全年比2012年增幅21.64%，但是市场仍然处于调整状态。

至2013年年底，北京地区文物拍卖企业共130家，从业人员2050人。年度内上拍拍品336247件（套），成交184821件（套），成交额243.61亿元，占全国市场总成交额的69.41%。较之于2012年提升了2.43个百分点。此外，北京地区高价作品数量最多，1000万元以上的成交作品高达187件（套），占比80.60%（2013年全国文物艺术品拍卖1000万元以上成交拍品共计232件）。全国232件（套）1000万元以上成交拍品分布在28家拍卖企业，其中北京保利、中国嘉德、北京匡时3家企业共占62.50%的绝对份额，数量分别为63件（套）、48件（套）、34件（套）。三家企业的总部均位于北京。

2013年1000万元以上成交拍品中企业分布图，分别按成交量和成交额统计，见第四节图2、图3，2013年各区域成交量份额图和2013年各区域成交额份额图，见第四节图4、图5。

可以看出，无论是在成交量还是在成交额方面，经过多年的艺术学术以及市场资源和完善的艺术产业链，北京的艺术市场龙头地位一段时间内难以撼动，2013年各区域市场规模比较数据表，见第四节表3。

2. 市场分析

从各项有关运营质量指标看，作为市场上占有主导地位的京津地区有很大的优势，佣金收取比例、主营业务利润率、劳动效率表现较高，分别为16.46%、42.89%和135.35万元/人/年，均位列第一。然而，在2013年度市场的企稳回升中，京津地区并未起到主导作用，其增速缓于珠三角及国内其他地区。此外，京津地区历来竞争激烈、经营成本较高，盈利面仅为40.15%，近60%的企业处于无盈利或亏损状态。

北京地区作为中国艺术品拍卖市场的交易重镇，与香港、上海三足鼎立一同支撑了中国近80%的拍卖总额。其中北京地区纯艺术总成交规模占中国市场近半壁江山，位居榜首。2014年的北京地区纯艺术拍卖总成交额为26.47亿美元，虽较2013年下滑2.1亿美元，但在全国成交份额仍占46.7%；总成交量为66465件，与第二位的香港地区相比，多出三倍。但是北京地区的单品均价却仅为39819美元，排在第17位。原因在于，北京市场的数量庞大，定位不在于高端市场，而是普品市场，均价本不能与香港抗衡，并且北京处于结构转型时期，除了反腐倡廉政策抑制部分需求外，当代艺术品比例增加（当代艺术品价格处于低价区间）也拉低了单品价格。

北京拥有国内顶尖的拍卖公司，在众多的拍卖公司中，国内第一梯队的拍卖公司有中国嘉德与北京保利，中国嘉德向来以学术著称，每年拍卖成绩大约在5亿～7亿美元，不仅在各品类的拍卖中以学术梳理为先，也在发展上扎实诚信，获得良好的业内口碑，中国拍卖行业协会和雅昌艺术市场监测中心（AMMA）联合发布的《2013年中国文物艺术品拍卖市场统计年报》显示，2013年文物艺术品实收拍品款（表3）、实收佣金（表4）、主营业务利润（表5）、劳动效率（表6）、企业营业税、企业所得税、企业总纳税（表7）。

北京保利的商业化运营最为成功，成交规模也十分稳定，并且已并入保利文化在香港上市，北京保利注重为拍卖市场引入新元素，致力于培养新青年市场，在珠宝奢侈品领域取得了飞快的进展。此外，老字号店比如北京荣宝、北京翰海，年成交规模都在6亿人民币左右，而且北京翰海在2014年的20周年庆令它的成交规模翻倍至12亿人民币，北京荣宝和北京瀚海在藏品方面都比较丰富，再加上拥有较为稳定的客户资源，所以市场地位比较稳固。而作为后起之秀的北京匡时，虽成立至今仅10年，但其成交额却直逼第一梯队拍卖公司，不仅在书画方面见长，并且全方位向国际化大公司发展，它的油画、雕塑、佛像等均在2014年取得不错的成绩。以油画见长的北京艺融，几乎只有单一的油画品类的成交，但每年在油画方面的交易量，属国内之最，2014年北京艺融秋拍又增加了珠宝专场，取得了很好的成绩。北京市场拥有的诸多家拍卖公司，使得这里自然形成一个氛围和气候，使得北京在中国内地拍卖市场的地位牢固而不可撼动。拍卖品类市场方面，北京兼顾古典与现代的审美，在保证其书画成交重地的情况下，在当代艺术作品的成交上也表现卓越。2014年北京作为中国书画交易中心的地位持续扩张，书画成交额为149亿元人民币，与2013年相比有5.6亿元人民币的下滑，而成交数量为623361件，比2013年增加1000件，单品均价有所下滑，这是因为2014年北京当代书画的交易比重加大，加之当代书画成交额较低的原因。[①] 北京地区作为中国书画拍卖的优势地位，一方面是由于中国书画在内地有着良好的文化传统氛围，藏家比较认可，供给和需求都比较旺盛，容易在内地形成一个交易中心；另一方面，北京大量集中的拍卖行让藏家可以一站式地解决委托、拍卖、甄别等一系列拍卖事务，众多的博物院和专家机构也带来了一个良好的文化氛围。除此之外，拍卖行之间激烈的竞争

---

① 丁静、赵琬微、赵仁伟：《首都文化艺术品交易市场发展迅猛》，《中外企业文化》2013年第1期。

在提高服务质量的同时，其宣传效应也让拍卖精品能获得足够的重视。

（三）艺术博览会

艺博会被视为艺术市场中画廊的舞台，是整个艺术品市场的短时间浓缩，在探索传统与经典作品的当代美学价值的同时，广泛发掘具有实验性以及先锋性的当代艺术。艺博会与拍卖市场相比，更能反映市场的成熟度、健康度和活跃度。

1. 艺术博览会的特点

艺术博览会的特点体现在：（1）规模大，走国际范。多冠以国际艺博会等字样，邀请上百家画廊参与，场馆大、规模大。比如2014年艺术北京博览会，有近150家画廊和机构参展，2014年CIGE中艺博国际画廊博览会邀请超过88家画廊，两家拍卖公司，49名艺术家展区。（2）低价位路线促进交易。以青年艺术家为主，例如，第十届中艺博国际画廊博览会，特别策划了"知名艺术家提名展""青年艺术家个展""AAC获奖青年艺术家联展"，扶持青年艺术家发展。一方面为青年艺术家的发展提供了保障，另一方面也为艺博会的多元化发展提供参考。（3）地域性强，整合本土资源。比如，2015年的艺术北京博览会，北京的参展画廊总数占到总体的59%（包含在背景有分部的外地外籍画廊），便捷与低成本是画廊参加艺博会的一个重要考虑因素。

北京的艺术博览会不仅展览规模大，画廊、艺术家群体庞大，并且有实力的藏家群体阵容也非常强大。

2. 艺博会发展方向分析

除却一些有影响力的较大艺博会之外，艺博会的主要问题是因行业认知单一而导致的缺乏创建性命题，以模仿抄袭国外艺博会模式为主，大量复制却难以适合中国市场，有的甚至与大众审美及承受力脱节，曲高和寡，有违创办艺博会的初衷，这也导致其资金来源不稳定、单一化，令许多冠有"国际"字样的艺博会，引进的国外画廊难见成交，水土不服。艺术北京与北京国际艺术博览会，是北京市场认可度较高的博览会，预计未来博览会的发展将趋于亲民化、品牌化。价格亲民，所以大众才能够"买得起"，青年艺术家、艺术院校毕业生的作品也因其价格低而获得更多买家的支持。其次，走向专业化，关注细分市场。比如，上海的艺博会形式多样，深入艺术设计的各个领域，针对艺术、设计、摄影等领域开发了专业化更强的艺博会，提供跨界与发展的平台，也不失为未来的新方向。另外，是品牌化。成熟制品的品牌目前还没有出现，这种无形的宣传作用仍未有一家艺博会能够实现。

（四）北京的艺术区

1. 798 艺术区

798 艺术区原为国营 798 厂等老厂区所在地，自 2000 年开始，来自北京周边及其他地区的艺术家与艺术从业人员开始集聚于此，以独有的眼光发现了此处的独特优势，利用原有厂房的包豪斯建筑风格稍作装修，一变而成为富有特色的艺术展示和创作空间。现今 798 已入驻各种文化机构百余家，引起了国内外媒体和大众的广泛关注，并已成为北京的新地标。

2. 草场地艺术区

草场地艺术区位于北京市区东北方向，作为中国当代艺术展示的窗口，草场地艺术区定位为当代艺术家的创作基地、交流平台等多功能的文化场所。几年来，陆续进入的机构、画廊等已有 300 多家，众多中外当代知名艺术家也进驻了该艺术区，使草场地成为初具规模的重要文化产业聚集区，成为继 798 后艺术创作氛围更活跃、更自由的文化创意乐园。

3. 二十二院街艺术区

北京二十二院街艺术区以卓尔不群的设计外观和极具人文关怀的建筑理念入选首届中国建筑艺术双年展，被中国美术馆作为中国现代实验建筑永久性收藏。该区坐落于北京 CBD 商圈，国贸东南 600 米，朝阳区百子湾路 32 号苹果社区，繁华商区独有的奢华之举，是北京最具人文气质的艺术型街区。

4. 宋庄艺术区

宋庄艺术区位于北京通州区宋庄小堡环岛西南角，是澳籍华人艺术家投资兴建的第一个艺术园区。是中国最大的原创艺术家集聚地，已经成为世界著名的原创艺术集聚区。

二、北京文物美术业的经营问题

（一）艺术品价值与价格偏离

中国的艺术品市场目前缺乏有效的定价机制。仅凭在拍卖公司的拍价无法反映某一艺术品的真实价值，也会给可以炒作借此牟利的投资人以可乘之机。艺术品的价值并非由简单的"凝结在商品的劳动时间"决定，而是综合了如审美、历史价值、人文价值等各种主观因素。因此，在艺术品市场上更容易出现其价值与价格偏离的状况。目前中国一级、二级市场的倒置是造成艺术品得不到适当定价的原因之一，更大的原因在于有效价机制的缺乏使得部分商家有了炒作的机会，借由一两件艺术品而把某一类型或某一艺术家的艺术品市场价格拉高的做法在拍卖市场并不罕有。而这样的做法也会严重影响到普通投资人的投资，使得不了解市场行情的投资者盲目进入市场而遭受损失。成熟的艺术品市场应有一个相应的机制来帮助艺术品的顺利流通与交易的进行。然而由于形成时间短而资金流入多，中国的艺术品市场尚未有时间形成完善的市场机制。这一现状造成了投资流入与机构、体制的不配套，由此造成了种种问题。

有很多艺术品类别价格处于"高原阶段"，透支了未来多年的成长空间，降低了艺术品买家的购买热情，市场整体成交率较低。

（二）艺术品市场的诚信问题

高速发展的市场吸引了大量资金的流入，同样也诱使一部分投机者以不法行为牟取利益。造假之风愈演愈烈，而赝品则使投资者防不胜防。

市场诚信环境较差，市场赝品数量较大，拍卖公司假拍和拍假等违规违法操作被公众所熟知，艺术品拍卖市场的公信度很差，对新兴购买力的吸引度严重下降。2012年5月13日嘉德国际拍卖编号为1094号杨之光《西班牙舞》和1097号《欢乐的都塔尔》均被认定是赝品；北京东方御藏拍卖公司上拍的赝品数量最多，将于5月18日上拍的8幅杨之光作品均为赝品。据了解，在这40余幅赝品中，有80%是原作临摹，有20%是凭空捏造，由于没有查到原造假者，很难诉诸法律程序。因赝品风波不断，继2012年张晓刚微博打假后，又出现杨之光。这需要更多艺术家站出来，勇于指出赝品。

中国尚未出台有效的法律法规来对艺术品市场进行约束与法律制裁，因此，出于对赝品的防范，一部分投资者不敢贸然进入艺术领域投资，也有一部分投资者因为购入造假的艺术品而遭受了巨大的损失。因此，如何规范市场运营、解决信息不对称问题，如何防止制假造假者从中牟取暴利的问题，是中国艺术品市场亟待解决的诚信问题。

（三）艺术品网上拍卖的兴起

随着电子商务的飞速发展，网上拍卖以低成本、高效率的特点迅速占领了市场，日益受到商家和消费者的青睐，给网站和交易者带来了巨大的经济效益。网上拍卖（Auction Online）是以互联网为平台、以竞争价格为核心，建立生产者和消费者之间的交流与互动机制，共同确定价格和数量，从而达到均衡的一种市场经济过程。

目前国内提供艺术品在线交易的网站有上千家，运营方式主要有4种：一是网上拍卖，拍卖公司组织拍卖，将作品确定最低价或无底价，然后进行在线拍卖。二是网上信息拍卖，即只提供交易平台而不直接提供拍品，目前国内大多数艺术品交易网站采用的是此种方式。三是作者与网站合作，在网上直接买卖交易，作者将作品交给网站，卖出后分成。四是网上画廊，通过网站来推介画家，并进行远程邮购或直接买卖。[①]

网上拍卖不受时空限制，显得更加方便与快捷，拍卖行可以利用网络展示拍品，方便客户了解项目，适合竞买人异地看展和竞价，有利于降低竞买成本，提高效率，比单纯现场拍卖扩充了服务范围而且省去不少成本。

然而，不容忽视的是，由于目前对于网上拍卖尚未有明确的法律进行规范，所以，网上艺术品拍卖在给商家和网站带来巨大商机的同时，也出现了一些问题。第一，买卖双方信息严重不对称。不到现场看预展而只看网上的照片，买家的竞买信心会不高，出价也会比看过实物的人低许多。第二，信用问题。由于交易基本是通过网络系统进行的，买卖双方互不见面，买者也未能亲见实物，所以产生了许多买者或卖者的欺诈行为。另外还可能增加虚增费用，即卖主在拍卖后增加邮资、处理费、货运包装费等隐含的费用。第三，物流的问题，我国物流企业数量虽具有一定的规模，但能适应现代电子商务的物流企业数量仍很少，规模也小，服务意识和服务质量不尽如意。除少数企业外，大多数物流企业技术装备和管理手段仍比较落后，服务网络和信息系统不健全，大大影响了物流服务的准确性和及时性。第四，法律上的问题。由于拍卖法的最近一次修改是在2004年，导致拍卖法对于艺术品的网上拍卖没有做出规定，致使艺术品网上拍卖出现的很多问题在解决时缺乏法律依据。

（四）艺术品资源枯竭的危险

高端艺术品资源逐渐沉淀，艺术品拍卖资源逐渐枯竭，拍品征集难度加大，为了征集到高端艺术品，近年来中国大型艺术品拍卖公司，纷纷开展了大规模的海外全球征集活动。比如，北京保利拍卖有限公司自2005年成立以来就坚持走国际化路线，一直注重与海外藏家的联系，并与2009年大规模公开进行海外征集，加强

---

① 杜海娟：《北京当代艺术品市场调查》，北京建筑大学2014年学位论文。

在北美的征集力度，几年以来，北京保利促成了大量珍贵海外艺术品的回流，并在拍卖场取得不错的成绩。2011年，全年拍卖成交总额121亿元，2011年秋拍成交的艺术品中有1/4来自北美，成交总额约20亿元。

（五）中国艺术品市场法律法规不健全

目前中国规范艺术品市场的法律有《中华人民共和国拍卖法》和《中华人民共和国文物保护法》。但两部法律内容与目前市场的发展要求已有明显差距。目前的法律法规对市场上存在的假拍、拍假、肆意炒作、暗箱操作等行为难以起到限制和制裁作用。

（六）艺术品拍卖公司运营模式受到挑战

中国艺术品拍卖公司，除中国嘉德外，更多采用个人作坊式的运营模式，公司资源主要集中于公司创始人手中。在市场调整期，这种作坊式运营模式的劣势逐渐限制了公司业务的发展。

（七）鉴定体系缺失

艺术品含有创作者个人更多的审美趣味和工艺技艺，需要具备一定的艺术学识修养和市场经验才能对其真假优劣、价值高低做出准确判定。

目前，我国民间收藏文物鉴定行业已初步形成了以国有的文物出境鉴定站、民营的鉴定中介机构，以及鉴定专家个人为主体，其他鉴定资源为补充的格局，但由于种种原因，这一格局还存在许多问题和弊端。部分鉴定中介机构既不具备必要条件又未经过任何合法注册审批，却号称拥有国家和省级"资质"的鉴定专家，公然地开展鉴定业务，这样不仅干扰了我国文物鉴定市场的有序发展，而且使得拥有最大资源（研究人员、标准器物、检测仪器）的国有博物馆、鉴定站没能成为民间收藏文物鉴定服务的主要力量，造成了大量国有资源的闲置和浪费。另外，在有偿鉴定的冲击下，部分专家的道德观已然迷失。当前的中国民间文物鉴定市场整体现状是鉴定体系混乱，诚信缺失，缺少公认权威，专家道德观迷失。必须引起文物界的高度重视，以规范文物鉴定市场行为。

（八）收藏意识薄弱，市场投机行为居多

艺术市场中起主导作用的是消费者。艺术消费观念的形成，取决于国民经济发展和文化素质的不断提高。而目前国内的经济情况与文化教育的普及程度还不高，艺术品收藏意识的薄弱，决定了目前市场的初级性。但由于艺术品投资的高回报

率，其他投资领域长期低迷，从而吸引了大量投机资本的介入。而不少投资者对艺术市场了解不深，并且缺乏对艺术市场的深入研究和分析，投资品、投资渠道的选择从众性强。

第三节　北京文物美术业发展趋势与对策

一、北京文物美术业的发展趋势

现如今艺术品交易市场已全面进入全球化趋势，中国已拥有世界第二大艺术品交易平台，在市场份额、艺术品种类、交易方式等方面位于世界先进行列。2014年中国宏观经济环境更加开放、活跃，艺术品市场实现稳步发展，国内交易份额稳步上升，国际影响力逐渐增强，更加专业化和多元化。

中国拍卖行业在继承优良传统的同时实现了几方面的创新，拍卖经营多元化表现在使用移动互联网拍卖应用、增强社会教育意义，实现艺术品金融与艺术品电商的有力契合，在消费互联网趋势线完成了文化产业链的创新发展。苏富比北京拍卖有限公司总裁温桂华对此也表示："中国艺术品市场的多元化发展已经从理想转向现实操作和未来设计。"2014年拍卖的多元化表现在品类增加，市场对于其品类也展现出不断细化，设计工艺品、当代艺术手迹不断增加，摄影作品、名人签署作品等数量稳步提升。拍卖方式方面，线下交易、私人交易的相当比例转化为网络拍卖、在线竞拍，甚至出现利用微信等移动社交平台进行营销的拍卖，同样展示了拍卖方式的多元化和行业紧跟时代发展的趋势。

这种趋势的表现首先体现在年轻一代的收藏爱好者急剧增加，使得本群体的年龄结构出现变化，从而需要有适应"80后""90后"的消费方式；其次，收藏品类的丰富时使得拍卖公司在原有的品类上不断挖掘以适应新进收藏家的口味。这两点的发展使得文化产业链不断细化和丰富，对于拍卖公司等从业者的要求不断提高，使其分散了发展的着力方向。

国内首屈一指的大型拍卖公司中国嘉德是由嘉德拍卖和嘉德投资两家公司组成，且运营嘉德艺术中心，成为一家集鉴定评估、展览拍卖、物流网络的大型文化集团，其集拍卖厅、展厅、仓储、艺术品收藏、鉴定、修复保管为一体的综合体，以拓展与拍卖主营业务相关联的所有产业的发展，如拍卖、展览、展示、交流、讲座、教育、论坛等活动。保利也在潍坊、厦门等地建立产业基地，华辰2012年开始在厦门搭建国际艺术品金融交易中心，并在2014年举办首场春季拍卖会，诸如嘉德、保利、华辰这样的大型拍卖交易公司引领了国内拍卖公司的发展趋势。

2013年以来行业发展的趋势中极为重要的是艺术品电子商务的开拓，保利公司董事长赵旭提到："艺术品行业的两个翅膀是艺术品金融与艺术品电商。"在2014年，拍卖公司大都努力开拓电商平台，相互合作提高本行业在网络和移动终端的影响力，实现互利互惠。此番趋势证明电商平台将是艺术品拍卖的发展新动向。与此同时，2015年中国艺术品市场将继续深层次调整产业结构，实现发展经营的多元化、文化产业链的更加细分与丰富，在促进社会文化发展方面发挥更加重要的作用。

二、北京文物美术业的发展对策

（一）主管部门联合出台鼓励政策，下放更多权力赋予行业协会，实现行业自治，帮助提供透明化、合理化平台，鼓励个人创作

中国的艺术品不仅受单纯的供需影响，而且受到意识形态内政策所左右，新中国成立以来，文物市场一直受到政策的高度控制，《中华人民共和国文物保护法》等一系列法律法规的颁布更是将文物交易的管理上升到国家法律层面。但是在实践中，这个高度控制的市场实际上处于高度失控状态，致使合法市场与非法市场并存，产生无序不平等竞争。因此，国家文物局、税则委员会、北京市文物局、北京市工商局、北京市商务委等主管部门应当联合出台新的政策，促使对行业的监管形成几个部门的共同事业，给予税收优惠，继而下放权力给行业协会鼓励艺术家个人创作和进行合理化交易，避免私下交易泛滥，以实现艺术品流通后的增值保值。

（二）增加文化基金项目数量，鼓励民间资本投向基金项目，定向扶持文化产业建设，完善基金盈利模式

2012年市场交易总额下降之后，北京市文化资产管理办公室就积极推动艺术市场的建设，兼顾大中小艺术行业企业的全面发展，这一系列的策略，使得北京占据着作为首善之区的巨大优势。同时，北京的各大拍卖公司，不断利用自己的特有优势，去整合市场的资源，从而在市场竞争中立于不败之地。

（三）建立健全资格审查制度，提高个人从业门槛、公司从业资质

拿画廊来说，当前画廊经营能力普遍不足，即使在北京这样的地区60%以上的画廊依然没有成熟的盈利模式，当前中国缺乏真正具备画廊经营管理经验的专业人才。许多画廊的经营者都拥有其他产业，如房地产、金融投资等，艺术品只是其多项商业经营中的一项，画廊的艺术专业性较差。

在运营机制上更应推动经纪代理模式，那么提高从业人员的欣赏水平、文化综合素质、经营能力等迫在眉睫，可参考演出经纪人资格证考试制度，当从业人员的水平提高之后，进入交易的艺术品质量则随之提高。

（四）紧跟时下消费趋势，贴近年轻一代的消费方式与观念

互联网的盛行与移动终端的普及同样使得文物美术行业的经营有很大转变，很多艺术品不再只是单纯地在公司评估和在实地拍卖，而是在网络完成竞拍和交易，在节省成本的同时紧跟社会消费趋势。

年轻的"80后""90后"创作者和收藏者们因为欣赏观念和消费观念的趋同，可以更为广阔地开拓网络交易平台，创作者们可以利用网络推介自己或他人的作品，拍卖公司和收藏者们也可以利用这样的平台获取更多的信息咨询。

中国的文物美术品行业正受到诸多因素的挑战，口味多元导致的名品贬值、消费便捷趋势促使行业门槛降低等都使得这个行业面临转型，以上四点建议在行业转型的同时促使其实现健康发展。

第四节　北京文物美术业主要经济数据

表1　2012年艺术品市场交易

类别		交易额（亿元）
原创艺术作品	拍卖交易	442
	画廊、艺术经纪、艺术品博览会交易	460
	艺术品出口	34
	艺术品网上交易	18
	合计	954
现当代原创工艺美术品交易		650

续表

类别	交易额（亿元）
艺术授权品、复制品、衍生品	180
总额	1784

表 2 第四批北京诚信画廊

编号	画廊名称	工商注册名称	画廊地址
1	艺森画廊	北京艺森文化艺术有限公司	北京市西城区北二环中路德胜门箭楼三楼
2	新时代画廊	北京新非凡文化传播有限责任公司	北京市朝阳区酒仙桥 2 号 798 艺术区中二街 D09 区
3	品画廊	北京上品伟业商贸有限公司	北京市朝阳区酒仙桥 2 号 798 艺术区
4	艺·凯旋艺术空间	北京艺凯旋文化传播有限公司	北京市朝阳区酒仙桥 2 号 798 艺术区 A05
5	泽中画廊	北京则中文化发展有限公司	北京西城区白云路 6 号云起时珍宝花园 A1-7
6	千年时间画廊	北京千年时间文化艺术有限公司	北京市朝阳区酒仙桥 2 号 798 艺术区 3813 库内
7	偏锋新艺术空间	偏锋新艺术工作室	北京市朝阳区酒仙桥 2 号 798 艺术区 2 号院 B-11
8	亚洲艺术中心	亚洲艺苑艺术有限公司	北京市朝阳区酒仙桥 2 号 798 艺术区
9	对画空间	北京英威瀚文化艺术发展有限公司	北京市朝阳区百子湾路 32 号 22 院街艺术区 6-97
10	仁艺术中心	北京仁境文化交流中心	北京市朝阳区酒仙桥 4 号 798 艺术区西街
11	龙艺榜画廊	北京龙艺榜国际艺术传播有限公司	北京市朝阳区酒仙桥 2 号 798 艺术区东街
12	百雅轩 798 艺术中心	北京百雅轩艺术发展有限公司	北京市朝阳区酒仙桥 2 号 798 艺术区中街
13	程昕东国际当代艺术空间	北京吉安程氏文化发展有限公司	北京市朝阳区酒仙桥 4 号 798 艺术区
14	圣歌画廊	诗满思北京文化发展有限公司	北京市朝阳 798 艺术区 A 区 797 路 A05 号

表3 实收拍品款前五名以及结算率排名

实收拍品款排名	企业名称	结算率排名
1	中国嘉德国际拍卖有限公司	2
2	北京保利国际拍卖有限公司	8
3	北京匡时国际拍卖有限公司	11
4	西泠印社拍卖有限公司	3
5	北京翰海拍卖有限公司	12

表4 实收佣金前五名

实收佣金排名	企业名称
1	中国嘉德国际拍卖有限公司
2	北京保利国际拍卖有限公司
3	北京匡时国际拍卖有限公司
4	西泠印社拍卖有限公司
5	北京翰海拍卖有限公司

表5 主营业务利润前五名

主营业务利润排名	企业名称
1	中国嘉德国际拍卖有限公司
2	北京保利国际拍卖有限公司
3	西泠印社拍卖有限公司
4	北京匡时国际拍卖有限公司
5	北京艺融国际拍卖有限公司

表6 劳动效率前五名

劳动效率排名	企业名称
1	中国嘉德国际拍卖有限公司
2	北京瀚海国际拍卖有限公司
3	北京艺融国际拍卖有限公司
4	北京保利国际拍卖有限公司
5	北京诚轩拍卖有限公司

表 7 文物拍卖企业各类纳税前五名

排名	企业营业税 （仅限文物艺术品拍卖业务）	企业所得税 （仅限以文物艺术品拍卖为主要业务的企业）	企业总纳税 （含营业税及附加、所得税、增值税、代扣代缴等）
1	中国嘉德国际拍卖有限公司	北京艺融国际拍卖有限公司	北京艺融国际拍卖有限公司
2	北京保利国际拍卖有限公司	北京保利国际拍卖有限公司	北京保利国际拍卖有限公司
3	西泠印社拍卖有限公司	北京匡时国际拍卖有限公司	北京匡时国际拍卖有限公司
4	北京匡时国际拍卖有限公司	北京艺融国际拍卖有限公司	上海朵云轩拍卖有限公司
5	北京翰海拍卖有限公司	上海朵云轩拍卖有限公司	北京诚轩拍卖有限公司

表 8 北京市博物馆及其他文物保护管理机构情况（2013年）

项 目		合 计	市 属	区县属
全市按行业管理登记的博物馆				
博物馆数	（个）	167	42	42
免费开放的博物馆数	（个）	52	18	20
文物藏品数	（万件）	430		
参观人次	（万人次）	3500		
文物古迹个数	（处）	3840		
文物拍卖机构数	（个）	131		
举办文物艺术品拍卖场次	（场）	260		
文物拍卖标的数	（件、套）	185191		
文物拍卖标的成交金额	（万元）	2567794		
文物局系统内博物馆及文物保护管理机构	（个）	78	31	47
博物馆	（个）	41	17	24
博物馆按类别分				
综合性	（个）	11	2	9
历史性	（个）	17	7	10
艺术性	（个）	6	5	1
自然科技类	（个）	2	1	1
其他类	（个）	5	2	3

续表

项 目		合 计	市 属	区县属
从业人员	（人）	5264	1848	3416
文物藏品数	（万件）	117	113	4
一级品	（件）	903	609	294
参观人次	（万人次）	1760.0	316.4	1443.5
本年收入	（万元）	260288	107259	153029
财政收入	（万元）	190113	82845	107268
门票收入	（万元）	43176	1809	41367
本年支出	（万元）	239758	93285	146473

注：全市博物馆数为北京地区按行业管理登记的博物馆数。
资料来源：北京市文物局。

（本章执笔：张婉青）

第七章 北京花卉业发展研究报告

第一节 北京花卉业概述

一、花卉业简介

(一) 花卉

花字在商代甲骨文中作"华",表现了盛开的花形和枝叶葱茂之状。卉,汉代许慎《说文解字》称:"卉,草之总名也。"花、卉两字联用,则出现较晚。南北朝时《梁书·何点传》载:"园中有卞忠贞冢,点植花卉于冢侧。"这是花、卉二字联用的较早记述。但在此后的中国古文献中二字联用较少。而日本则在中国古代园艺著述的影响下,在1698年出版的贝原益轩《花谱》中,出现花卉一词,并于18世纪中期以后,逐渐将其作为专用园艺学名词使用。约在20世纪20年代,花卉一词又从日本回传至中国,至今沿用。

花卉有广义和狭义两种意义。狭义的花卉是指有观赏价值的草本植物;广义的花卉除有观赏价值的草本植物外,还包括草本或木本的地被植物、花灌木、开花乔木以及盆景等。农业部统计的"花卉"是指以植物的花为主要劳动成果,或以观赏、美化、绿化、香化为主要用途的栽培植物,是农产品的一部分。根据花卉的最终用途和生产特点,将花卉分为切花切叶、盆栽植物、观赏苗木、食用与药用花卉、工业及其他用途花卉、草坪、种子用花卉、种球用花卉和种苗用花卉。

目前依花卉栽培的目的和性质不同,花卉可以分为三类:(1)观赏栽培类花卉;(2)生产栽培类花卉;(3)标本栽培类花卉。从现实运用来看,花卉的基本功能主要体现在以下三个方面:(1)对环境的改善和保护方面的生态功能,因为花卉种类、色彩各异,花卉的美化功能更成为其生态功能的特殊体现;(2)满足人们在社会生活中情感表达、生活调节的社会功能；（3）花卉作为商品所具备的经济功能，近年来花卉本身以及带动的周边商品所带来的经济效益也越来越受到广泛关注。

（二）花卉业

产业，简单地说就是把资源通过人类经营转变为产品和经济价值的生产行业。产业的基本特征表现在生产经营活动和创造经济价值两个方面。（J.卡布尔，2000）

花卉业是围绕花卉发展起来的一个系统的产业，不仅包括花卉产品直接的生产、加工、运输、销售，还包括种子种苗、专用花肥、育花基质、园林机械等辅助产业。从行业分布来看，现代花卉产业已经突破了传统种植业的范畴，辐射到包括农药、肥料、基质、设施、设备等在内的工业、运输业、商业、旅游业等多种行业，已由小农生产方式，发展为环节相对独立、多方协同的现代产业价值链体系。与花卉的三种基本功能相对应，花卉产业的发展具有生态、经济、社会等多种效益。生态效益是指合理利用都市农业与花卉资源，通过花卉栽植应用，在防止环境污染，净化、美化、绿化都市等方面目标的实现程度；花卉产业的经济效益是指增加花卉生产者收入，农民脱贫致富、企业获得相应效益等目标的实现程度；社会效益是指保证花卉产品供给的有效性和安全，增加农村就业机会，给人带来的身心愉快等精神方面的目标的实现。

总体来看，花卉产业是集生态效益、经济效益和社会效益于一体的绿色产业，随着经济的快速发展和人们生活水平的提高，花卉业的生产规模、产值、在社会生活中的重要性将越来越高，花卉的市场需求潜力也在不断扩大，逐渐成为由第一产业（种植业）直接进入第三产业的重要商品。发展花卉业对改善环境、美化生活、促进经济发展、调整农业结构、带动农民致富具有重要意义。

（三）国外花卉业

据历史记载，古埃及和叙利亚在三千年以前就已开始栽培花卉（陈俊愉、程绪珂，1990），而世界花卉产业发展则始于第二次世界大战之后。第二次世界大战后，世界各国进入了相对平稳的时期，伴随着战后经济的恢复和快速发展、人们生活水平的提高，改善生活质量、丰富生活内容的要求越来越强烈。同时，全球环境的日益恶化，加快了改善环境、增加绿化的进程。再次，园艺科技的进步促使花卉生产水平不断提高。现代化、自动化的科学技术对花卉品种的增加、花卉质量的提高、花卉产业的形成都起到重要的作用。在这样的大背景下，花卉业适时而生，并迅速发展，成为了一项新兴的、具有活力的产业。

世界上花卉产业比较发达的国家主要有荷兰、哥伦比亚、以色列、美国、日本、肯尼亚、泰国、韩国等。由于不同的自然条件和社会经济条件，这些花卉发达国家对花卉产业的研究各有特色。

荷兰花卉历史发展悠久，花卉栽培及花文化在荷兰经历了370年。荷兰是世界上鲜花出口量最大的国家，又是世界花卉贸易的中心。其产业链内的充分合作以及对新技术的运用，是其成功的重要因素（Visserr，2004）。1995年荷兰花卉生产面积8107公顷，其中温室面积达到5518公顷。生产总值35.88亿美元，出口额为33.99亿美元，占当年世界总出口额的49%。荷兰还十分重视花卉新品种的研发，每年受理1400多新品种申请，授权1000多个。哥伦比亚是仅次于荷兰的世界第二大鲜花生产和出口国。哥伦比亚20世纪70年代后期开始花卉生产，但发展迅速，现在花卉出口占世界鲜切花贸易的16%，1998年鲜花出口收入5.4亿美元，1999年出口收入5.52亿美元。

以色列是世界第三大鲜花出口国，其鲜切花出口占世界鲜切花出口总量的6%。虽然以色列的花卉生产规模相当小，但收益却相当高，年出口花卉及观赏性植物2.11亿美元。这源于其对技术的研究和应用，在花卉栽培技术上主要采用无土栽培及电脑控制的灌溉技术，并研究出了世界一流的采后保鲜技术，每3~5年品种就更新一次，专业化程度高，是世界优质鲜切花、花卉种苗生产出口国之一。另外，日本建立了农协（JA）、技术普及体系以及农业的政策性金融体系。通过政府和农协引导的土地租赁等形式，集中土地发展花卉业（谢丽，2004）。同时，实行以消费者为主的计划生产系统，这个系统的最大特点是在生产前进行市场调查，以掌握消费者对产品的需求，再以此需求从事计划生产，使日本成为世界花卉生产先进国家之一。

以上各国均十分重视花卉产业的研究，且特点各有不同，但总体来说都是生产和市场并重、科技与创新的结果。

二、北京花卉业的基本情况

我国有五千多年的文明历史，其中我国的花卉历史据史料记载也已经有四千多年的历史了。花卉可以说一直在伴随着中国的文明史发展而发展，为我国的文明史增加了不少绚丽的色彩，是我国文明史上一个独特的风景区。

我国现代花卉业发展起步较晚，1984年7月，原对外经济贸易部部长陈慕华在《经济日报》上发表了题为《花卉生产是大有前途的事业》一文后，明确提出我国可以大力发展花卉业，同年10月，国务院办公厅印发《关于发展花卉生产和出口问题的会议纪要》，这是政府首次将花卉业提上议事日程。同年11月，成立了花卉业的行业组织——中国花卉协会。政府部门的政策支持，大大促进了花卉产业的发展。

在短短的近20年时间里，我国花卉业发展迅速，年平均增长率一直在20%以上，有的地区增长率持续保持在30%以上；花卉生产面积从1984年的1.4万hm^2发展到2003年的43万hm^2，增长了30.7倍，19年间平均年增长19.8%；产值由1984年的6亿元，到2003年销售额达到353亿元，年平均增长23.9%，其增长速度远远超过国内经济增长和世界任何国家花卉增长的水平。我国花卉生产面积已经占到世界花卉栽培总面积的1/3以上，花卉生产已经具有相当大的规模。纵观我国花卉业发展的历程，大致可分为三个阶段。

第一阶段：恢复发展期。在此期间花卉生产面积从1986年的2万hm^2发展到1990年的3.32万hm^2，产值由1986年的7亿元提高到1990年的18亿元。

第二阶段：快速发展期。这一期间生产快速稳定发展，形成了广东、福建、浙江、江苏、上海、四川等产区，并且涌现出一批专业户和专业村，花卉产品的结构得到改善，表现为产值的高速增长。

第三阶段：提高巩固期。这一阶段表现出强劲的增长势头，花卉发展从单纯的数量扩张发展到数量与质量并重，并且与国际逐步接轨，走上健康发展的道路，成为世界上种植面积最大的花卉生产国。据统计（表1-1），1999年全国花卉生产面积为12.26万hm^2，2011年全国花卉生产面积为102.40万hm^2，2011年比1999年增加90.14万hm^2。全国花卉产值稳定增长并逐年提高，1999年花卉产值为141.32亿元，到2011年增加到1068.54亿元，年均增长率为54.68%。各类观叶植物也基本实现了规模化、批量化、规格化生产，满足各地各消费层次的需要。[①]

与此同时，对于花卉业的研究也逐渐增加。江泽慧（1999）指出我国花卉业具有种质资源、气候资源、劳动力资源、市场资源、花文化资源优势，同时由于国民经济的持续快速发展，扩大花卉内需成为可能，并提出"科技兴花"战略。包满珠（1997）认为我国花卉业生产的专业化程度不够，产业结构不够合理，全国范围内没有合理的地区布局，同时指出目前花卉业没有畅通的流通渠道，这将成为花卉发

---

① 谢丽：《北京花卉产业调查及2003—2015年发展规划的研究》，北京林业大学2004学位论文。

展的限制因素。黄泽明、叶贞琴等（2001）认为现在花卉业要树立以质量求效益的经营理念，重视科技创新，建立高效信息交流网络，加大政策扶持力度，培育健全的花卉营销与服务市场，与世界花卉市场接轨。

随着中国加入WTO后市场的不断完善，人们开始关注对花卉国际贸易的研究。白松、刘怀（2003）从进出口品种、进口来源地及出口目的地两方面，简要总结了我国花卉进出口情况。姜伟贤（2003）阐明了我国花卉出口的境内货源地，对进出口花卉品种进行了概括。司佳（2003）从种植结构、种植量两个方面概述了我国鲜切花生产和出口现状，并以云南为例进行了实证分析。

长期以来，国内对花卉的研究，主要集中在技术层面，尤其是新品种的繁育等方向，而对花卉产业发展研究甚少，花卉领域的研究呈现出"技术领域研究强，软科学研究弱"的特点，同时对品种培育、引种驯化等方面科研成果的转化研究和实践应用较弱。虽然对花卉生产、流通、贸易等方面的研究文献在不断增加，但深入研究的不多，多是采用定性研究方法，对花卉业进行了基本的套用性的一般研究，对具体实施的论证、实践研究更少。从现有的诸多研究来看，尽管从国家角度和北京市角度对北京农业产业结构优化与调整的研究不少，但针对某一行业的研究不多，尤其是具体到北京花卉行业的详尽研究更少。

面对正处于重大变革时期的北京花卉业，急需对其进行准确定位、科学规划，以适应社会经济的总体发展和奥运对北京花卉业的要求，从而实现对北京花卉产业的宏观指导。因此，本文以北京花卉产业为特定的具体研究对象，在详细调查与分析发展现状的基础上，结合北京资源禀赋条件、市场供求情况、首都经济发展的战略与思路等主要因素，借鉴国内外花卉业发达地区的先进经验与做法，对北京花卉业发展中的创新、持续发展、竞争力、政策与保障体系等问题进行了重点研究，明确回答了北京花卉产业发展中的一些迫切问题，对促进北京花卉产业的发展有较强的参考意义。

我国是世界上最早种花的国家之一，花卉资源十分丰富，是多种世界名贵花卉的起源中心，素有"世界园林之母"的美称。花卉不仅是大自然赐予人类的艺术品，也是科学技术在自然界发展的成果。花卉与国民经济的发展密切相连，与科学技术的进步息息相关。花卉业的发展，是社会文明、经济繁荣和人民安居乐业的主要标志之一。花卉业，作为我国文化商品市场中不可或缺重要组成部分，是集经济效益、社会效益和生态效益于一体的绿色产业，是我国大中城市发展中的重要产业，在现代都市农业中具有重要地位，在美化城市、提升市民文化修养等方面起着特殊的不可替代的作用。

北京作为中国政治中心、文化中心和国际交往中心，人口密集、文化氛围浓厚，政治活动和国际交往频繁，其花卉业从20世纪80年代开始起步，并逐步得到政府高度重视，以及企业和社会各界的广泛关注。到2008年底北京市有大、中型花卉企业和生产基地共200余个，花卉从业人员3万多人，实现产值近10亿元。近年来北京市花卉业的发展进入新的阶段，既进入了稳定与调整时期，又面临着一些问题，主要体现在供需结构、生产、技术应用、产业化、政策与保障等方面。

"十一五"以来，北京市花卉业工作深入落实科学发展观，紧紧围绕"三个北京"发展理念和"生态园林、科技园林、人文园林"建设要求，坚持科学发展，实施精品战略，充分发挥市场、科技、区位、资金优势，整合资源，优化产业结构，不断提升发展能力，花卉业工作取得了重大进展。全市花卉种植面积达7万亩，年产值13.9亿元，分别比"十五"末增长了58%和120%。针对"十一五"期间北京花卉市场呈现的问题，在"十二五"规划中，其不仅对全面建设、促进花卉业发展做了详尽的规划，还对"十一五"中发现的问题有的放矢地进行改进。北京花卉产业"十二五"规划以将北京花卉产业建设成为"都市型现代花卉产业"为思路，这与北京作为首都的特殊城市功能，以及北京的社会及自然资源条件、产业发展现状和北京花卉业在全国花卉业中所起的作用是相符合的。花卉与城乡绿化美化和生态环境保护密切相关，符合城市建设发展和城乡居民消费升级的要求。进一步大力发展花卉业，弘扬花卉文化，对于满足广大市民不断增长的精神文化生活需求、建设和谐宜居城市具有重要意义。

第二节　北京花卉业的经营现状和问题

北京市中心位于北纬39度54分20秒，东经116度25分29秒；全市南北跨纬度1度37分，东西跨经度2度05分。西拥太行，北枕燕山，东临渤海，南面华北平原，是连接我国东北、西北和中原的枢纽。全市由16个市辖区组成。

北京是历史文化名城和古都之一，拥有3000多年的建城史和800多年的建都史。其花卉种植迄今已有800多年的历史，但花卉业的形成是最近几十年的事，改革开放以来，北京花卉业从小到大，在面积、产值、销售额、出口等方面都有了显著增长。2007年全市人均GDP超过7000美元，花卉需求潜力巨大，消费增长速度迅猛。北京拥有大型花卉交易市场22个，从事花卉进出口贸易的公司30余家，2007年花卉交易额近60亿元，已成为国际花卉贸易中心、北方最大的花卉集散地和花卉物流中心。另外，北京科研院所云集，科技人才荟萃，是全国花卉科技成果研发中心。北京的花卉科研单位和企业在新品种培育、引进、推广等方面取得了重要成就。北京市花卉市场在第29届奥运会、第7届花卉博览会的带动下，2008年，北京市花卉业在建设社会主义新农村和构建和谐社会中的作用越来越显著，已被列为北京农业的十大支柱产业之一。

一、北京花卉业的历史沿革

（一）北京花卉业的历史

从史书记载来看，北京的花卉发展历史悠久。丰台花乡就曾因乾隆的诗句"冬雪春霖今岁好，姹紫嫣红看夹道"而远近闻名，是北京市花卉业的一个标志性生产区，迄今为止已有近500年的花卉栽培历史。

先秦时期的帝王宫中即开始广种观赏植物，辽金时期即有芍药、牡丹、荷花等花卉的栽培。但花卉专业化生产基地建设，是从明代开始的。从明代到清代形成了我国特有的小规模的花卉生产基地，如北京的花乡，即丰台十八村，自明代起已是重要的花卉生产区，迄今已有近500年的花卉栽培的历史。据记载，"北京丰台，芍药连畦接畛，开花时担到市上卖的，一天能达万余茎"。可见，北京曾是栽培芍药盛极一时之地，并将芍药作为切花的例证。又据《帝京景物略》载："草桥惟冬花支尽三季之种，坏土窖藏之，火坑之。十月中旬，牡丹已进御矣。元旦进椿芽、黄瓜。"可见早在明代，北京地区已有相当先进的花卉和蔬菜促进栽培技术。

及至清代（1616—1911年），为保证宫廷花卉四时不断供应，出现了专业生产花卉的花场。《旧都文物略》说："清代宫中陈列鲜花，对午一换，勒为定制。因是有开设花厂，以养花为营业，或以时向各住宅租送，或入市叫卖，或列置求售，中亦不乏能手……更有以善烘放非时之花及菜蔬，称为熏货，相矜为巧者，即古所谓'唐花'，则多由丰台土著传习而来。"清代，北京有"丰台芍药甲天下"的说法。据《晒书堂笔录》和《燕京岁时记》记载，清代北京的农民已经掌握了在秋天开梅花，冬天开牡丹、海棠、丁香、桃花，春天开栀子花等花卉的促成栽培技术。当时人们利用北京的自然条件，在用土坯搭制的简易温室中栽培梅花、牡丹，并在冬季进行催花生产。

从清代后期至 1949 年。由于清政府腐败无能，帝国主义大举侵略中国，军阀混战，日本侵华，北京花卉生产土地几乎荒芜，花卉业处于停滞状态。1949 年中华人民共和国成立至今的 60 多年间，中国的花卉生产经历了恢复发展—挫折破坏—繁荣兴旺的过程（陈俊愉，1991）。北京花卉业亦走过了相似的历程。

目前，北京花卉业经过 20 多年的发展，已经具备了相当的规模，花卉业在总量增长的同时，已经开始向生产商品化、布局区域化、产品多样化、服务配套化、生产和经营产业化方向发展。北京已经成为我国重要的花卉物流、交易、信息和科研中心，更成为促进我国花卉业又好又快发展、构建人居和谐的小康社会的排头兵。

（二）北京花卉业的自然条件

北京属于暖温带半湿润气候区，四季分明，春秋短促，冬夏较长，年均太阳辐射量为 562 千焦 /cm^2，热量从东南向西北逐渐降低。全年日照时数春季最多，每月日照 230～290 小时，冬季最少，每月日照不足 200 小时。年平均气温为 13.1℃。1 月最冷，平均气温 3.9℃；7 月最热，平均气温 26.5℃。这样的地理气候资源条件，使北京适合多种花卉生长。除菊花、月季等乡土特色品种外，也适宜一些外来引进品种的生长发育。例如，北京山区的冷凉气候，很适宜繁殖百合等球根花卉，同时也是仙客来等花卉的催花基地；北京的平原地区，是火鹤、凤梨和仙客来等高等盆花的生产优势地区。

北京市总面积约 16800 平方千米，其中山区占 48.7%，平原占 40.1%，台地占 6.5%，丘陵占 1.7%。北京市的北部、东北部及西部被山地环绕，西部山地属于太行山山脉，北部山地属于燕山山脉，中部及东南部为冲积平原，地势西北高，东南低，形成由中山、低山、丘陵过渡到冲洪积台地、冲积扇地及冲积平原构成的地貌组合。复杂的地貌类型使土地利用呈多层次特点，农业产业丰富多彩。总体来讲，中山区、低山区以林地为主；山区河流谷地为耕地、林地及非农用地的组合；平原地区是设施农业和精品农业的重要腹地。

北京土壤属暖温带半湿润地区的褐土地带，由于海拔、地形差异以及成土母质、地下水位高低的影响，形成了多种多样的土壤类型，一般划分为 7 个大类、17 个亚类。北京的土壤主要是褐土，约占全市面积的 64.7%。山区主要是棕壤、淋溶褐土、褐土，土壤质地以沙壤、轻壤、中壤为主；平原主要是潮土、褐潮土、潮褐土与褐土，土壤地质 53.4% 为轻壤。土壤肥力在整个华北地区属中上等。与其他省市相比，北京的土地总面积较小，仅为 1.64 万 km^2，占全国土地总面积的 0.17%。

但是，由于北京农业土地用于发展花卉业并没有政策性限制，而目前北京的花卉生产面积仅有 3822km²，约占北京耕地总面积的 1.39%，并不存在制约花卉业发展的土地资源瓶颈。北京市土地利用较为充分，未利用土地主要集中在郊区且较少。

需要指出的是，不同的区域，地势、热量、水分、土壤均有所不同，适宜种植的农作物自然也不同。花卉种植业与农业生产相似，要依据不同地域的综合自然气候条件与环境选择适宜的品种、要做到"适地适花"，首先就要对北京市的自然气候条件进行了解和划分，然后根据自然条件类型选择适合当地的品种，配置相应的种植设施，实施对应的种植技术与管理，供应相适宜的地区和市场。

（三）北京花卉业的人文条件与社会环境

1. 人文条件

花卉业，归根结底其本质属于知识技术密集型产业，是在人们物质文化生活水平发展到较高程度以后从而产生的一种高端经济产业，并且随着人们物质文化生活水平的不断增长而不断升温。所有高端产业的发展具有共同性，即其形成和发展需要一定的物质文化水平作为基础，需要优越的人文环境作为条件。作为全国政治、经济、文化中心的北京，优越的人文环境条件和丰富的人文资源成为其花卉业发展的重要社会基础和推动力量。

人文环境优越，居民群体平均受教育程度较好、文化知识修养较高等优势，是北京花卉业又好又快发展的肥沃土壤。高文化素质的居民和较高生活水平的群体可以产生更强的花卉欣赏和消费需求，进而更加刺激花卉生产能力。其次，北京作为一个历史与现代多元文化相互渗透的特大型城市，国际交流频繁，对花卉的欣赏、消费及品位的追求也丰富多样，这些都是北京花卉业可持续发展得天独厚的催化条件。

作为国际化大都市，北京市民人均收入水平较高，增长速度较快，消费群体较大，使北京具有较强的花卉消费能力，这是北京花卉业发展的又一个人文优势。据统计，2001 年全国鲜切花产量 37 亿枝，仅北京市就消费了 3.5 亿枝，占总产量的 9.5%，是全国切花消费量最大的城市之一。2005 年，北京市花卉种植面积 4 万余亩，产值 6 亿元，分别排全国第 24 位和第 19 位。2008 年，北京市花卉种植面积达 5 万亩，产值 6.2 亿元，从业人员 3 万人，个人花卉消费占到全市花卉消费总量的 29%。伴随着收入水平的提高，北京花卉消费不仅总量有所增加，不同消费群体对不同档次、品种、类别的花卉消费也随之增加。为适应人们休闲娱乐的生态文化需求，不断拓展花卉的产业功能，北京市还相继建成了金盏郁金香公园、世界花卉大观园等一批集研发、生产、教育、休闲观光于一体的花卉主题公园。这样强劲的花卉消费、人文休闲环境无疑是北京市发展花卉业的强力助推器。

2. 社会条件

作为全国政治、经济、文化和国际交往中心，北京市历来都是国内最重要的花卉生产、消费、流通、科学研究、信息交流和国际贸易的平台。发展花卉业的社会条件非常优越。

北京市具有较高人力资源资本，汇聚了众多高等院校、科研机构，农业科技研究实力出众，花卉研究一直领先全国其他地区，有不断提升花卉科技生产的巨大潜能。其次，北京市的经济基础丰厚，增长势头强劲，长期保持在10%以上增长速度，使其产业结构不断优化。其中文化创意这类新兴产业更是随着北京地区生产总值的增加而逐年稳步增加。在财政收入快速增长的同时，调控能力也不断增强。整体来看，北京已经进入后工业化时期，具备工业反哺农业、城市带动农村的经济实力。改革开放以来，北京市财政支出中用于农业支出的部分一直处于稳定增长态势，从1978年到2004年，增长5.2倍，年增长率6.3%。此外，"十一五"期间，北京在全国首先免征农业税，建立村级财政补贴制度，使农户税费负担基本降至零。领先的社会条件，有效刺激了北京花卉业的发展。

二、北京花卉业的基本现状

北京花卉业起步于20世纪80年代，经过了20余年的发展，已成为我国重要的花卉生产和物流中心之一。花卉业的快速发展已经成为北京经济发展的重要组成部分。与此同时，北京花卉业面临着极好的发展机遇。

（一）北京花卉业的总体情况

北京花卉业经过多年的发展，目前已呈现出稳步发展的态势，重点已转向企业优化升级、产品结构调整、打造品牌和开发资源。花卉重点地区以及骨干企业以市场为导向，在提高生产技术水平和产品质量上下功夫，重点发展优势产品，大中型企业产品市场优势显现，盆花和花灌木需求量增加。据统计，2004年，全市花卉生产面积43860亩，年产值6.1亿元，年产切花6070万枝，盆花2936万盆，花卉种球种苗933万株（粒），花灌木2577万株，草坪草1247万平方米。花卉企业177家，花农1538户，花卉交易市场22个。平均每公顷产值20.85万元，比2003年增加1.95万元，位居全国之首（北京林业年鉴2005）。

到 2006 年底，北京市花卉生产面积发展到 5.5 万亩，设施生产面积为 7964 亩，其中温室设施面积为 396 亩。2006 年设施面积内年产盆花 24.86 万盆，切花 34.18 万枝。2006 年全市年产草坪 1100 万平米，种球种苗 2000 多万株，花卉年产值达 6.92 亿元，全市有大中型花卉企业和生产基地 190 余个，实现了干花、鲜切花和种苗的持续出口，出口额近 400 万美元（北京花卉网）。

"十五"期间，北京花卉业总产值年增长率在 24%～30%。2007 年底，全市花卉生产面积达到 5.5 万亩，共生产切花 4964 万枝，盆栽植物 6562 多万盆，种球种苗 2000 多万株，观赏苗木 3500 万株，草坪 1100 公顷，年产值达 7.37 亿元，生产规模稳步扩大。全年全市花卉消费市场规模达到 51.89 亿元，相比 2004 年增长 36%，其中居民消费同比增长 18.3%，集团消费同比增长 48.6%，绿化工程用花卉直接消费同比增长 24.1%，市场增长快速。并且形成了国有、集体、民营和农户等多元化的发展局面。全市花卉营销网点达 1500 多个，其中大型花卉交易批发市场 22 家，网上交易、拍卖、鲜花速递等现代交易方式进入花卉流通领域，花卉营销形式多样化，市场交易平台基本形成。同时延庆、顺义、昌平、丰台建成了各自专类花卉产业区，花卉产业区域聚集发展加快。①

截至 2013 年底，北京市花卉生产面积从 2009 年的 6.7 万亩发展到 8 万亩，增长 19%；产值从 2009 年的 12.2 亿元增长到 13.47 亿元，增长 10.4%；花卉市场发展到 40 个，花卉零售店 1500 个，花卉生产企业 280 个，市场消费额 100 亿元。（中国农业新闻网）

（二）北京花卉业的总体特点

1. 花卉品种丰富化

北京市已繁育、引进、推广、生产花卉 600 多种，主要是盆花、鲜切花、干花、种苗（球）、花灌木及草坪六种类型。盆花种植面积占花卉生产总面积的 15%，产值占总产值的 43%；花灌木面积占 26%，产值占 22%；切花和干花面积占 7%，产值占 20%；草坪面积占 30%，产值占 12%；其他面积占 22%，产值占 3%（国家种苗网）。

2. 花卉生产区域化

花卉种植有区域集中的特征和趋势。世界各国的花卉种植面积在布局上都不是分散的、随意的，相反，花卉业一般都集中在几个大的区域，种植面积区域内连片

---

① 孙曦、张莹莹：《北京市花卉市场结构分析》，《安徽农业科学》2015 年第 3 期。

化，且这种产业区域集中程度往往很高，形成产业集群。花卉业的区域集中，形成产业集群，这有利于基础设施的完善和区域市场的形成，提高了经济外部性程度，有利于花卉业区域化运作。产业集群的优势有：（1）产业群具有专业化的物质投入要素与人力优势；（2）产业群的信息优势；（3）产业群的互补优势；（4）产业群具有公共品服务优势；（5）网络效应（郑风田，2003）。

北京花卉业种植经营形成一定的区域集中，产业空间集聚现象明显，花卉生产基地规模进一步扩大，形成了七大产区。

（1）中关村科技园中的花卉科技园区。主要集中了北林科技、园林局小汤山苗圃、林业局大东流苗圃和农业局特菜基地等大型生产单位。北林大科技股份公司2001年投入花卉生产，当年收入500万元，2002年继续扩大生产，全年销售达1500万元。该区技术力量雄厚，科研基础好；设施先进，产品质量高；规模大且集中连片；拥有清洁能源。

（2）大兴区。主要集中了大兴苗圃、人地科技园区、蜂鸟和合众力源等大型花卉企业。这4个规模化大型花卉生产企业，合众力源投资3000万元，建设6万平方米的设施花卉；人地科技投资7000万元建设草花基地；蜂鸟花卉有限公司投资1000万元，滚动发展，已成为荷兰瑞安安祖花种苗代理商和供货基地；西红门的万紫千红成为以蝴蝶兰为主的生产基地。

（3）通州区的徐辛庄、宋庄花卉生产区。是北京最大的花坛花卉生产集中地。以花坛花卉和特色苗木为主要特色。如胡各庄福盛园花卉农场专业生产城市绿化用盆花，仅"五一""十一"两节就销售100多万盆。

（4）丰台区花乡花卉生产面积307公顷，其中设施面积65公顷，现代化温室12公顷，花卉产值1.1亿元，占第一产业总产值的80%。仅花乡花木集团就有组培室1600多平方米。

（5）朝阳区来广营、王四营、南皋乡、十八里店、双桥结合观光农业，发展花卉生产。朝阳区与丰台区以休闲、旅游、观光带动花卉生产、经营的都市型花卉农业模式正逐步形成。

（6）海淀区上庄、温泉、北安河，形成园林绿化苗木和花卉生产区。

（7）昌平和平谷主要进行干花加工和原材料生产。圣林干花年产值达2000多万元，卉隆干花公司80%产品出口，年销售额达1100万元，并在不断研制新产品，积极利用入世的有利机会，扩大对外贸易额。

优化的地区产业结构应当是形成具有本地区特点的包括专门化生产部门、辅助性生产部门以及公用工程和服务设施相结合的地区生产综合体，从而保证地区内经济相对协调地发展。上述北京花卉各大产区从规模上达到了一定的集中度,但特色不够鲜明,产区内的服务设施尚需完善。

3. 花卉生产设施现代化,栽培技术科技化

北京花卉生产设施水平、专业化生产程度较高,生产规模相对较大。设施生产面积达 213 公顷,其中现代化温室面积占 50 公顷,约占全国现代化温室总面积的 25%,且日光节能温室和塑料大棚 287 公顷。有 20 个花卉科技园区,组培室面积达 10000 平方米,是全国组培规模最大,设施最先进的地区。经过科研部门与企业多年摸索和实践,消化吸收国外先进技术,逐步总结出适宜北京地区的生产技术,现已掌握安祖花、蝴蝶兰、大花蕙兰、仙客来、凤梨、一品红、丽格海棠、矮牵牛等盆花和月季、菊花、百合、安祖花等切花的栽培技术,产品质量不断提高,生产成本逐渐降低。生产出的优质盆花和切花在北京供不应求,且已经开始出口各地。

4. 贸易形势多样化,经营主体多元化

北京的花卉贸易形式多种多样,有专业从事进出口贸易和代理的公司、物流配送公司、批发拍卖市场、超市连锁、专营花店、艺术花屋等。近年来,随着网络的大量普及,网上交易、拍卖、鲜花速递等现代交易方式也进入花卉流通领域,为花卉贸易注入了新鲜活力。北京因独特的区位优势,使其成为我国北方最大的花卉物流中心,从事花卉贸易的公司达 30 多家。全国各地的名优花卉通过北京发往外地,花卉出口逐年增长。据统计,2002 年前,北京蝴蝶兰以进口为主,经过短短的几年发展,种苗除满足自给外,2006 年仅蝴蝶兰、卡特兰等热带兰种苗出口数量就达 1200 多万株,创汇 49 万美元,种苗出口到荷兰、美国、日本、韩国等 13 个国家。

除贸易形势外,北京花卉市场的经营方式形成了国有、集体、民营和外资等多元化的发展局面。据统计,截至 2011 年底,北京市共有从事花卉生产的专业农户 1538 户,从事生产经营的花卉企业 5000 余家,直接从事花卉生产的企业 190 多家,其中国有占 25%,集体占 25%,民营占 46%,外资占 4%。年销售额 500 万元以上或生产面积 45 亩以上的大中型企业达 42 家。(国家种苗网)

5. 花卉业向休闲旅游业延生拓展

近年来,北京市相继新建了怀柔"牡丹园"、丰台"世界花卉大观园"等花卉休闲观赏园,花卉产业呈现向休闲旅游业延伸拓展的态势。其中,"世界花卉大观园"总面积 41.8 公顷,由七大温室景观区和十五个花园广场室外景观组成,有 6000 多个花卉植物品种,是集观光、旅游、科普、文化、购物、餐饮等活动于一

体的独具特色的大型花卉观赏园。2004 年底开始接待游客，年接待游客 100 万人次。

（三）北京花卉业的贸易现状

随科技进步花卉的总体质量逐步提高，特别是高档盆花和切花的质量。近年来，花卉主流产品的价格持续下降，据统计数据分析，2003 年盆花全年平均售价下降 23%，四大鲜切花全年的平均售价，月季同比下降 17%，康乃馨同比下降 33%，仅菊花的价格同比上涨了 35%。价格下降，主要原因是花卉产量增加得快，生产技术提高，生产成本下降。尤其是高档花卉，过去完全依赖进口，现在国内企业掌握了生产技术，价格自然就降下来了。

北京作为我国花卉及相关商品进出口的口岸，已成为国内最大的花卉国际贸易中心。目前北京专业从事花卉进出口贸易及代理的公司有 30 多家，每年的花卉进出口额上亿元。据海关统计报道，2005 年全国花卉出口到日本、荷兰、美国、韩国、中国香港、中国澳门、越南等 30 个国家和地区，出口额达 7475 万美元，其中从北京海关出口 257.6 万美元，比上年减少 15.98%，在全国排名第六位。同期全国进口花卉 82924.1 万美元，其中从北京海关进口 14433.3 万美元，排名全国第二，仅次于上海。全国进出口逆差 7.5 亿美元，北京进出口逆差为 1.4 亿美元（北京花卉网）。近两年北京花卉出口在稳步发展，产品以干燥花、鲜切花和花卉种苗为主，尤其是蝴蝶兰、卡特兰等种苗出口形成强势。依据北京地理环境、生产设施、人才技术等方面的优势，花卉出口被业内人士一致看好，将是北京未来花卉业发展方向之一。

（四）北京花卉业的消费现状

随着社会的进步，人们物质和精神文化生活质量也在不断提高。花卉已成为社会交往、表达感情、礼仪庆典及日常生活中不可缺少的消费品，市场潜力不断扩大。北京在 1993 年到 2002 年间切花产量年平均增长率为 30.33%，年需求平均增长率为 39.2%。1996 年北京日平均售鲜花 23 万枝，1999 年已达 52 万枝，2001 年更是突破百万枝。2001 年全国鲜切花产量 37 亿枝，北京消费 3.5 亿枝，占总产量的 9.5%，是全国切花消费量最大的城市之一；公共绿地摆放露地盆花 500 万盆，地栽花坛用花 1500 万株；室内盆花和观叶植物消费 1000 万盆以上，在全国城市中名列前茅。2002 年，北京市拥有草坪 6544 万平方米，宿根花卉 625 万株，摆花 915 万盆，仅节日摆花就达 774 万盆。2004 年全市花卉消费 38.12 亿元，居全国首位,其中居民消费 11.15 亿元;全市 19 万个法人单位年消费花卉 21.83 亿元,平均每个单位消费 1.203 万元;绿化工程用花卉直接消费 5.14 亿元。2006 年全北京市花卉消费达到 51.89 亿元,其中居民消费 13.61 亿元,约占总消费额的 26%;全市 29 万个法人单位花卉消费额为 31.90 亿元,约占总消费额的 62%;绿化工程消费 6.38 亿元,约占总消费额的 12%(中国农业网)。在北京,不仅花卉消费群体稳定,对花卉品种、数量也同样巨大,在各类花卉产品中,北京对盆花和鲜切花的需求十分巨大,是我国鲜切花消费量最大的城市之一。

随着人民生活水平的提高,居民购花的目的性也日趋多样化,除节日装点、居家装饰外,礼品需求和个人爱好也逐渐成为花卉消费重要组成。花卉消费具有惯性,随着收入的增加,居民对购花的积极性也不断提高,且呈较好势头增长。在各类节日中,北京市的花卉消费量也异常可观。除传统春节、国庆以外,西方节日,如情人节、圣诞节、母亲节的引进,也大大刺激了花卉市场的消费。此类消费还具有时间短、消费量大、消费额高等特点。此外,绿化工程用花也与政府财政收入以及市政建设策略紧密联系。随着北京市政府对市政绿化和公共绿化的加强,各类绿化用花的需求量也成良好的增长态势。

(五)北京花卉业的流通现状

花卉属于鲜活产品,需要及时快速地流通,一旦流通不畅导致花卉腐败,极易造成严重损失。高效的流通体系是实现花卉产品顺畅地从产地流向各类市场和消费者的渠道,也是市场经济在花卉业化经营中的最重要反映之一。如荷兰的拍卖市场,不但包括销售,而且还有从分类分级包装、质检、海关、冷藏储运等一系列的服务。①

我国现行的花卉流通体制基本沿用了生产者—批发行—分销商—零售网点—消费者这样一个世界普遍应用的模式(谢丽,2004)。北京花卉流通体系中本地产的花卉约占 20% 左右,大部分是国内外其他地区的花卉运到北京销售或转港的。因此,北京花卉流通模式基本包括了国内所有的花卉流通方式。目前北京花卉主要流通体系有两种:

1. 种源/设备供应商—花卉生产—花卉拍卖、物流配送—花卉分销—花卉零售—花卉需求者/用户。

2. 外来花卉(国内外)—花卉分销—花卉零售—花卉需求者/用户。

---

① 单丽君:《北京市花卉交易市场建设研究》,北京林业大学 2008 年学位论文。

近年受市场取向引导，特别是西部大开发和城市建设的扩展，华北、东北、西北地区花卉消费日渐兴起，北京市场开始辐射华北、东北、西北"三北"地区。云南通过北京转运外地的花卉2002年占市场的40%以上，2003年达50%以上（北京花卉网）。北京已成为北方最大的花卉物流中心。2002年北京建成了花卉物流配送中心，方便了花卉市场，降低了流通成本。然而，目前北京这一层次的经营模式主要发生在实行集约化、规模化、现代化生产的大中型花卉企业。市场在花农小规模的花卉生产中的导向作用缺乏信号矫正机制，从而造成产业产出数量和结构非正常波动。并且，花卉中介服务组织缺乏，技术服务、生产销售的物流服务体系不完善。

北京花卉业近年来的发展，主要集中在生产和销售两大领域，花卉业的主要经营形态是生产型经营和以市内为主的销售型经营，而花卉国际贸易、花卉制品与装饰品、基于花卉的文化创意产业、花卉休闲观光旅游业、花卉物流配送业等发展严重滞后。由此可以明显地看出，北京花卉业产品与产业链都相对比较集中，存在着产品单一与结构单一、产业链尚不完整的问题。北京花卉业尚不完善，更没有形成体系，单独针对花卉业的政策很少。对于花卉的有关政策主要体现在林业和都市农业方面，这与北京花卉业的发展不相适应，也影响和制约了北京花卉业的发展。

三、北京花卉业的经营问题

尽管北京花卉业发展迅速，已经形成了比较完备的产业体系，但花卉业的发展仍然受到一些因素的制约，存在一些问题，比如：发展盲目、竞争无序、经营管理水平不高、质量低下、信息不通畅、资金和资源浪费严重等问题。

（一）产业布局凌乱，规模效益难以发挥

花卉作为一种经济产业或行业，在我国发展不到20年的时间，在较长一段时间内，一直处于"生产靠农户、品种靠引进、经营靠商贩"的状况。由于我国各地花卉业发展的历史和自然环境的影响，导致地区之间产业发展不平衡、布局不合理。我国的花卉主要产于云南和广东、上海等沿海地区，北方除了北京、天津等大宗花卉消费地，其他地区的花卉产品很少。从北京花卉业的发展情况来看，规模化、专业化、科学化的产业化发展道路仅处在起步阶段，设施园艺花卉生产中多是蔬菜生产改种花卉。再加上花卉业的定位不清晰、地位不突出，长期以来处于宏观指导乏力甚至缺失的地步。由于花卉生产者自主性的生产栽培，产品结构比较单一。花卉的种植与其他农产品生产一样，人们跟风现象严重，往往造成北京地区产品比较雷同，这样在很大程度上使得产品结构单一，产品上市日期几乎完全一样。而花卉属于季节性产品，同时上市相同的花卉产品，必然造成产品供过于求，价格下降，损伤了花卉生产者的利益。而在淡季，花卉供应不足，价格飙涨，市场不稳定，严重影响北京花卉的销售。

从原有的花卉业的布局来看，由于历史原因与经济利益的驱动，花卉生产与销售的布局呈现出较为明显的"随意性"特征，即能种则种，有利就种，有地就种，缺乏统一的规划。从现状来看，布局零乱、规模小、效益差，产业升级难度大。从当前的实际情况来看，缺乏完整、规范、符合实际的标准化生产技术体系，导致先进技术难以引进和推广，品种更新和新品种培育也明显滞后，整体产品质量较差，且层次不齐。

（二）花卉业体系建设、规范管理亟待加强

花卉产业链包括育种研发、生产包装、采后处理、物流配送、售后服务等一系列环节，北京的花卉生产发展快，市场需求不断增加，对相关辅助产品的需求也进一步加大，需要现代生产设施和相关资材配套。如：生产需要的栽培介质、农化产品、专用肥料、各式容器、喷灌设施等生产资料急需配套；另外适宜进入家庭的环保农药、长效便捷化肥、植物生长调节剂、保鲜剂等产品种类少，针对性不强，也不能满足市场需要；而目前北京市尚未建立完整的花卉冷链运输系统，缺乏花卉一级批发市场和配送体系；零售终端缺乏文化创意，无法满足高端消费群体和居民的个性需求，和首都地位及国际化大都市形象极不相称；由于花卉产品规格的不确定性，其销售后的配送，一直是广大消费者关心的问题，需求广阔的花卉物流业也处于发展滞后的地步。

由于受生产的周期性及需求的节令性影响，花卉市场价格和供需变化非常快，如果没有及时、准确的信息，就会导致企业经销价格及物流的混乱，造成损失，增加成本。花卉信息服务是解决这一问题的有效途径，可为政府和企业决策提供有效的服务。目前，北京已建立了花卉信息网站，但缺乏信息及时收集更新的管理能力和制度，缺乏对企业有效服务的信息。

此外，对花卉业的规范管理亦亟须加强。北京缺乏完整、规范的花卉标准化生产技术体系，先进技术难以推广，出口市场难求突破；对市场建立、产品质量、环保认证等花卉业的管理和引导不足；粗放式生产经营方式已不适合现代花卉业发展，亟须进一步加强管理，实现产业模式的转变。

四、北京花卉业发展的制约因素

我国高档花卉消费主要依靠进口,花卉出口始终没有突破性进展,成为制约我国花卉业发展的重要因素之一。1998 年我国花卉种植面积为 9 万公顷,约占世界花卉总面积的三分之一,而花卉出口总额却不足 8000 万美元,仅占世界花卉贸易总额的不到 1‰。这表明,我国在相当于世界花卉种植面积三分之一的土地上,仅创造出相当于世界花卉贸易总额 1‰的效益。世界各国都有自己花卉产品的标准,特别是荷兰等花卉生产发达国家的标准更为严格。我国也制定出各类花卉产品的相应标准,但对于国内花卉生产和消费市场,这些标准执行得很不严格,花卉市场的产品鱼龙混杂,这也是导致国内花卉产品得不到快速提升的原因之一。

(一) 缺乏具有自主知识产权的品种和技术

目前,我国花卉市场上出售的高品质的花卉品种几乎都是国外的"舶来品",由于国际品种保护,这就提高了我国花卉业走向国际市场的成本。因此,开发拥有自主知识产权的花卉品种对于我国花卉业的健康发展极为重要。北京花卉在生产设施、育种、栽培技术与管理等方面与国外先进地区相比还有很大差距。主要是低水平生产能力过剩,高水平生产能力不足,产业结构和产品雷同。[①] 目前,北京的花卉种苗主要依靠进口,种苗成本较高。每年花卉生产需要的优质种子、种苗、种球主要依赖进口,市场供应的主要盆花和切花品种多是国外培育出来的,进口耗资大,花费大量外汇。种苗和种子大量进口,导致花卉生产成本提高,花卉种植者获利低。例如,市场上的安祖花每株售价 30~45 元,而进口种苗每株 17~20 元,种苗费用占一半;市场畅销的切花月季品种,每株进口苗价 18 元,远远超过国产苗每株 2~4 元的售价。加入世贸组织后,国外企业为寻求知识产权的保护,积极在国内开展品种保护登记,国内企业进行生产须缴纳高额的知识产权费,例如月季种苗,每株苗要缴纳 8~9 元的知识产权费,没有缴纳知识产权费的产品,不能出口。对进口花卉种源的过分依赖已成为制约北京花卉业持续稳定发展,阻碍北京花卉产品走向世界的瓶颈。

(二) 花卉科技创新能力不足

从发达国家或地区的花卉业发展来看,现已进入广泛应用新技术、推广新产品

[①] 董静:《中国花卉产业竞争力提升研究》,河南大学 2013 年学位论文。

的阶段，比如在生产中广泛运用先进的生物技术、先进的栽培技术与高效的管理方法，使得生产效率不断提高，生产成本不断下降，集中体现了科学技术是第一生产力。但从目前北京市花卉业的技术情况来看，还存在着一些具体问题，已经成为北京市发展花卉业的制约因素。

从实际情况来看，花卉技术创新落后，制度创新更加落后，不能保障科技工作尤其是科技创新的开展。花卉研究机构多但力量分散，课题协作低下，存在着简单重复的现象，科研针对性弱，把主要力量和精力集中在课题研究上，应用性不强，与花卉生产的需要严重脱节。长久以来，花卉研究主要以服务教学为主，属于实验性研究。带有创新性质的花卉研究起步晚。加上人才少、水平参差不齐，设施明显落后于国外，造成花卉研究的基础条件较差。同时由于花卉业不是关系到国计民生的主导产业，地位不够明显，花卉科研就更难以得到政府相关部门的充分重视。由此造成了长期以来的投入不足，也影响了花卉科研的进展。

（三）资金需求大扶持力度低

从生产成本来看，种植小麦、玉米等粮食作物，每年每亩成本仅几百元；改种经济作物等其他农产品，每年每亩成本约 3000 元；而改为花卉种植等设施农业，则其前期投入即需要几万元。可见花卉业对资金的需求较大，加之北京的其他生产成本要较其他地区昂贵，北京花卉业对资金的需求就更大。

从目前北京花卉业的投资主体来看，主要包括农户自有资金、农业小额信贷、企业资金、企业融资、政府资助性投资等。从实际情况来看，农户由于其自有资金的规模有限，很难进行大规模投资扩大再生产。企业投资则由于其获利的需要，在进行收益比较后，将资金投向花卉业的意愿往往会有所降低。政府部门缺少专门的花卉业扶持政策，只是借助设施农业有关政策，对花卉基础设施予以支持，但在品牌花店建设、物流配送、新品种开发、花材生产和文化宣传等方面扶持力度较小。另外，农业小额信贷、政府资助性投资由于其规模较小，加之申请的难度、周期等原因，因而也难以从根本上解决问题，这都制约着北京花卉业的快速发展。

（四）花卉业组织化程度低

从 20 世纪 80 年代开始，在家庭联产承包责任制的基础上，北京发展起了农村经济合作组织。据统计，至 2003 年，已有农业合作组织 1062 个，组织销售 81.3 亿元，占到农林牧渔业总产值的 34.2%。但从总体来看，经济合作组织依然主要停留在"公司+农户"或"公司+基地（或合作社）+农户"的初级阶段，经济中介组织的发展无法满足农业现代化的要求，竞争力不强，覆盖范围有限，运行也缺乏规范，离国内外先进的"产供销一条龙"或"科工贸一体化"的产业化先进模式相去较远；而专业的产业协会尚处于萌芽阶段，作用有限（台盟北京市委员会，2005）。花卉业作为北京市新兴和近年来快速发展的产业，这一情况更为明显。与此同时，大的农业产业化龙头企业尚未很好地深入花卉业，对花卉业的发展带动有限。而乡镇企业作用与力量有限，农户力量更是单一，这些在很大程度上影响了花卉业的产业化水平。

第三节 北京花卉业的发展趋势与对策

一、北京花卉业的发展趋势

（一）花卉业的全球转移

近年来，发展中国家普遍加大了对花卉业的重视，世界主要花卉发达国家将其生产重点向发展中国家转移，提高了发展中国家花卉业整体水平。北京作为首都，优势资源多、辐射能力强、市场容量大、消费层次高，既有高素质的科技队伍，又有丰富的劳动力资源和良好的花卉业基础，在世界花卉业新格局中占有独特的地位。充分发挥好这些优势，不断创新产业扶持政策和发展模式，有利于繁荣生态文化和提升首都生态环境，有利于带动加工、物流、旅游等相关服务业的快速发展，有利于进一步提升首都经济对全国的辐射力和影响力。

（二）北京经济建设高速推进

从当前的情况来看，我国的各行各业正围绕着全面建设小康社会，稳步推进经济建设，社会发展形势喜人。尤其是伴随着"十一五"规划的实施，以科学发展观为指导，我国经济建设取得了优异的成绩，其中，北京尤为显著。立足改革开放以来提出的"首都经济"概念，循着北京经济发展要立足北京、服务全国、面向世界的思路，对经济结构和布局进行调整，经济增长方式的加速转变，使北京市经济持续快速健康增长，综合经济实力保持在全国前列。全市工、农业占北京市生产总值的比重逐年增加，这为我国农业与花卉业的发展提供了良好的机遇。

（三）都市型现代农业和新农村建设的需要

花卉业集经济效益、生态效益、社会效益于一体，具有高投入、高产出的特点，是充分体现大都市发展特性、具有高端高效高辐射特征、适应市民新型消费特点的绿色产业，也是都市型现代农业的重要组成部分。花卉与城乡绿化美化和生态环境保护密切相关，符合城市建设发展和城乡居民消费升级的要求，花卉业集服务都市发展和促进农民增收于一体，是加快新农村建设、促进农业结构调整、建设都市型现代农业的重要产业。加快构建具有观光休闲和生态文化等多种服务功能的北京花卉业体系，能够大幅提高京郊土地利用效率和农业比较收益，有力推动农业结构调整，促进农村经济发展，带动农民增收致富，加快社会主义新农村建设。

（四）居民花卉消费增长和花文化的普及

荷兰每年人均花卉消费59.9美元，鲜花150枝，而目前我国按城镇人口计算的每年人均花卉消费仅7元，鲜花5枝。北京是国内最大的花卉消费中心之一，2006年人均GDP超过6000美元，恩格尔系数降至31%，花卉消费需求量明显增加，据调查全市86.13%的居民有购花愿望。近年来，北京市的花卉租摆、插花艺术造型等新型经营活动使花卉消费与观光、餐饮、会展、婚庆等服务业相融合，各种花文化展、花卉节等都市花卉文化创意活动使花文化与传统文化相结合，共同促进了花卉消费理念的转变，促进了花卉市场的繁荣。

（五）花博会等重大活动的举办

2008年北京奥运会、2009年第七届中国花卉博览会与国庆60周年、2013年第九届中国（北京）国际园林博览会等一系列重大活动的举办，将快速拉动北京花卉市场需求的增长。同时北京还将制定花卉新品种研发、产品质量等级标准、安全检验检测、市场监管等一系列政策措施，促进北京花卉业的全面升级发展。

综上，北京市花卉市场在布局、生产技术、人员素质、品牌、产业化水平、信息管理、流通领域等方面都还存在一些问题。科技创新能力、投入机制、产业链成型及政策扶持等成为北京市花卉业发展的制约因素。但是，北京花卉栽植历史悠久，花文化浓厚，花卉发展的基础、人文环境与社会条件十分优越。北京花卉业的地位突出、特点明显，从当前国际花卉形势及全国与北京市的经济建设与社会发展来看，有着良好的发展机遇。

二、北京花卉业的发展对策

从世界各国的发展来看，创新引起的科技进步已成为一国经济增长的重要源泉，而以企业为主体、以营利为目的的商业性研究与开发活动（简称研发）又为持续的创新提供了坚实的物质和技术基础。创新科技与企业研发引起了新产品与新的生产流程的出现，由此带动了服务产业的发展与升级，即服务创新，简单说来服务创新是指理念和手段有变化的服务的商业化，以满足消费者或客户的需求（张瑜东，2003）。服务创新一般分为根本创新和附加创新，根本创新是指那些以前的顾客无法获得的或已经存在服务的新的传递系统；附加创新是对已经存在的服务的改变，是有价值的、渐进式的改变（詹姆斯，2007）。由于互联网技术的应用和电子商务平台的建立，服务创新日益呈现出"多元化""复杂化"的发展特征（张瑜东，2003）。对于北京花卉业来说，由于其产品的特殊性，表现得尤为突出，包括根本创新和附加创新在内的创新服务成为增强花卉产品竞争力与全面提升花卉服务业竞争力的核心手段。通过创新，可以全面提高花卉产品的质量，更新产业经营形式，完善产业链，为花卉业结构的优化及服务业的升级奠定基础。

（一）加快北京花卉业发展的思路

1. 指导思想与原则

以科学发展观为指导，坚持集约、高效、可持续的发展原则，充分发挥首都的综合优势，以市场需求为导向，以现代设施装备和科学技术为支撑，以新型农民为主题，以产业化经营的高科技企业为龙头，加大对外企业招商引进和本地企业加速孵化力度，优化产业发展结构，合理布局产业空间，构建融生产、生活、生态、科研、示范等多种功能于一体的"都市型现代花卉产业"。同时，发展北京花卉业，必须坚持"充分发挥优势"与"推进科学发展"相结合原则；坚持"优化品种结构"与"推动自主创新"相结合原则；坚持"拓展生产规模"与"引领市场消费"相结合原则；坚持"促进集约发展"与"塑造区位品牌"相结合原则；坚持"发展龙头企业"与"带动农民致富"相结合原则（北京市花卉产业2008—2015年发展规划）。

2. 发展思路

一是要大力实施"投资驱动的结构升级战略"，促进"两个转变"。加大生产设施建设，努力推动北京市花卉生产由"露天粗放生产"向"设施集约生产"转变，由"自发分散发展格局"向"特色集群发展格局"转变。二是要大力实施"文化引领的市场升级战略",实现"两个过渡"。发展现代花卉业公共服务平台,努力推动花卉市场大宗交易由农贸市场的对手交易向拍卖市场的电子交易过渡,由集团消费和节日礼品消费为主向集团消费和个人消费、节日礼品消费与日常消费并重过渡。三是大力实施"创新驱动的品牌塑造战略",完成"两个提升"。建立花卉业创新机制,推动花卉品种从"依靠国外引进"到"立足自主创新"的提升,花卉品牌从"单一品种品牌"到"著名企业品牌"和"区位整体品牌"的提升。

通过实施三大战略,全力促进北京花卉业集约化、专业化、品牌化发展,通过质量创新、生产创新和流通与产业链创新力争在五年内使花卉产业成为"都市型现代农业"的优势主导产业和"都市现代服务业"的重要组成部分。

(二)质量创新

花卉产业是技术密集型的产业,花卉生产的竞争是品种和质量的竞争,是科学技术含量的竞争。发展花卉业,必须全面依靠科技进步,这是在世界花卉发展历史中被证明的一条真理。要使我国由一个花卉资源大国变成全球花卉生产王国,首要条件是实现我国花卉科技的全面振兴。花卉作为品种密集型的产业,必须加大科技兴花力度,不断提高产品的科技含量,以此来调整和优化品种结构,从而提高产品质量和市场竞争力。

1. 技术与品种创新

技术创新是指企业应用创新的知识和新技术、新工艺,采用新的生产方式和经营管理模式,提高产品质量,开发生产新的产品,提供新的服务,占据市场并实现市场价值。企业是技术创新的主体,技术创新是发展高科技、实现产业化的重要前提。北京市各级政府部门特别是各级科技管理部门都特别重视引导企业和科研单位进行花卉生产技术、花卉新品种的研发创新,针对北京花卉业发展特点从新技术研究、新产品开发、成果转化3个层面全面着力并递进式展开工作,努力提高花卉业产前、产中、产后的技术水平以及产业的竞争力和企业科技创新能力(类淑霞,2013)。花卉生产技术创新,要着眼长远,必须尽快建立我国的花卉种植资源信息库、基因库,加大对优势种苗的培育与栽培技术、设施技术、采后处理技术的研究开发力度,形成我国产权的名花种苗,为国内企业参与国际竞争提供优势产品,同时鼓励企业形成各自的专业品牌。

中国的花卉业和花卉产业,必将具有中国特色。充分发掘和利用我国特有的花卉种质资源和花卉文化资源,在高科技装备的基础上形成规模化的商品生产,是加快我国花卉产业化的重要途径。北京花卉业的发展,必须通过加快引进、推广优良品种等手段,实现良种更新。北京花卉的品种创新,要加大对包括野生花卉在内的种质资源的搜集、整理和筛选、利用,把那些适合北京生长、生存的花卉进行商品生产的培育与驯化,遴选出新的花卉品种;同时,通过选择育种、杂交育种、辐射诱变育种、航天诱变育种和分子育种等途径,培育新优特花卉种子、种苗和种球[全国花卉产业发展规划(2011—2020)],在此基础上及时开展应用型新技术的研究、开发和利用,使北京花卉品种得以丰富,使花卉资源优势变成商品花卉的品种优势。

中国地大物博,北京作为中国的首都,应该集花卉品种之大成,向世界展示我国丰富的花卉品种资源。值得注意的是,长期以来我国对花卉种质资源的产权积累和保护力度不够,大量花卉种质资源流失国外,如金花茶、牡丹、兰花、草坪植物等。在北京花卉品种创新的过程中,还要加强种质资源保护、保存和利用的力度,尤其要加强对新培育品种的保护,及时进行品种登录,并进行知识产权与专利保护。

2. 质量创新

质量创新是围绕产品质量提升,以花卉标准认证为基本手段的系统工程。花卉生产创新尤其是质量创新,必须借鉴农业安全生产及其体系建设的经验。

花卉质量创新主要内容有:(1)建立花卉产品安全生产体系:从农业的发展情况来看,建立并完善以质量为核心的花卉产品安全生产体系,推进花卉生产标准化工作,建立花卉生产标准化基地,并把标准化工作由生产领域向采后、储运、流通等领域延伸,是一个好方法。制定和实施花卉标准化生产技术规程,建立花卉标准化生产示范区,引导带动花卉业向专业化、规模化、标准化方向发展,努力提高花农科学素质和产品质量,提高主要花卉产品在国内外市场的竞争力。(2)建立花卉产品质量控制体系:在安全生产的基础上,以流通领域为重点,建立和完善以质量检验、监测、跟踪为主要内容的花卉产品质量控制体系,加强市场监管。(3)建立花卉生产与产品认证体系:在建立前两个体系的同时,开展国际、国家、北京市不同层级的产品质量认证工作以及无公害花卉产品、绿色花卉产品、有机花卉产品的认定与管理工作,积极推进符合标准的绿色花卉产品和有机花卉产品的生产,支持开展名优新特花卉产品品牌创建工作。

(三)生产创新

北京花卉生产,要以国内外市场需求为导向,依靠科技优势,保持生态和品质安全,按照节约水资源和土地资源的要求,优化花卉生产布局,深化农业结构调整,向多功能和多链条方向发展,最终实现花卉生产的全面创新。

1. 生产布局创新

生产布局创新的根本内容:(1)对当地进行花卉生产的自然条件进行全面分析,在此基础上科学、合理地选择出适宜本地栽植、生产的花卉品种,做到"适地适花"。尤其要注意的是,同一种花卉也分冬夏等不同季节的品种,因此要根据不同品种花卉的抗热、抗寒、花性等特点选择适合的品种再种植。(2)对花卉布局进行适当集中,既达到规模效益,也方便为花卉生产者提供更多的各方面服务。

北京花卉业生产布局的创新也要遵循一定的原则:(1)立足花卉生产现状的原则。在花卉业的发展过程中,北京市各区县逐渐形成了各具特色的花卉生产格局:朝阳区与丰台区发展以休闲、旅游为主导的都市型花卉生产模式;通州区、顺义区以花坛花卉和特色苗木种植为主导;昌平区、大兴区的现代化设施花卉生产已初具规模;远山区球根花卉生产及高海拔地区突出了冷凉花卉生产特点。在北京花卉业向精细化、质量型转变的过程中,要立足现状,结合需求,面向市场,进行生产布局创新。(2)与北京经济社会发展总体布局相一致原则。北京花卉业作为北京经济发展的一部分,其布局调整必须与北京经济社会发展总体布局相一致。花卉布局创新与调整,要充分考虑北京的产业结构、经济发展水平、城乡居民收入与生活水平。要充分研究现阶段及未来一段时间经济社会水平下,各社会团体、居民和城市发展对花卉产品及其服务业的需求。(3)农业资源禀赋状况与土地适宜性相一致原则。北京花卉布局创新一定要建立在对农业资源禀赋状况全面了解的基础上。要全面分析农业资源的状况,包括气候特征、地形特征、水资源特征及其供需状况、土壤质量等。在此基础上,根据主要花卉种植品种的生理生态及培育特点,评价土地资源的适宜性,从自然适宜性的角度尽量做到农业资源状况、土地适宜品种、栽培品种的相一致。(4)与北京农业功能定位与分区相符合原则。北京花卉生产布局的调整与创新,要按照北京市农业发展的各项规划稳步进行。要在充分考虑各区县、乡镇、村的土地适宜性评价,农产品市场供求、运输成本、社会经济发展特征等具体情况。在此基础上,以北京农业的功能定位与分区规划为指导,参考花卉发展历程与现状,进行科学、合理的长短结合的有效性规划。

2. 生产形式与组织创新

一是以干花和花饰品为载体的花卉加工业。近年来,国内外对干花的消费需求不断增加,文化创意产业也为干花与饰品加工提供了新的契机,发展高档花卉艺术品已是当务之急。北京市干花和花饰品等相关产业在提高制作工艺和花艺设计水平、提高产品包装质量的基础上，实施积极的营销战略，开拓国内外市场。生产厂家通过国内、国际展销会和新闻媒体广泛宣传，推销自己的产品，增强了消费者的关注，扩大企业影响力。他们采取灵活的营销渠道，壮大经营队伍，方便消费者购买干花产品。同时探索购销代理、连锁经营等现代营销制度，扩大销路。生产厂家还通过互联网等手段进行电子商务营销，积极参加各种贸易洽谈会，获取国内外信息，跟随先进的技术，提高产品的科技含量，利用丰富的物力、人力资源，积极参与市场竞争。

二是形式灵活的花卉租摆业。北京花卉业中涉足花卉租摆业的有花卉公司、苗圃、花店、园林绿化公司、花卉市场、花卉批零摊位、礼品花卉网及物业公司等，还有相关行业的单位和个体户。年营业额从几千元到几千万元不等。近年来，花卉租摆业已进入提高阶段，只有通过细分客户、及时更新、丰富品种等方式提高服务质量，细化服务内容才能解决花卉租摆行业市场化程度低、规模化与专业化经营少、行业层次低与恶性竞争的问题，实现新的发展。

从农业的发展情况来看，农业产业化经营是实现农业现代化的重要途径。同样，花卉产业化也是花卉产业发展的重要途径。北京花卉业取得新的发展，与在生产组织上创新是密不可分的。从市场需求出发，立足资源条件，通过创新"公司+农户"、规范发展"农民合作社"等组织形式深化结构调整，创新生产经营方式，组建和打造一批国家和北京市的重点龙头企业、示范企业、标准化企业、生产基地来提升农业产业化经营水平。

比较典型的有"公司+农户"花卉经营组织形式的创新。从北京花卉业的发展实际来看，"公司+农户"的发展模式取得了一定成绩。如大兴等区县的"基地带农户"模式既通过组织花农培训，弥补了技术不足，又通过品种指导，解决了种植品种的盲目问题。从国内先进地区的都市农业发展来看，"公司+农户"也为当地农业的发展做出了突出贡献。

（四）流通与产业链创新

花卉流通是指花卉从生产到消费环节的各个相互联系、相互交错的循环过程。随着花卉市场的进一步成熟，花卉流通已成为促进花卉业发展的重要环节。运行良好的花卉产品营销体系和品牌建设将有效地改进花卉产品的流通。

1. 北京花卉流通现状及存在问题

（1）流通技术滞后。对于花卉来说，保鲜、保质是花卉销售的命脉，从调查情况来看，目前北京市花卉流通中的技术与设备还比较落后，花卉储运中的保质保鲜技术还远远跟不上，冷链运输水平低下，不能适应市场发展的需要，使鲜花在流通环节上造成了巨大的损失。（2）布局不尽合理。经过多年的建设，北京市的花卉市场已具有一定的规模与成效，但与社会发展和消费者的要求相比，还有一定的不足，传统市场分布不均衡，东部需求品位高、租摆需求量大而供求衔接不畅，南部市场多而消费愿望弱，西部市场规模小而发展缓慢，北部需求品种多、数量大而市场少，新兴市场的发展非常缓慢。（3）花卉品种、质量与市场需求有差距。从流通市场提供的花卉产品品种来看，目前北京市的花卉供应具有盲目性，缺乏科学的市场调研和市场需求反馈机制，对于花卉品种和档次需求的把握处于一种不科学的状态。同时，由于花卉质量缺乏统一标准，缺乏质量监督机制，造成潜在消费矛盾大，也是花卉流通中急需解决的问题。（4）花卉交易方式落后。目前北京市花卉销售路径主要是"生产者—批发市场—零售商—消费者"，这种销售路径本身没有问题，关键是处于"批发"和"零售"环节的销售方式存在问题，传统的"实地选花、自行运送"还是销售的主要形式，网上花市、订单生产、花卉配送等先进的花卉销售和服务方式发展缓慢。

2. 北京花卉市场的流通创新

（1）积极探索现代交易模式，采取网上交易、鲜花拍卖等现代交易手段，促进花卉公平交易，确保产销双方权益。利用现代信息技术，对花卉的保鲜、包装、检疫、海关、运输、结算等服务环节实现一体化和一条龙服务，降低交易成本和风险，提高服务效率，带动全国及周边地区花卉业的发展。

（2）全面推进花卉物流与服务体系的标准化管理与专业化、规范化发展，逐步建立健全花卉物流体系和冷链运输系统，促进我国花卉产品安全、高效、便捷流通。一是加强基础设施建设。鼓励花卉生产和物流企业加强保鲜、冷库、运输、查验等物流基础设施建设，国家和地方政府对花卉冷藏、配送、检测等基础设施建设给予扶持。二是加快花卉物流公共信息平台建设，支持物流企业利用先进信息技术提高科学管理水平。三是积极培育大型花卉物流企业，支持中小物流企业特别是小微企业专业化、特色化发展。

3. 北京花卉全产业链服务创新

在产业链创新中，既要注重融教育、娱乐、生产于一体，寻求花卉业的新空间，也要努力建设人与自然、都市与农业和谐相处的生态环境。既要加大产业标准化工作力度，也要鼓励社会资金投入，并全面提升花卉业的科技水平，增加花卉业发展的后劲。

在中国居民食品消费升级、农产品产业升级、食品安全形势严峻的大背景下，"全产业链"模式应运而生。所谓的"全产业链"，是指以消费者为导向，控制"从田间到餐桌"的每一个环节，并通过系统管理和关键环节有效控制，为消费者奉献安全放心、营养健康的食品，最终在产业与市场上获得关键的话语权、定价权和销售主导权（詹姆斯，2007）。

通过全产业链的培育，可以将消费者的需求通过市场机制和企业计划反映到生产环节，借鉴全产业链服务理念，通过对花卉生产的有机组织和对流通与加工的规模化运作，实现生产与消费的真正连接，促进农业生产，提高农民的收入水平。同时，利用研发服务、花艺服务、花卉咨询服务、物流服务、信息服务、会展服务和销售服务等有效的产业链合作模式，借助缜密完善的制度和流程，对花卉产业链的各环节进行严格控制，强化源头控制和全程监管，在资金、技术和信息上给花卉产业链中的企业和农户提供更多支持，使花卉产品的使用更有效率，更加科学。

4. 北京花卉文化产业链创新

（1）发展花卉文化创意服务业

①积极推进花卉观光园与主题公园建设。继续完善世界花卉大观园、北京植物园等现有花卉观光园的硬件设施，提升服务功能，创新经营模式；依托北京市现有公园，结合郊野公园建设计划，引入花卉主题和文化，弘扬东方花艺，普及花卉文化知识。

②打造郊区特色花卉旅游休闲业态。充分利用观光农业资源、自然生态资源优势，结合郊区新农村建设，探索花卉业与休闲旅游、生态餐饮、会展等产业相融合的新兴业态，以花卉生产专业化的村镇为基础，打造生态观光、花卉旅游等特色旅游路线。

③拓展花卉产品的精神文化功能。鼓励发展花卉文化创意服务，丰富"花语"传递人文关怀的精神内涵，针对中国传统节日开发设计体现中国特色花卉文化的花卉产品；设计针对不同节日、不同场合、不同目的的花卉消费主题，使不同兴趣爱好的消费者都能找到适合自己的个性化花艺作品；定期举办全市插花大赛、迎春花展，电视每周花艺、特色花卉节等花卉文化活动，引导人们转变花卉消费习惯，增加大众日常花卉消费。

（2）创新花卉零售服务业品牌

①鼓励发展花卉租摆装饰服务业。鼓励发展专业化、品质化、个性化的花卉消费服务业态，通过服务带动会展、酒店、写字楼等社会单位的花卉消费；支持花卉

租摆服务企业创新经营模式，深入挖掘企事业单位在室内环境布置方面对花卉的消费需求，从设计、选材、布置、管理、调换等各个环节提供更优质的服务，增强花卉服务的专业技术优势，科学推介花卉在营造室内绿色健康环境中的作用，打造室内植物装饰概念。

②支持发展连锁经营等现代花卉零售业态。以重点龙头企业为支持对象，鼓励以配送中心为枢纽、各门店为网络节点、总部统一经营的自营连锁、加盟连锁等形式的连锁零售业态发展，实现花卉零售的统一营销、统一服务规范和统一销售价格，并逐步扩大销售终端的覆盖面，替代目前以个体为主的经营方式，为北京普通居民花卉消费提供便捷、舒适的购物环境。

（3）完善花卉市场交易功能

①提升面向北方的花卉批发市场交易功能。着力改善莱太、黄土岗和花卉大道等花卉批发市场的设施水平，引入质量检验检测、集中配送等附加功能，改变市场单一的摊位出租盈利模式；在已有的辐射华北花卉集散功能基础上，建设现代化物流配送中心，为大宗交易的驻商及客户提供更多深层次、多功能的延伸服务，探索建立针对多层次需求的规范化价格形成机制；面向大宗花卉远程交易，探索建立花卉电子交易平台，建立面向全国的花卉虚拟交易服务平台。

②完善服务北京的花卉零售市场交易机制。以玉泉营花卉市场、亮马桥花卉市场等大型花卉零售市场为重点，设定市场的准入门槛，通过实施标准公示、价格公示等手段，加强对市场内驻商的监管；选取部分零售市场进行票款集中结算试点，改变手对手的传统交易形式，使花卉价格市场化、透明化，不断完善花卉零售市场的交易机制。

围绕花卉生产发展各类产业，延长产业链条，增强各环节服务能力。从北京市花卉业发展情况看，需要在种植业和销售业基础上，着重发展花卉休闲观光、国际贸易、花卉产品加工、花卉技术输出等产业形式。政府应发挥整合资源的功能，做好规划，完善花卉业创新服务链条的衔接，加强服务功能的整合与集成，利用国家鲜花港信息咨询、公共技术、创业孵化等服务平台优势，结束各花卉服务机构之间各自为战的传统做法，向网络化、社会化、产业化发展，形成覆盖全市的花卉全产业链创新服务的多元化局面。

第四节 北京花卉业主要经济数据

表 1 北京作为都城的花卉发展历史

时期	公元纪年	当时花卉发展状况
先秦时期	公元前 3 世纪	宫中广种观赏植物,并作为宫殿的名称(《三辅黄图》)
辽朝	公元 907—1125 年	将牡丹花卉的造型雕刻在装饰理容的铜镜上,如出土的辽代蜂巢花卉铜镜
金朝	公元 1115—1234 年	已普遍将各种花卉的艺术造型运用于生活中的各种器物里。赏花风俗尤其是赏菊在北京盛行。皇家园林中已经栽植香美花卉供帝后赏玩
元朝	公元 1206—1368 年	由于战乱,元代无暇顾及花卉生产,花卉业处于低谷时期,但菊花栽培还很盛行,元杨维桢在《黄华传》提到当时菊花已达到了 136 个品种。赏菊在宫中成为制度,菊花栽培技术有了新的发展
明朝	公元 1368—1644 年	北京作为全国政治核心的地位逐渐稳固,成为花卉业的重要中心。此时皇室、显贵的园苑遍布,民间种花日益盛行
清朝	公元 1616—1911 年	北京养兰风气渐盛,养兰者多是文人墨客,而菊花则雅俗共赏,酒垆、茶肆都堆菊花山,并贴广告(《养兰说》《帝京岁时纪胜》),更出现了花乡的繁荣发展

资料来源:黄国华.北京花卉产业发展研究[D].北京林业大学 2008 年博士学位论文.

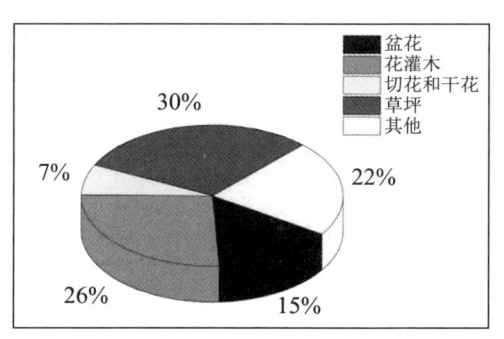
不同品种花卉种植面积占花卉生产总面积的比例

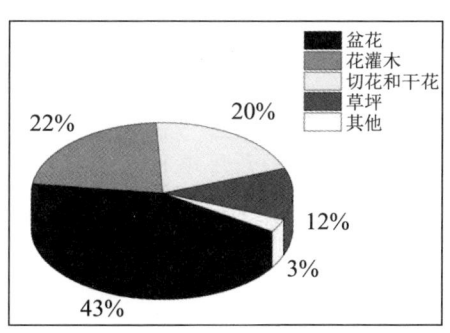
不同品种花卉产值占总产值的比例

图 1 北京花卉品种分布情况

北京成为花卉种植面积减少幅度最大的区域。2012年，北京花卉种植面积为4933公顷，比2011年下滑62.48%。这并不让人意外，事实上，随着各项生产成本的持续增长，在北京这样的大城市周边生产花卉已经不具备优势，特别是需要温室设施的盆花。据了解，北京周边空闲温室数量非常庞大。从北京盆栽植物种植面积下滑25.78%、销售下滑48.69%可以看出，盆栽从业者正在"逃离"北京。但是2012年，北京花卉产值超过15亿元，大中型花卉交易市场40个，花卉零售店1500个，花卉生产企业280个，并且构建了"两带、五园、十镇、多点"的花卉产业布局。与此同时，北京花坛植物种植面积大增37.13%，说明大城市的美化需求仍非常巨大。

近期市场传来的积极信息是，虽然国内外花卉消费整体环境不佳，但近几年鲜花节日消费持续升温，市场潜力巨大。从七夕等传统节日的鲜花大卖可以看出，只要找对方向，花卉消费仍然可期。

北京花卉产业生产规模不断扩大，种植区域已经形成一定的规模，区域也较为集中，北京花卉市场消费增长快速，花卉企业健康发展，花卉品种也涉猎更多清洁能源类的，品种丰富，营销网络不断拓展，已成为初具市场经济形态特点、带动农民增收的朝阳产业。2013年底北京市花卉生产面积超过4000 hm^2，产值9.2亿元。其中有观光农业类型的花卉生产，有园林绿化苗木类的花卉生产，还有很多城市绿化和生产科研基地类型的花卉生产企业，全市有37家花卉市场、1500家花卉零售点。

北京市作为国家的首都及政治、文化中心，经济相对发达，消费者购买力较强，尤其是对精神生活的质量追求较高，因此，花卉业恰好是一项效益较高、市场潜力大的优势产业。北京市的花卉市场业已形成一定规模，而且发展良好，花卉市场的选址都注重客源的相对集中和拥有较大的、稳定的消费群体及供货渠道，但在研发能力及创新性上与发达国家相比仍存在较大差距。根据此次调研分析的结果，努力发展北京市的花卉龙头品牌，分析北京市的花卉市场结构，可以使北京的花卉业有更好的市场经营环境和发展前景。

（本章执笔：郝赫赫）

第八章 北京演出业发展研究报告

第一节 北京演出业概述

一、演出业简介

演出业是将音乐、舞蹈、戏剧、杂技等艺术和棋牌、体操、摔跤、足球等技艺演给观众欣赏的活动。演出业必须面向现场观众，自娱自乐形式的演出行为和健身活动就不属于演出的范畴。演出业活动按是否具有经营性质划分，分为营业性演出和非营业性演出两大类。营业性演出是指演出者或组织者以获取款、物或广告效益为目的的现场演出活动，包括下列经营方式：（1）售票或包场；（2）支付演出者演出费（或出场费）；（3）以演出为媒介进行广告宣传；（4）具有赞助或捐助性质的；（5）以演出吸引观众或顾客，为其他经营活动服务的等。只有营业性演出活动才能进入演出业领域。

演出业是指提供各类营业性演出活动的场所，是演出活动过程中演出者、演出场所与观众之间各种交换关系的总和。演出业按营销方式分类，可以分为演出直销市场和演出中介市场；按消费对象分类，有团体消费市场和个人消费市场。演出业是既古老又新型的文化服务业，随着话剧、交响乐、芭蕾舞、足球、台球等外来文化的广泛传播，汉唐宫乐、威风锣鼓、围棋、武术等民族文化的大力弘扬，演出业呈现出欣欣向荣的局面。

（一）演出业活动类型

演出业活动按表演内容归类，可以分为文艺演出行业和竞技演出行业两大类。文艺演出行业包括音乐、戏剧、舞蹈、杂技、魔术、马戏、曲艺、木偶、皮影、朗诵、服饰、民间艺术以及民俗表演等；竞技演出行业包括中国象棋、国际象棋、桥牌、摔跤、拳击、健美操、田径、体操、游泳、跳水、滑冰、射箭、击剑、马术、赛车以及各种球类项目等。演出活动按表演形式分类，有个人表演和团体表演；按表演场地分类，有露天表演和室内表演等等。

（二）演出业经营主体及分销渠道

演出业的经营主体包括三类：(1) 演出者，包括各类文艺表演团体、个体演员、各类竞技运动俱乐部或协会、民间艺人等。(2) 演出场所，大体上分为三类：一是专营场所，如剧场、书场、音乐厅、体育场（馆）、露天舞台、流动大棚等；二是综合场所，如礼堂、广场、歌舞厅、夜总会、游乐园等；三是兼营场所，如茶馆、酒吧、宾馆、饭店等。(3) 演出经纪人，包括文艺演出公司、演员代理公司、个体演员经纪人、竞技体育公司、个体竞技体育运动员经纪人、广告公司等。

在演出业中，演出者是艺术或者竞技表演生产者，演出场所是文艺或竞技表演产生与消费的集合点、演出经纪人在演出者、演出场所和观众之间起着中介作用。在市场经济条件下，有的演出经纪人突破单纯中介的职能，充当文艺或竞技表演产生的投资者和组织者，推动各类演出活动的繁荣。

演出业的分销渠道大体分为三种类型：(1) 直销渠道，诸如文艺或竞技表演团体利用自有固定场所、流动大棚，或租用他人的演出场所，或在露天舞台、社区广场从事售票演出活动，兼营演出场所经营者招聘个体演员或组织表演团体从事兼营演出活动；民间艺人在集市、庙会上从事摆摊演出活动等。(2) 一层渠道，诸如文艺或竞技表演团体采用收取整台节目出场费，或参与票房分成，或获得部分广告效益等方式，通过演出场所组织售票或是主办单位组织非售票演出活动。

二、北京演出业的基本概况

北京作为首都城市政治中心，自然而然也是成我国的文化中心。文化发展战略的制定可以起到重要的指导性作用，它将奠定一座城市、一个国家的文化发展走向，甚至可以影响到周边地区的文化发展。在全球化发展的大背景之下，文化"软实力"的重要性得到空前的重视，文化地位的提升势必带动首都各方面的繁荣，文化战略的制定和实施已经成为世界各国首都城市变革最为重要的战略事件，演出业的未来发展将备受重视。

文艺演出行业是北京市文化产业中分量最重发展最为繁荣的一部分，如今的文艺演出市场格局已经构成了经营性演出为主、公益性演出为辅的资源配置体系。首都北京拥有大量高水准的艺术表演团体，它们所创作的艺术作品已经具备了国际化艺术水平，独具特色的向外宣传着首都文化，得到了世界范围的认可并且以较高的水准输出国外。① 与此同时北京作为中国的首都吸引着世界的目光，世界范围内的优秀表演艺术也越来越多的走上北京国际化的大舞台。不仅有优秀的商业剧目在京上演，文艺演出市场交流活动也层出不穷，每年有大量的国家文化演出交流项目和种类繁多的民间国际交流项目在北京举办。演出作为文化交流的重要形式，丰富了首都舞台艺术，每年在京举办的演出产业交流约占全国活动的五分之三，这些活动都具有级别高、代表性强、影响力广泛等特点。在产生经济效益的同时丰富了北京市民的文化生活，提升了北京市的国际影响力，使之真正成为国际化的大都会。文艺演出市场已经成为北京甚至是中国优秀民族文化向外展示和交流的窗口，也是世界优秀文化荟萃的大舞台。随着改革开放的深入，国有艺术表演团体、演出公司、演出场所的改制，在市场经济主导的体制里必然为文艺演出市场的繁荣带来更大机遇。

竞技演出行业在 2008 年北京奥运会后得到了长足的发展，总体水平得到大幅度的提升。北京奥运会的成功举办，改变了西方对中国的成见，提升了中国的软实力。成千上万来到中国的外国宾客和媒体，来时带着各种偏执的成见，走时留下的却是"要公正、真实地宣传中国"的承诺。竞技表演类是在体育娱乐、体育健身等休闲体育基础上形成并衍生出来的一种具有时代特征的产业形态；北京竞技演出行业的发展，有利于促进全民身体素质和健康水平的整体提高，推动竞技运动及相关产业的发展，提高产业结构关联效应。早在 2008 年奥运会申办成功后，我国就把竞技表演业作为我国体育产业中的重要分支。据调查，北京竞技表演类演出的消费需求呈逐年增长态势。奥林匹克中心成为北京市新地标和旅游热点，已经举办了多次大型活动，奥运后对我国体育旅游的拉动效应持续带动着我国体育事业和竞技演出行业的发展。在当今全球体育商务活动中，奥运会是规模和影响最大、开放度最高、运作最为规范的市场开发项目。2008 年北京奥运会的举办，对我国体育产业发展模式产生了深远影响，促使其从政府参与型向市场主导型转变，尤其是竞技演出的市场化水平得到了大幅提高，对提高体育产业的市场运作管理水平具有重要的意义。随着经济的全球化，体育产业的发展也不可能独善其身，必然要被一步步地卷入国际化、全球化的趋势中。北京已明确提出把建设国际体育中心城市作为自己发展的一个重要目标，其中竞技表演业将成为重中之重。

---

① 牛维麟、彭翔：《北京文化创意产业聚集区发展研究报告》，中国人民大学出版社 2009 年版。

第二节 北京演出业的经营现状与问题

一、北京演出业的经营现状

（一）文艺演出行业的发展现状

第一，文艺演出行业的发展势头迅猛。每年演出活动、演出交流、演出交易洽谈、演出相关机构运营建设等事业呈良好发展态势。这其中有国外艺术家的献艺，也有本土艺术家的努力奉献，既有高雅艺术也有民间文化演艺。北京市文艺演出市场异彩纷呈，呈现出百花齐放的发展态势。文艺演出作为首都文化市场的重要组成部分近年来得到了空前的繁荣发展，经历了文艺表演团体转制改革后，北京市文艺演出市场中的各类演出机构都提高了生产力，增强了市场竞争力和市场活力，从作品创作到票房收益都成绩斐然。

文化体制改革是改革开放政策中的重要组成部分，经历了改革的巨变如今已经逐步见到成效。过去的文化相关单位基本上都是由政府出资建立的公益性事业单位，在政府的扶持下创作出过很多的优秀文艺作品，但多年的养尊处优下来也形成了很多不符合时代潮流的缺陷，比如艺术创作力不足，艺术生产力下降，人员冗杂，不了解市场规律等等问题，使得这些文艺单位创作出来的作品不受人民群众的喜爱和欢迎，举步维艰，成为政府部门的累赘。在如此的情况下文化体制改革迫在眉睫，变换单位属性，让艺术创作者走到群众中去，在激烈的市场竞争中激流勇进，使得文艺创作真正的体现人民群众的想法，表达人民群众的心声，创作出观众真正喜闻乐见的优秀文艺作品。在文化体制改革推进的20多年里我们体会到了改革带来的阵痛，克服了改革中的诸多难题，很多文艺单位在激烈的竞争中大浪淘沙，如今通过激烈转型后留下来的文艺单位已经总结出很多有益经验，使得自己生存在文艺市场之中，这些宝贵经验是值得借鉴的，与此同时也要看到存在的问题，努力改进，使自己与时俱进，真正适应市场规律，创作出弘扬民族文化、具有国际影响力的优秀艺术作品。文艺演出市场是北京市文化产业中分量最重、发展最为繁荣的一部分，如今的文艺演出市场格局已经构成了经营性演出为主、公益性演出为辅的资源配置体系。首都北京拥有大量高水准的艺术表演团体，它们所创作的艺术作品已经具备了国际化艺术水平，独具特色地向外宣传着首都文化，得到了世界范围的认可并且以较高的水准输出国外。与此同时北京作为中国的首都吸引着世界的目光，世界范围内的优秀表演艺术也越来越多的走上北京国际化的大舞台。不仅有优秀的商业剧目在京上演，文艺演出市场交流活动也层出不穷，每年有大量的国家文化演出交流项目和种类繁多的民间国际交流项目在北京举办。演出作为文化交流的重要形式，丰富了首都舞台艺术，每年在京举办的演出产业交流约占全国活动中的五分之三，这些活动都具有级别高、代表性强、影响力广泛等特点。在产生经济效益的同时丰富了北京市民的文化生活，提升了北京市的国际影响力，使之真正成为国际化的大都会。

（二）竞技演出行业的发展现状

在北京奥运会后竞技演出行业得以飞速发展。汽车、游泳、保龄球等项目的体育俱乐部近 50 家，以现代甲 A 足球俱乐部及首钢、奥神篮球俱乐部为代表，每逢主场比赛，都有众多球迷到现场观看，比赛上座率达到 70% 以上，加上各类赞助、广告等经营收入，为体育场（馆）及俱乐部赢得可观的收入。精彩、激烈的客场比赛吸引大批球迷到现场观看，直接推动交通运输业、餐饮业、旅馆业等相关产业的发展。大型企业集团参与体育产业的越来越多，如现代汽车、三元乳业不断加大对体育的投入，体育产业成为其非主营产业的重要组成部分。奥运会对主办国，尤其是主办城市的经济增长有明显拉动作用，2008 年第 29 届奥运会对首都经济的影响主要表现在拉动投资需求和消费需求、扩大就业和优化产业结构等方面，对北京市体育产业发展的影响是不可低估的。

根据北京奥运行动规划，2008 年在京奥运场（馆）建设及配套设施项目为 32 个，总投资为 280 亿元，其中，新建场（馆）19 个（含 6 个临时赛场），总投资 95.2 亿元；改扩建场（馆）13 个，总投资 24 亿元；新建与奥运会直接相关的设施项目，总投资 153 亿元；训练场（馆）装修改造项目 59 项，总投资 4 亿元；残奥会专用设施改造，总投资 3.8 亿元。[①] 这样大规模、集中的建设，势必将对北京市体育产业的发展产生积极而深远的影响。目前，北京市体育产业结构严重不均衡，体育竞赛表演业、健身娱乐业所占比重较小，体育用品业制造、销售业所占比重过大。当前乃至今后相当长的一段时间内，体育的支柱产业应该定位于体育竞赛演出行业、健身娱乐业和无形资产开发经营业。举办奥运会，将对体育竞赛表演业、健身娱乐业产生明显而直接的促进作用。以平均门票收入占奥运会总收入的 10% 计

---

① 王华：《后奥运时期与北京经济可持续发展研究》，《经济研究导刊》2009 年第 17 期。

算,体育竞赛演出行业在奥运会期间将快速发展。由于收入预期的影响,未来6年,北京市体育彩票的销售将进一步走旺。体育彩票业要逐步增加种类、加大市场占有份额,并与竞赛表演市场、健身娱乐市场共同构成体育产业核心市场。北京市社会保障体系的不断完善,人们健康意识的增强,场(馆)建设、健身娱乐业条件的改善,将促进健身娱乐市场发展。体育用品生产及销售业、体育会展业也将显著发展。可以预见,体育竞赛表演市场、健身娱乐市场的发展将快于体育用品生产、销售市场,并逐步成为体育产业的主流市场。①

二、北京演出业的经营问题

(一)文艺演出行业存在的主要问题

首先,文艺演出类存在的资金问题,它制约着艺术表演团体的发展。北京市文艺演出市场中的民营艺术表演团体普遍存在着缺乏资金的问题,国有艺术表演团体同样也存在着这样的问题。没有资金的注入就没有办法进行新的艺术创作,对于艺术表演团体在市场中的拓展也产生了致命的限制。第一,缺乏资金导致创作力薄弱,无法创作新作品也就无法产生新的盈利。第二,融资方法困难和渠道过于单一,民营艺术表演团体回收资金的方式是靠票房收入,国有的艺术表演团体是靠政府拨款和票房收入,资金来源都太过单一,严重制约了团体的发展壮大。据了解,在西方国家的艺术表演团体中资金来源由资助、基金和票房收入三部分组成。在美国,政府有相应的政策,如果企业对社会进行捐助就可以减免税收,所以很多企业会资助当地的文化艺术发展,建立了很多非营利性的艺术表演机构。

其次,市场营销能力薄弱。在国有文艺表演团体改革之前都是由政府拨款出资创作演出,不存在"吃不上饭"的问题,一直以来市场营销环节被长期忽视,欠缺营销意识,没有营销方面的专业人才、没有建立专业的营销团队,更没有针对自身项目的营销方案。从艺术产品的创作开始,找准定位,把营销意识贯穿于整个演出创作流程,在文艺演出市场中覆盖到营销的方方面面。另一方面,民营表演艺术团体因为资金有限通常大部分用于创作环节,宣传发行方面的投入力度很小,不能创造出强大的市场影响力,观众的上座率不高甚至无人问津,结果上演的场次越多越

---

① 董凯、董进霞:《从国内外比较看北京市体育产业发展的优势与潜力》,《北京体育大学学报》2007年第3期。

赔钱。艺术表演团体市场化以后产生了激烈的竞争，为了吸引更多的观众，市场营销环节会越来越受到重视，将在文艺演出市场当中发挥更重要的作用。

再次，演出经纪公司的恶性竞争现象严重。北京市的文艺演出市场在全国范围内都是发展势头比较好的，文艺演出经纪机构一旦发现了好的项目，都希望可以得到项目独家代理权，为了这个目的很多文艺演出经纪机构会做出有违行业法律法规的行为，如私下暗箱操作，哄抬演出项目价格，或者是抢下项目后再以高价卖出去，甚至做出诋毁竞争对手互相"拆台"的举动，形成了恶劣的行业竞争现象。另外，有些文艺演出经纪机构为了赚取更多的演出票房，在前期宣传中弄虚作假，故意制造虚假广告，例如在国外一些不知名剧团名称前面加上"国立"、"某某大剧院"字样，混淆观众视听使人造成错觉。结果很多演出班底是临时拼凑的，演出质量低劣，造成了极其恶劣的影响，甚至是损害到了很多国外剧团在国内的声誉，造成了不可挽回的损失。

最后，文艺演出场所同质化严重服务意识差。由于社会原因，长久以来我国的文化娱乐事业开发的力度不大，过去人民文化生活的需求较为单一，剧场建设上都大同小异，没有独创性和特色。舞台设施、器材配比、美术结构都很雷同。可是现如今随着社会的发展，观众欣赏品位的提高，更多艺术作品以不同的形式发展，呈现出艺术形象各异的现状，对于文艺表演场所和舞台、舞美的要求越来越高。可现在北京市很多文艺演出场所没有与时俱进，不是设施规划陈旧就是照搬其他剧场的设计，毫无个性可言，更没有针对特殊艺术门类而设计的意识。剧场设计的同质化导致市场供给太多，势必出现竞争混乱的状况。很多文艺表演场所从过去政府包办的事业单位改革成面向市场的经营单位，这种转变是全方位的，性质的变化也要全方位地体现出来。过去的文艺演出场所处于演出运作的有利环节，管理好剧场的设施，为文艺表演团体提供场地就可以了。可如今文艺演出场所已经转变成了服务型单位，管理好剧场的同时更要为文艺表演团体服务。服务意识的缺乏普遍存在于国有剧场之中，长久下去必定会失去很多的客户，对自身的经营造成很大的影响。

以文化推广为目的的文艺演出场所生存艰难。蓬蒿剧场的建设最初投入120万元，之后投资人王翔每年自掏腰包70万元来维持剧场正常经营运转。蓬蒿剧场对于进驻演出的文艺表演团体不收取场租费用，并且一直坚持低票价经营原则。[①] 多年以来蓬蒿剧场名声在外，形成了巨大的品牌影响力，与此"相得益彰"的是连年

---

① 张婷：《实打实做梦——访蓬蒿剧场创办人、南锣鼓巷戏剧节艺术总监王翔》，《中国文化报》2013年6月7日。

亏损的现实情况。2010年这种情况有所缓解，东城区政府成立了"戏剧建设促进委员会"，并出台了《关于戏剧发展公益补贴资金管理办法》《关于戏剧产业发展引导资金管理办法》等政策。①像蓬蒿剧场的艰难处境普遍存在于注重艺术质量、为艺术理想而创立的文艺演出场所。蓬蒿剧场创始人王翔说："真正的好戏，往往有难度。受众面有限，观众的基数小，赔钱是在所难免的"。②市场是无情的，仅仅凭着热情从事艺术事业是不能够长久的。而蓬蒿剧场这样的文艺演出场所在推动艺术发展中发挥着重要的作用，如今的困局不利于艺术在社会中的广泛推广，像没有雄厚资本支持的民营小剧场处境就更加艰难，不是利润微薄就是为了生存下去而以降低艺术质量为代价来换取商业效益，最终会一直恶性循环下去。

（二）竞技演出行业存在的主要问题

首先，拜金主义盛行。进入21世纪后，商业化成为竞技体育发展不可避免的趋势，在这个过程中无论是运动员、体育工作者、还是俱乐部，追求利益将成为他们参与竞技体育活动的重要目的，而比赛的胜负则关系到俱乐部和运动员的自身利益，因此就出现了例如吹"黑哨"、俱乐部的老板给裁判送大礼等丑恶现象，目的就是使自己的竞赛队能够取得好的成绩，从而为自己及俱乐部带来巨大的利益。对于运动员来说，在高水平的竞技体育商业化中，获得了国际新闻媒体的广泛关注和大品牌公司的巨额赞助，在此竞技比赛中获胜的运动员可以一夜成名，不仅可以获得大量的现金奖励，其获得的荣誉也可以在日后为自己带来巨大的经济效益。而对于那些实力不强的运动员，当面对巨大的利益诱惑时，在利益的驱使下就会铤而走险，服用兴奋剂，这也就是为何兴奋剂屡禁不止、十分活跃的原因了。竞技体育运动的参与者们，在各自利益的驱动下，违反了竞技体育文化内涵中的公平竞争秩序，扭曲了人格尊严，破坏了以人为本的科学发展。

其次，奥运场馆闲置。2008年奥运会北京共建有31个奥运场馆，其中12个新建场馆，11个改建场馆和8个临建场馆。③鸟巢、水立方的参观人数已经开始逐年递减，却一直找不到长期的赛事落地，五棵松体育馆几年来的赛事运营者，几乎是每年一换，而远在顺义郊区的奥林匹克水上公园，其4A级景区资格在今年年初

---

① 刘妮丽：《蓬蒿剧场的融资"革命"》，《中国文化报》2013年12月14日。
② 张婷：《实打实做梦——访蓬蒿剧场创办人、南锣鼓巷戏剧节艺术总监王翔》，《中国文化报》2013年6月7日。
③ 张宾：《北京奥运场馆存在为拆完现象 申奥场馆不追求成新地标》，《凤凰新闻》2014年8月3日。

竟被北京市旅游委取消，并勒令整改。一个广为流传的数字是，2004年雅典奥运会所有场馆每年维护费用高达1亿欧元，雅典市市长更是曾经公开说，"雅典奥运会的债务需要希腊未来几代人去偿还。"奥运会的巨额支出使得后来的希腊成为了欧债危机的发源地，而雅典奥运会的场馆赛后也大部分荒废，成为名副其实的财政包袱。在账面上，北京的表现要比雅典好得多。北京市副市长刘敬民曾公开介绍，光鸟巢、水立方一年的经营性收入就达5亿元，扣除经营成本只略有盈余。但这样的数字也意味着北京奥运场馆的运营成本比起雅典毫不逊色。北京国资公司董事长李爱庆曾介绍，以"鸟巢"为例，每年的基本运行维护费用达到8000万元，要是考虑未来需由企业自己负担的更新改造支出，每年计提固定资产折旧近1亿元，另外，还要承担市政府回收鸟巢经营权时偿还原中信联合体支持资金的利息6000多万元，算下来一年成本在2.4亿元人民币左右。水立方的情况更是不容乐观，2011年的报表显示，水立方亏损近1000万元。位于北京东北郊区的顺义奥林匹克水上公园，总建筑面积约3.2万平方米。当年，这里由顺义区政府出资建设，作为奥运会赛艇、皮划艇等水上项目的比赛地。北京奥运会后，水上公园对游客有偿开放。目前，该公园仅开设帆船俱乐部、滑水俱乐部和针对儿童戏水的"欢乐水世界"等少量项目。大卫·格雷镜头下的赛艇码头附近草木枯黄，指示牌倒在地上，码头的木板破损严重。笔者在4个月后的走访中也发现，尽管指示牌被重新竖立起来，但码头的木板依然没能得到修复。曾经作为动水皮划艇的赛道，因为向上抽水需要耗费大量电力而闲置，干涸的赛道底部在烈日的照射下反射出刺眼的光。据了解，政府对大型社会活动有一定的安保要求。在奥运会赛场这类大型场馆中举行比赛，观众众多，因此安保规格高，费用也高。除售票困难外，某些场馆因为过于专业化的设计，也很难被普通市民使用。奥运场馆是高规格的竞技场馆，在设施、功能设计上有着严格的标准。奥运会前，国际自行车联盟曾对老山自行车馆赛道提出了"长250米，坡度13～47度之间"的要求。王主任说："建成后，老山赛道最大的角度为45度，连专业运动员也经常在上面摔跤，一般人更是很难在上面骑行。"目前，老山自行车馆的主要功能是国家自行车队、国家击剑队的训练场，同时也为各省市自行车队提供集训场地。顺义奥林匹克水上公园投资发展中心市场部部长高嘉冬认为，比民众因技术要求而无法参与到某项运动中更要命的是，"他们对这项运动根本不感兴趣"。为推广水上运动，进一步提高水上公园的知名度，从2009年对外开放起，顺义奥林匹克水上公园举办了中美滑水明星对抗赛、国际名校赛艇挑战赛等高水准比赛，但按高嘉冬的话说，来看赛艇比赛的主要有三类人：一是觉得新奇的；二是略有耳闻的；三是买门票逛公园正好赶上的。几乎都是站在水边，看一眼知道是怎么回事,就玩别的去了。

再次,暴力事件屡禁不止。暴力事件是指赛场上的运动员的暴力行为和观看比赛的体育爱好者的暴力行为。在一些对抗性的比赛中,运动员身体的接触、合理冲撞是符合比赛规则的,但是运动员在比赛过程当中为取得比赛胜利,故意给对方运动员造成身体伤害,辱骂裁判员,阻碍比赛公平进行,是不符合比赛规则的。国际和国内对运动员暴力行为的处罚是很严重的,但还是时有发生。1999年在约翰内斯堡西南举行一场足球比赛中,裁判员射杀一名球员;2005年7月在北京首都体育馆举行斯坦科维奇杯男篮比赛中,因为波多黎各队球员暗算中国球员易建联引发场上双方队员群殴;2010年10月在武汉进行的U-18青年女足锦标赛中,两队各一名队员发生争执并在赛场上互相追打,两人厮打在一起时引发了双方球员的互相攻击,场面持续了三分钟才得以制止;2012年1月14日广州足球联赛上发生暴力事件,德宇特钢队的队员因不满比赛时裁判员的判罚,赛后对裁判员进行追打,造成裁判员重伤;2012年埃及当地时间2月1日晚,在埃及东部塞得港举行的一场足球比赛结束后,马斯里队以3比1获胜后,两队球迷发生争执引发暴力事件,这场暴力事件至少造成73人死亡,上百人受伤,诸如此类的暴力事件屡现报端,破坏了竞技体育所该有的公平、和谐。

最后,运动员培养理念异化。随着竞技体育运动不断向市场化和商业化方向发展,商业利润驱动成为影响运动项目发展的重要因素。运动员的比赛成绩与教练员和俱乐部的经济利益直接相关,因此造成运动员培养理念的异化。教练员只注重运动员的体育成绩,忽视对运动员生理及身体机能的基本保护,忽视对其学习科学知识能力的培养,忽视运动员作为社会人的基本心理及技能的培养,从而造成运动员退役后无法适应正常的社会生活。田径运动员郭萍因长期超强度的训练导致她的脚趾几乎残废,生活非常的窘迫,还曾动过卖奖牌的念头;曾在1998年获得世界技巧锦标赛女子三人项目冠军的刘菲,在2000年退役后无法找到合适的工作,只能蜗居在狭小的房间里,窘迫的生活令人心碎;曾经担任"马家军"队长的李颖,因退役后爱情和工作的不如意而选择了自杀;田径运动员艾冬梅曾经获得19枚奖牌,其中有10枚是国际比赛的奖牌,而退役后的她曾经靠摆地摊为生;1990年全国女子举重冠军邹春兰退役后,如今沦落为澡堂的搓澡工等等。这些出色的运动员在退役后生活都非常艰辛,在告别了曾经给自己带来辉煌的运动赛场后,因为自身知识水平与社会需求差距大,而不能找到理想的工作,因此当前竞技体育领域中对运动员的培养理念出现异化,培养运动员提高比赛成绩的同时,也应对其进行知识文化的教育,使其掌握一技之长。

第三节 北京演出业发展趋势与对策

一、北京演出业的发展趋势

（一）北京文艺演出行业的主要发展趋势

第一，"场团合一"的表演团体演出场次是最多的。"场团合一"机制是指打通演出产业的上下游，一个剧场由一个固定的表演团体进行演出，相辅相成形成稳定的合作关系，剧场为自己的表演团体提供演出场所，表演团体可以方便地在自己的剧场里进行排练和演出。一般这些表演团体都会上演固定的经典保留剧目，这种模式非常有利于表演团体、剧场共同打造自身品牌，这种优势互补的方法可以取得一举多得的效果。北京市以这种方式运作的表演团体有很多，比如中国国家话剧院的先锋剧场、中国国家京剧院的梅兰芳大剧院、中国儿童艺术剧院的中国儿童剧场，中国木偶艺术剧院拥有3个剧场，德云社拥有4个曲艺场馆，畅和园拥有2个剧场。剧场的固定为表演团体提供了可以持续演出的保障，是表演团体在市场中保持活跃的关键因素。

第二，项目创作商业营销更加多元化。2013年北京市文艺表演团体创作的剧目异彩纷呈，不仅有很多经典作品，还有很多原创剧目给观众很多惊喜。随着时代的发展科学技术的革新很多艺术门类已经打破界限，各种新的元素已经渗透到演出创作当中。2013国家艺术院团演出季剧目之一，由中国国家交响乐团和奥地利"未来电子艺术"创作室共同创作的中国首例立体多媒体交响音乐会"异度空间春之祭"于国家大剧院上演，音乐会将古典交响乐与3D技术完美融合，让观众不再是单纯听音乐、看演出，而是去感受音乐，开创了交响乐欣赏新体验。这是国内推出的首部3D多媒体交响音乐会，把3D科技和交响乐经典融为一体。[①] 浑厚美妙的交响乐、摇曳激情的现代舞、先进的3D多媒体技术，音乐会将三种元素巧妙融合，为现场观众呈现了一场无与伦比的艺术盛宴。在2013年的北京话剧舞台上最受瞩目的当属赖声川导演的《如梦之梦》，这部话剧在形式上打破了原有格局下沉

---

① 程竹：《交响乐融合3D 奏响异度空间春之祭》，《中国文化报》2013年9月26日。

了舞台，梦的故事在环形的舞台上展开，演员绕着观众演戏，观众也随着演员的表演转动着观看的视觉方向，成为话剧表演的一部分，除了舞台的变化整部话剧长达八小时之久也为人津津乐道。与此同时另一部校园话剧《蒋公的面子》石破天惊地出现在首都的舞台上，这部话剧是南京大学文学院为纪念南京大学建校110周年所创作的作品，形象地表现了知识分子面对强权时的复杂心态，此剧在校内联演35场，2013年进行全国巡演，并于同年11月赴美国演出，其中除了艺术作品创作精良之外，作为一出校园话剧怎么样进行商业运作和宣传，才能取得今天的成绩是值得我们研究思考的。未来文艺演出市场的舞台上绝不会仅限于今天我们所看到的这些艺术表演形式，商业运作也会发生与时俱进的变化，未来的艺术表演团体运作必将趋于多元化发展，打破艺术形式界限，借鉴商业化运作模式。只有灵活地掌握创作潮流，时刻保持吸收、学习和借鉴各门类艺术创作的心态，为艺术表演团体的运营注入现代化管理意识，这将会成为未来艺术表演团体发展的必然趋势。

第三，强强联手：剧场联盟和演出院线制。剧场联盟，自2005年中国北方剧院联盟问世后，陆续又出现东部剧院联盟、西部剧院联盟，以及长三角联盟、中国国际演出联盟等，这些联盟，有全国性的，有省际的，各呈鼎足之势。剧场联盟可以使资源利用率最大化，以艺术创作为主的文艺表演团体和提供演出场地的文艺演出场所共同合作，成本分摊。这种模式特别适合中小民营剧场的发展，特别是对于不了解市场的新建成的文艺演出场所来说，基础资源薄弱，知名度也不高，没有社会影响力和号召力，在这种情况下加入剧场联盟可以借助优势资源获取高质量的演出项目，使自己迅速成长，树立良好品牌形象的同时有利于行业规范的树立，有利于文艺演出场所的良性发展。演出院线，演出院线是参照电影院线的模式，由一个强势演出实体，垂直经营和管理其名下的各个剧场，这些剧场，少则三五家，多则几十家，按连锁经营的方式，形成院线制的演出管理。目前北京市的演出院线最具经营模式特点的是两家。1.中演模式，由中国对外文化集团公司建立，演出剧场加入院线管理公司，演出剧场仍然拥有经营权和所有权，演出院线公司只提供演出剧目信息，演出剧场通过支付院线公司一定比例的管理费用来获得优先的市场信息、合理的演出剧目安排。2.保利模式：主要方式是演出剧场加入保利院线管理公司，交出经营权管理权，形成独有的院线联盟品牌，演出院线公司通过市场分析直接购买演出节目进行商业运作。这两种院线管理模式各有利弊，但是在市场竞争中"抱团取暖"对于不了解市场缺乏竞争力的文艺演出场所是个不错的选择，未来演出院线将得到更大的发展。

第四，分工精确化经营专业化。由于北京市文艺演出经纪机构的扩张发展，行业整合事态日益加剧，很多的文艺演出场所和文艺表演团体加入文艺演出经纪机构的大部队中，票务公司和外资的进入更加剧了行业的激烈竞争。在未来的发展中文艺演出经纪机构想要得以生存和扩大就必须找准定位、以专业化的经营方式站稳行业地位。文艺演出场所、演出团体等演出相关机构，毕竟不是以演出经纪作为自己安身立命的重点，所以文艺演出经纪机构为提升自己在行业内部的竞争力必定要走细分市场的道路，这样才可区分开来，扩展自己的生存空间。

第五，文艺演出经纪机构将形成多元化市场格局。2013年上海自由贸易区实验区总体方案当中提出，将取消外资文艺演出经纪机构的股份限制，并且允许外商独资文艺演出经纪机构，在文化服务领域为上海市提供服务。允许外商在试验区内独立开设娱乐场所，更多的灵活政策将激活文化市场的未来发展。上海自贸区对于文艺演出经纪机构的开放，象征着未来发展的大格局。其实早在2009年文化部就发布过《营业性演出管理条例实施细则》，对于文艺演出经纪机构的投资建设等演出相关的各经营主体，都做出过相应的规定，对于外商投资也有相应的说明。北京市文艺演出市场的发展走在全国前列，与外商的交流合作非常频繁，未来北京市文艺演出经纪机构的格局将呈现为国有、民营、外资合作参与的多元化发展形态。必将有利于北京市文艺演出经纪机构的良性发展，更快的向外推广北京市的优秀文艺演出剧目，更妥善的引进国外的艺术作品。在经营管理中也可学到更多的有益经验、先进的管理方式，互惠互利达到合作共赢的局面。

（二）北京竞技演出行业的主要发展趋势

第一，竞技表演要坚持"以人为本"的科学发展，是实现中国竞技体育强国的根本，也是全面贯彻落实科学发展观的重要途径之一。田麦久教授这样认为："在竞技体育事业中贯彻'以人为本'精神的含义，就是要把竞技体育从业者（主要是运动员）的正当利益与合理诉求，以及竞技体育关注者（即广大社会成员）的正当利益与合理诉求放在设计与行为的首位，而决不应该把对"成绩"、对"锦标"的追求放在首位。"发展竞技体育事业要适应社会主义市场经济体制的改革与创新。竞技体育事业在趋向商业化发展过程中，竞技体育文化要坚持"以人为本"的科学发展方向。竞技体育的最初与最终的目的，是在欣赏其健与美的同时，扩大体育运动在人们生活中的影响，提高荣誉感，加深全民体育运动参与的意识，带动整个社会的体育运动风尚，达到全面提升人们身体素质，创建健康和谐社会，从而提高国家凝聚力，传播中华文明，促进中国与世界其他国家友好和平。因此在宣扬竞技体育的过程中，要极力避免过分强调竞技体育带来的市场效益和经济效益。要注重运动员、教练员、裁判员、体育运动爱好者等参与竞技体育活动人员的健康全面发展。在运动员培养过程中，对运动员应该实行"知识文化水平和竞技体育成绩"共同进步的培养理念。要避免把运动员培养成只会训练却没有知识的机器。无论从历史还是现实来看，能够一生从事竞技体育的人毕竟是少数，很多运动员在退役后所从事的行业与体育无关。这就要求我们在培养运动员的过程中，要纠正竞技体育为主，知识文化水平为辅的错误做法，而应当提倡首先培养运动员的知识文化水平。只有知识文化水平提高了，运动员在训练与生活中才能更深切体会作为社会人的感受，也能够更好的帮助其在结束运动生涯后融入社会，同时，知识文化水平对其竞技体育成绩的提高也会起到极大的帮助。我们所知道的如邓亚萍等，在结束运动生涯之后的第一件事是进入高校学习。对那些并没有取得辉煌成绩的运动员来说，运动生涯结束的时候，又怎么会有条件去高校提高自己的知识水平？因此在运动员培养过程中，要把知识文化水平提到与竞技体育成绩同等重要的位置，甚至于要高于竞技体育成绩。

第二，在运动员训练的过程中要坚持科学、系统的训练方法，而不要一味地为提高比赛成绩而用对运动员进行苛刻、长时间高强度的训练和服用不良药物损伤运动员身体等方法，即使在运动员退役后，国家相关部门也要关注运动员退役后的生活就业情况，对其进行有针对性的帮助，要建立体育相关部门领导对退役后运动员进行"一对一"的调查走访和帮助队伍，建立健全运动员保障体制，让运动员在退役后也能过上如在体育赛场上精彩的人生，同时社会各界也要给退役运动员更多的人文关怀。教练员和裁判员要有较高的职业操守和综合素养，只有在发展竞技体育过程中摒弃唯功利是图的错误理念，在平时工作中才能真正重视"以人为本"思想的学习，并把这一思想运用到实际工作中，杜绝残酷训练、体罚运动员、给运动员吃不良药物、兴奋剂和"黑哨"等违背竞技体育文化内涵的现象发生。同时体育运动爱好者要坚持以公平公正友好的心态观看比赛，为比赛增彩，而不能引起比赛的混乱。

北京竞技演出行业可持续发展战略目标的实现，是一个渐进的、阶段目标逐渐提高并逐渐逼近最终目标的过程。它包括各种具体类型资源的可持续发展、竞技体育制度的可持续发展、竞技体育管理的可持续发展等等。由于国家和区域资源和社会能力有限，我们不可能在各个领域齐头并进，为此，北京市竞技体育可持续发展必须选择若干战略重点。而判定战略重点的依据首先在于这些要素是影响北京市竞技体育可持续发展的重要因素。影响北京市竞技体育可持续发展的因素主要分为体制性因素，社会经济发展水平，人力资源因素，竞技体育的社会化、国际化、产业化要素等方面。从竞技体育系统内部来看，北京市竞技体育可持续发展战略重点至少包括3个方面的内容：竞技体育人力资源建设可以作为整个战略阶段的重点；竞技体育的社会化、产业化、国际化是中期战略阶段的重点；竞技体育管理体制的建设与完善则是远期战略阶段的重点。

第三，从竞技体育系统内部来看，北京市竞技演出业可持续发展战略重点至少包括3个方面的内容：竞技体育人力资源建设可以作为整个战略阶段的重点；竞技体育的社会化、产业化、国际化是中期战略阶段的重点；竞技体育管理体制的建设与完善则是远期战略阶段的重点。

第四，北京竞技演出行业的社会化，是指竞技体育的发展能够得到社会持续的支持，并且，竞技体育利用自身优势融于社会的发展之中，形成社会参与竞技体育，竞技体育服务社会的发展局面。在继续加强政府投入的同时，努力拓宽和加大社会办体育的渠道和力度，发动全社会广泛参与和支持竞技体育，形成国家投入、社会资源合理配置、体育产业参与等多维支持竞技体育发展的良好局面；要鼓励、引导和调控社会和市场来办体育的积极性；鼓励和支持社会力量办高水平运动队；

第五，发展北京竞技演出行业是竞技体育本质要求下的必然选择，走竞技体育行业化道路，使竞技体育发展由过多依赖国家、政府包办向国家、社会、集体及个人共办的方向转轨，从求助外力转向依靠体育本身，因而，北京竞技演出行业是竞技体育可持续发展的必由之路。要加快体育赛事转播权进市场的步伐，提高体育赛事电视转播权的整体开发效益；建立健全竞技体育产业发展统计指标体系及统计方法；制定有利于竞技体育产业发展的投融资政策、财政税收政策、体育产业结构政策、体育产业组织政策等；积极提倡和鼓励群众从事体育消费，加强体育生活方式的宣传；建立健全竞技体育市场的经营管理制度和各项法规；通过专业培训、岗位培训、在职进修、招聘引进等多方渠道，培养和造就竞技体育市场经营管理专门人才。

第六，北京竞技演出行业国际化是竞技体育可持续发展的现实要求，只有融入参与到国际竞技体育"大家庭"，才能实现国内竞技体育"小家庭"的繁荣。北京市竞技体育发展过程中坚持与世界先进方向保持一致，包括学习与借鉴先进的思想观念、管理方式与方法、训练手段、体育理论、运动项目技战术、场（馆）建筑、运动器材等方面；必须坚持弘扬民族体育优秀文化，在继承、学习和借鉴的基础上，走创新之路，推动民族传统体育和现代体育共同提高；要积极参加国际性竞技体育活动，引进和运作国际上通用的先进体育思想、管理方法和技术方法；促进与各国体育赛事的协调化、规范化和标准化；促进国际经济往来，加强与国际体育组织的广泛交流与合作。

二、北京演出业的发展对策

（一）文艺演出行业的发展对策

第一，确立文艺演出市场的领军地位。北京作为我国的首都城市，代表着我国的文化形象，起着文化窗口作用，但是北京文艺演出市场在全球文艺演出市场链中尚处在比较弱势的地位。近年来北京市在国际文艺演出市场中，更多的担当着演出承接方的角色，是国外优秀演出剧目的展示平台，每年来北京演出的国外团体络绎不绝，但是北京市能够成功输出国外的演出项目却不多，引进的国外演出剧目数量远远超出输出的数量，形成了很大的文化贸易逆差。反观国内情况，北京市在国内演出产业链中也没有站在行业领军地位。北京市处于文化中心位置，国内最优秀的演艺人、文艺演出团体和艺术类高校等优质资源都集中在北京，但是很多文艺演出经纪机构却逐步向上海、广州等地转移，全国各地的旅游类演出和地方特色演出发展形势也很强进，北京市应该进一步加强自己在全国演出产业中的龙头地位。

第二，创建文艺演出企业优质品牌。在国际文艺演出市场中有很多具有强烈市场号召力的演出企业，例如加拿大的太阳马戏团，据了解每年的收入接近10亿美元，而这个数字是北京市一年的演出产业收入总额。这说明北京市演出产业总体规模还很小，没有诞生拥有重要影响力企业的土壤。强大的国际影响力是无形的宣传力量，演出品牌象征着这个演出企业所运作项目的品质，北京市文艺演出市场现状说明国内整个文艺演出市场仍处于改革转型中的起步阶段，未来的发挥空间还很大。任何市场环境的发展都需要由几个强劲的企业来带头，扶持竞争力和创新性强的企业来带动整个市场的发展，是文艺演出市场壮大的必经之路。

第三，深化演出团体体制改革。文艺演出团体转企改制的步伐不能停，要更加深入的探索北京市国有演出院团的改革方法，支持和积极鼓励北京市文艺表演团体股份制改革，允许引进新的投资者、内部职工控股等多种方式。内部管理方法要借鉴现代化企业管理经验，建立系统的用人和分配机制，带动内部职工的创作积极性。在艺术创作和项目运营上打破固有模式，创新思维构建和完善北京市文艺演出市场产业链。加大对民营演出机构的扶持力度。国有演出机构转型的同时政府也应该加大对民营演出机构的扶持力度，两边的发展都要顾及。可以定期组织行业协会与民营演出机构的交流对话，了解民营演出机构的困难和需求，并请专家对问题进行研究，共同寻找有益于他们良性发展的有力对策，促进民营演出机构在市场中的发展。政府主导培育国际化演出企业。政府出面促成文艺演出机构和国际优秀的演出企业进行行业交流，学习借鉴国际化演出运营经验和成熟的企业管理模式，鼓励北京市演出团体"走出去"，多进行涉外演出业务，在国外建立演出机构办事处，提高国际化视野和高度。组织专业组研究具有国际竞争力的大型演出企业，帮助北京市演出团体进入全球演出产业链当中，培育一批具有国际影响力的大型演出企业。

第四，扶持原创剧目与提升经典剧目并举。创作优秀原创剧目是每个演出机构都在努力打造的终极目标，可近年来可以创作出优秀原创剧目的演出机构并不多见。国外很多优秀剧目创作成熟之后可以常年演出，一些剧目的驻场时间可以长达几十年，特别是芭蕾舞剧、音乐剧等，不仅在国内长演不衰成为当地的文化名牌，同时会在国外进行巡回演出，例如《大河之舞》《歌剧魅影》《妈妈咪呀》都已成为经典演出剧目。反观北京市文艺演出市场中只有中央芭蕾舞团、北京人民艺术剧院等少数文艺表演团体，会排演经典剧目，其他文艺表演团体都很难做到这一点，同时国内重拍的经典剧目也并不具备强大的国际影响力。

第五，规划文艺演出场所布局。北京市现有文艺演出场所100多家，但是可以承办大型商业演出的活动场所只有不到10家，明显资源分布不均，在演出旺季的时候有很多好的项目因为剧场的资源限制，不能成功上演。其次，北京市还存在着很多不适合商业演出的文艺演出场所，处于半闲置状态的文艺演出场所也很多。优化资源配置，对于现有资源进行合理开发这是北京市文艺演出市场未来发展的一个关键。北京市商业地产的价格实在太高，如果政府不加以扶持建设，北京市文艺演出场所的情况，是很难得到根本性改善的。优化剧场资源配置，建立档次清晰的文艺演出场所体系，首先，根据不同艺术门类的演出需求特点，创建具有国际化水准的专业演出场所。其次，系统的梳理北京市的礼堂、废旧工厂等潜在的演出地点，加以改造和翻修，投入资金力度盘活这些闲置资源，为北京市的观众提供更多的选择和更加舒适的文艺演出场所。

第六，营造文艺演出市场商业氛围。北京市文艺演出市场长期以来一直缺乏良好的演出商业环境，同样一场商业演出，在上海所得到的演出收益会比北京多两成左右，这也是为什么很多文艺演出经纪机构会转移到其他城市的原因。商业环境是指利润收益的最大化，体现在文艺演出市场中就是占比最大的票房收入最大化，在北京市演出项目运营中赠票现象严重，例如工作票、招待票，在大型商业演出中，演出场馆、政府部门、公安、消防等单位用票量都很大，从而造成了商业演出中的票房损失，缺乏商业化意识，很难形成良性的商业氛围，也会滋生演出受众人群不习惯自费买票的不良习惯。其实赠票现象在演出市场行业中普遍存在，一般可划分为两种。第一种是演出商自愿赠予关系较好的兄弟单位和广大媒体，用于演出项目的宣传和互相学习，以扩大演出项目的社会影响力。第二种则是极其不情愿的"蹭票"，这些票是从售票系统所出，瓜分掉了不少的票房收益，给北京市文艺演出市场中的各环节都造成了相当大的困扰。想要解决这一问题需要行业内部的集体协作，同时更需要政府相关部门起到行业监管作用，严厉杜绝此类事件的发生，使北京市文艺演出市场呈现出良性的商业发展氛围。

第七，扩展文艺演出项目投融资渠道。目前为止在北京市文艺演出市场中项目投入资金的性质非常单一，大多是政府投入和自有资本，建立通畅的演出项目筹资通道，是眼下的当务之急。政府主导拓展演出产业融资渠道。政府具有相当的公信度，由政府牵线搭桥，每年对于演出项目进行商业评估，组织行业外资金企业与演出项目开发单位进行洽谈，每年定期组织演出行业论坛和演出交易洽谈会，向投资机构推荐和宣传演出产业发展前景，条件成熟可以和风险投资基金合作成立文艺演出市场发展专项投资基金，对于有市场潜力的项目进行投资。制定优惠政策引导资本进入文艺演出市场。借鉴国外成功做法，与税务部门共同制定演出产业捐赠免税优惠政策，吸引大型企业和个人把资金投入文化演出事业中来，向发展慈善事业一样，引导企业投资建设一些公益性的文化演出场所，建设更多的惠民工程。政府投入资金应该更多的倾向民营演出机构。过去的做法是把政府资金大量地投入国有演出机构，培育出了很多经典作品，但同时市场经济的建立，意味着更多民营演出机构将担当重任，为了更好的培育一些有发展的民营演出机构，政府投入资金应该有所倾斜，增强政府资金投入的透明度，邀请专业的第三方评估机构，对于政府投入的资金项目进行评估，并且制定未来的文艺演出市场投入策略。

第八，开拓文艺演出市场相关产业发展。完善相关产业链，文艺演出团体到文艺演出场所，整个文艺演出市场各环节相互之间应该加大合作联系。同时与影像内容制作方（网络、出版、电影、电视等）建立战略合作关系，努力把更多的优秀演出项目和演出交流活动转化成其他媒介形式，增强演出项目的宣传推广力度。建立成熟完善的后产品开发机制，运作演出项目的版权交易，使后产品开发利用最大化，积极向国外成功演出项目案例学习，进行游戏、动漫、玩具、主题乐园等后续项目的开发，并在行业内部推广成功项目。促进演出相关项目的集群开发。以文艺演出场所为中心，在周边建立文艺演出市场相关机构聚集区，鼓励演出相关机构自主的向这些中心区域靠拢，形成文艺演出市场集群，建造创作、编排、演出一站式完成场所。待集群建成并逐步完善后，对演出培训场所、项目演出场所、演出项目资料库进行资金投入，向周边演出机构辐射，同时扶持聚集区内的企业，努力促成产业集群的前进发展。

（二）北京竞技演出行业的发展对策

第一，北京竞技演出行业战略的目标，是建立一套既符合世界体育发展潮流，又较好把握中国社会经济发展的阶段特征，既不同于西方国家现行的体育管理体制，又不同于原有的"举国体制"的管理体制。政府要根据宪法和相关法律的规定，在规划、引导、组织、监督以及制定体育发展政策等方面发挥领导作用，并根据社会经济发展状况动态调整管和办的比例，确保国家目标和大众体育利益的实现。政府的体育行政部门必须切实从包揽一切体育事务的直接管理向分级分类、授权监管的间接管理转变。政府的主导作用主要体现在对整个体育事业发展的控制力上，除了事关国家目标的重大体育事务可以仍由政府体育行政部门直接办理外，其他体育事务都应逐步交给社会和市场来办，政府则通过制定规则对这些活动进行引导和监管。

北京市竞技体育工作经历了一定历史时期的发展，已经逐步形成了以体操、乒乓球、射击、跳水等为代表的优势项目和潜优势项目，但从总体情况看，目前北京市贡献奥运金牌和奖牌的尖子人才群体还显单薄，后备人才明显不足。在运动项目布局结构方面要与奥运战略全面接轨，突出以重点发展国家奥运优势项目和潜优势项目的指导思想，大力选拔培养优秀后备人才，逐步形成以北京市优势项目和潜优势项目为主体的布局结构，实现重点项目的倾斜与投入，做到确保重点项目、发挥重点优势、实现重点突破，努力拓展新的"金牌增长点"。

优势项目：乒乓球、跳水、射击和体操等。巩固和加强北京市乒乓球、射击、体操、跳水等优势项目，保证投入，挖掘潜力，扩大优势，在总结成功经验和做法的基础上不断创新，使其可持续发展。潜优势项目：女子柔道、女子摔跤、跆拳道、花样游泳、女子自行车、女子赛艇、射箭、羽毛球、举重、女子垒球、女子足球、女子排球、女子手球、女子曲棍球等。对具有发展空间的潜优势项目，精心布局、科学规划、加大投入，以培养尖子运动员和将更多的优秀人才输送到国家队为重点，加速项目整体实力的提高和向优势项目的转化。

第二，完善适合北京市竞技演出行业发展需要的运动队管理体系，扩大一、二线运动队规模和竞技体育优势项目的数量，形成优势项目的"人才群体"。加强与国内、外竞技体育领域的交流与合作，有计划地将运动员输送到优势项目的国家或地区进行培训。运动后备人才的培养是竞技演出行业发展的基础环节,随着我国社会政治、经济体制改革的深入发展,传统的计划经济条件下的运动人才培养系统已被打破,建立适应新的社会发展环境的竞技体育后备人才培养渠道和体系已成为全面提高竞技体育运动整体水平的关键,应认真进行这一具有战略意义的课题研究。在新形势下,按照"统筹规划、科学筛选、系统跟踪、重点保障、精心培育"的原则,统筹安排青少年后备人才的选拔、培养工作。对于青少年业余训练,要严格遵循运动项目的训练规律和青少年身体生长发育规律和生理、心理特点,"选好苗子、着眼未来、打好基础、系统训练、积极提高",保证后备人才的质量。

　　第三,整合与综合利用首都的体育科研资源,充分调动和发挥首都各级科研部门和各级院校科研力量(包括人员与设备),组成相关的科技服务与科研攻关小组,统一指挥,联合攻关。尤其应组织北京体育大学、首都体育学院、北京师范大学体育与运动学院等院校的科研力量,与北京市体育科学研究所联合攻关。竞技体育整体实力水平的提高是与社会经济发展水平紧密相关的,促进北京市竞技体育整体实力的不断提高,保证北京市竞技体育发展目标的顺利实现需要一定的物质保障和资金投入。为此,一方面,政府应尽可能增加对竞技体育发展的资金投入,保证运动训练过程的正常运转;另一方面,应大力发展竞技体育产业,加快竞技体育社会化、市场化的进程,加大竞技体育市场培育和开发的力度,吸引社会对竞技体育的资金投入。商业性介入是竞技体育市场化和职业化的重要保证。商业性介入能够增加运动训练、竞赛和管理的经济收入,使运动训练、竞赛活动有更充足的物质保证,促进竞技体育运动技术水平不断提高。所以,在努力提高政府对竞技体育投入的同时,应加强市场营销活动,增加商业介入的力度,多方筹措竞技体育发展经费,促进北京市竞技演出行业整体实力水平的不断提高。

第四节　北京演出业主要经济数据

表 1　北京文艺演出行业按演出团体划分(2014 年)

演出团体类型	在京演出场次(场)	占总演出场次比例(%)	比去年同期变化比例(%)
内地艺术团体	23926	97	增长 13
国外艺术团体	548	2.2	减少 61

续表

演出团体类型	在京演出场次（场）	占总演出场次比例（%）	比去年同期变化比例（%）
中国港台地区艺术团体	121	0.5	增长47

表2　北京文艺演出行业按艺术门类划分（2014年）

艺术门类	演出场次（场）	占总场次比例（%）	比去年同期变化比例（%）
音乐类（含交响乐、美声、民族、通俗、音乐剧、歌剧）	1669	6.7	增长17.5
歌舞类（含民族舞、芭蕾舞、外国舞、现代舞）	572	2.3	减少8
话剧类	4519	18.3	增长5
京剧类	1158	4.7	减少19.7
杂技类	4148	16.8	增长24
儿童剧类	3134	12.7	减少31
地方戏及曲艺类	6165	25.1	增长49.5
综艺类及其他类	3200	13	减少4

表3　北京文艺演出行业观众人数统计情况（2014年）　　单位：万人次

演出类型	音乐类	舞蹈类	京剧类	话剧类	地方戏类	杂技类	曲艺类	儿童剧类	综艺类	其他类	总计
观众（人次）	238.2	62.3	31.2	147.1	68.9	124.1	45万	101.5	88.2	106.1	1012.6

资料来源：北京演出行业协会发布《2014年北京市演出市场统计与分析》报告。

（本章执笔：赵晏明）

第九章　北京娱乐业发展研究报告

第一节　北京娱乐业概述

一、娱乐业简介

娱乐是使人快乐有趣、休闲消遣的活动。它能够使人转移思想注意力，暂时逃避现实生活的精神压迫，从而调节人的感情和理性，产生心理上的平衡。就娱乐的本质而言，它构成了人类精神生活的对象。娱乐媒介形式多种多样，如音乐、舞蹈、录像、电子游戏、围棋、桥牌、台球、网球、保龄球、游艺设施、健身设施等。

（一）娱乐活动的分类

娱乐活动按经营内容归类，可以大体分为歌舞消遣、游艺消遣和益智健身三大类。歌舞消遣类包括卡拉OK、摇滚音乐、交谊舞和迪斯科舞等；游艺消遣类包括器械游艺、电动游艺和电子游戏等；益智健身类包括中国象棋、围棋、桥牌、麻将、飞镖、台球、网球、乒乓球、羽毛球、保龄球、沙壶球、高尔夫球和各种健身专用器械等。娱乐活动按表现形式的不同，可以分为文艺娱乐和竞技娱乐两大类。歌舞和游艺基本属于文艺类；棋类、牌类、球类和电子游戏大都具有竞技性质，这两种类型是市场上主流的区分方式。

（二）娱乐业的经营主体

娱乐业是指向公众开放的、供人们自娱自乐的歌舞、游艺或健身场所的行业总称。娱乐业按是否具有营利性质划分，可以分为营业性娱乐场所和公益性娱乐场所两类。营业性娱乐场所一般收取门票，向消费者提供有偿性服务；公益性娱乐场所免费向公众开放，如社区公共球场、社区健身设施等。本章着重论述营业性娱乐场所经营，即具有文化产业性质的娱乐业。

娱乐业的经营主体相对单一，即各种类型的娱乐场所。娱乐场所大体上分为四类：1.歌舞娱乐场所，包括歌厅、舞厅、卡拉OK厅、夜总会等。2.游艺娱乐场所，包括电子游艺机、游戏机以及台球、网球、保龄球、高尔夫球、旱冰、攀岩、射击、棋牌、麻将等娱乐场馆。3.多功能综合娱乐场所，包括文化宫、俱乐部、游乐园、动物园等。4.兼营娱乐场所，包括含有歌手乐手演唱、演奏等表演活动和设有卡拉OK设备的酒吧、茶座、餐馆、咖啡厅等。就娱乐方式而言，网吧亦属于娱乐场所的范畴。

（三）娱乐业的经营特点

与其他文化服务产业相比，娱乐业具有以下特点：第一，参与性，又称为自娱性，即消费者主动参与到娱乐活动中去，通过自我表现、自我娱乐来释放情感、满足自我。参与性的特点，是的娱乐市场拥有广泛的消费群体。第二，多样性，即文化娱乐的形式丰富多彩。随着科学技术的创新应用和各种文化的广泛传播，新的娱乐媒介形式层出不穷，最大限度地满足了人们日益增长的娱乐需求。第三，综合性，即娱乐活动往往集学、唱、听、看、吃、喝、玩、乐为一体，是娱乐与表演、饮食、经济文化的有机统一。综合性的提点，使得娱乐场所比其他文化服务场所对于消费者更具有吸引力。

二、北京娱乐业的基本概况

北京市文化工作在"十二五"规划的背景下，"贯彻党的十七届六中全会精神，推动首都文化大发展大繁荣"工作方针指导下，文化改革发展取得新的成就。最显著的是：公共文化服务体系进一步完善，资金保障能力进一步加强，文化娱乐市场发展平稳，机构、人员数量保持稳定，综合素质不断提高。

通过制定并完善行政许可工作制度及服务承诺；建立文化市场监管联动机制；良好的市场环境，为文化市场继续保持较快发展创造了条件。截至2012年全北京市审批备案的文化娱乐市场经营单位3335个（其中：网吧1574个，歌舞娱乐场所1515个，电子游艺场所246个）。统计数据显示，文化娱乐市场经营单位从业人员1.5万人，经营面积134万平方米，营业收入11亿元，利润总额2亿元（以上数据由2115个单位汇总所得）。与2010年同期相比，营业收入和利润总额两项经营指标分别增长了22%和25%，规范市场秩序效果明显。

第二节 北京娱乐业的发展现状与难点问题

一、北京娱乐业的经营现状

近年来，北京市经济高速发展，市民生活水平不断提高，随着恩格尔系数的逐年降低和人的基本生理、安全需求的满足，按照马斯洛的需要层次理论，人们将设法去满足较高层次的需求。文化娱乐需求就是一种较高层次的需求。在娱乐市场中文化产品的教育、审美、认识等功能都在娱乐活动中得到实现。老百姓的娱乐和体验需求正不断呈现和强化，北京市居民的收入支出比重中文化娱乐支出比重逐年增加，从发展的眼光来看，作为一种满足人类娱乐和体验需求的行业，娱乐业势必要获得大的发展。

娱乐业的政策环境将逐步宽松，娱乐业经过前些年的高速发展和近几年的治理整顿之后，将回归理性，重新定位。促进娱乐场所的规范经营和健康发展，这一直是政府部门管理的目标。文化部提出要按照"大力发展先进文化，积极支持健康有益文化，努力改造落后文化，坚决抵制腐朽文化"的原则，加强管理和引导，使娱乐场所真正成为人民群众满意的健康文明的休闲娱乐场所。以往的娱乐场所不是档次太高令人消费不起，就是档次较低消费环境差，违法违规经营活动屡禁不止，大部分人需要健康安全的场所进行正当的娱乐活动。

但是近年在北京娱乐业整体发展繁荣的背景下，个别行业却产生了完全相反的颓势，受到公款接待费用减少、房租上涨、成本加大等多重原因影响，钱柜、乐圣接连闭店，KTV迎关门潮。北京KTV行业的确经营惨淡，多家知名KTV门店接二连三关门，大多KTV即使没有歇业，也是苦苦支撑。

KTV行业不景气与政府控制"三公"消费有一定的关系。而整个KTV行业不景气，高成本是最大原因。目前的KTV行业竞争已经达到白热化阶段。为争得客源，各KTV依旧用老套的经营思路，通过价格竞争吸引客户，市场萎缩之下利润又大大减小。所以通过北京KTV的问题可以看出，光是政府政策上的支持是不够的，自身满足市场需求才是娱乐行业真正能够发展起来的因素。如近些年来在北京逐渐变为热门娱乐场所的滑雪场、射击俱乐部、汽车俱乐部以及欢乐谷这样的综合游艺场所等等，都是因其契合了市场的需求才能够在残酷的市场竞争中立足。

如北京欢乐谷，其本身已经成为国内主题公园的领跑者，30多项游乐设备、50多处人文生态景观、10多项艺术表演，在建园之初几乎重新定义了人们对主题公园的认知。2010年暑期，北京欢乐谷推出了二期"欢乐时光区"，其代表性的游乐设施"极速飞车"不仅成为游客必玩的项目，更成为"惊险、刺激"的标志性符号。但是万事利弊相依，"惊险、刺激"的固有印象限制了客群结构向儿童和老年人拓展的能力；北方冬季的恶劣气候成为运营难以突破的瓶颈。如今，在经历一期、二期的建设后，为满足市场需求，完成转型升级，第三期也已经开放。北京欢乐谷将第三期开业传播口号定为"每个人的欢笑，全家人的乐园"，直观表达以"合家欢"项目为主的核心产品诉求，传递乐园升级信号。实际上，从中国国内旅游宏观市场来看，家庭游比例增长已然成为大势所趋。中国国家旅游局消息显示，2014年春节黄金周期间，选择自助自驾游、家庭游出游方式的比例明显提高；中国经济网综合报道，家庭游、亲子游是2014年清明节小长假期间出游最多的人群；与此同时，同程旅游预订平台数据也显示，清明假期适合亲子游和家庭游的路线预订量非常高。可见，仅就三期项目开业而言，北京欢乐谷市场客群定位与国内旅游宏观市场发展现状如出一辙，可谓"拿捏"得当。而这种顺应市场发展的行为，定然让其再北京娱乐业中脱颖而出。①

二、北京娱乐业的经营问题

目前，我国文化产业发展水平还不高，活力和创造力还不强，区域布局不尽合理，政策体系还不完善，离国民经济支柱性产业的要求还有不小的距离。近几年来，我国努力开拓文化娱乐市场、大力发展文化娱乐经济，使文化娱乐产业成为国民经济中重要的组成部分。但相对于发达国家而言，我国文化娱乐产业的发展仍处于探索阶段，北京市在娱乐业的发展上虽然处于国内的前列但是相较于发达国家的文化娱乐业还是有比较大的差距，如何更好地顺应市场发展需求，科学有效地管理文化娱乐产业，打造文化娱乐产业链，利用集群发展的模式推动相关产业进步，建设科学文明的文化娱乐市场是发展北京市文化娱乐市场面临的重要问题。并且在持续稳定增长的情况下，一些常见的社会问题如在娱乐市场中的滋生的色情赌博活动，消防卫生隐患等也应该同时得到解决，才能真正促进娱乐市场的整体发展。

---

① 《北京欢乐谷三期即将开业　释放主题公园转型升级信号》，《东方今报》2014年5月5日。

第三节　北京娱乐业发展趋势与重点对策

一、北京娱乐业的发展趋势

（一）北京文化娱乐市场景气指数回升，发展空间更大

近年来，北京市经济高速发展，市民生活水平不断提高，随着恩格尔系数的逐年降低和人的基本生理、安全需求的满足，按照马斯洛的需要层次理论，人们将设法去满足较高层次的需求。文化娱乐需求就是一种较高层次的需求。在娱乐市场中文化产品的教育、审美、认识等功能都在娱乐活动中得到实现。老百姓的娱乐和体验需求正不断呈现和强化，北京市居民的收入支出比重中文化娱乐支出比重逐年增加，从发展的眼光来看，作为一种满足人类娱乐和体验需求的行业，娱乐业势必要获得大的发展。据有关专家预测，我国最有前景的文化产业中，娱乐业发展前景仅次于旅游和影视，居第三位，超过了体育、出版、广告、音像、报刊、广播和艺术业。

娱乐业的政策环境将逐步宽松，娱乐业经过前些年的高速发展和近几年的治理整顿之后，将回归理性，重新定位。北京娱乐市场不太景气，总量规模效益逐年递减，这种状况将在新的政策环境下得到改变。政府将不再严格限制新的娱乐场所设立，只不过要求在审核批准前予以公示，以征求社会各界的意见。经过3年多的力量积蓄，相信将有一批资金跃跃欲试。此外，随着多元化社会的到来，休闲娱乐的正当性将越来越得到社会各界的认同。人们将正确、理性地对待娱乐业的功过是非，不再简单地否定娱乐需求的价值，不把娱乐视为"不务正业"，不再将歌舞厅视为色情场所，将电子游戏视为"电子海洛因"。如日本的父母并不禁止孩子看动画片和玩游戏，动画和游戏已经成为日本人生活的一部分，在满足人的需求的同时，日本的动漫和游戏产业已经成为其重要的出口产业。社会心态回归平稳，将为娱乐业获得宝贵的发展环境。

北京申办2008年奥运会成功，在一个日益国际化的大都市，日益受到国际重视的娱乐和体验需求将难以令人忽视。人文奥运理念的提出使北京市文化产业面临历史性的发展机遇，将更为重视人的需求。奥运场馆和配套设施的建设将带动娱乐设施的建设，届时将有大批资金注入，为北京市文化娱乐市场的发展提供有力的资

金支撑。

(二)"阳光娱乐"成为时尚

"阳光娱乐"是指健康、安全、快乐、时尚的娱乐活动，这是国家大力倡导而老百姓又需要的一种娱乐方式。促进娱乐场所的规范经营和健康发展，这一直是政府部门管理的目标。最近，文化部提出要按照"大力发展先进文化，积极支持健康有益文化，努力改造落后文化，坚决抵制腐朽文化"的原则，加强管理和引导，使娱乐场所真正成为人民群众满意的健康文明的休闲娱乐场所。以往的娱乐场所不是档次太高令人消费不起，就是档次较低消费环境差，违法违规经营活动屡禁不止，大部分人需要健康安全的场所进行正当的娱乐活动。麦乐迪和钱柜就是满足这种需求的阳光娱乐场所的代表，在那里没有色情服务和小姐穿梭，没有暴利宰客，有的是自助式娱乐和量贩式消费，却深受市场欢迎。根据麦乐迪的统计和调查，来到麦乐迪消费的顾客，70%是白领阶层和大学生。其中不乏家庭式聚会，甚至80余岁老人的生日聚会，也会安排在麦乐迪。

以往大部分娱乐业经营单位并没有很好地把握住国家要求和市场需求，今后将有更多的经营单位主动顺应时代要求和市场需求，推出健康文明的娱乐方式，让娱乐回归娱乐本身，这样自然将获得良好的市场回报和政府的肯定，最大的肯定来自于市场，来自于老百姓的认同和喜爱。因而，行业形象将会日益得到改善。

(三)分众化将成为娱乐业的潮流

分众化是指在市场细分的基础上，娱乐业的品类档次规模结构将根据市场需求状况进行调整，以满足不同消费层次居民的消费需求，保证各个阶层能够各取所需，找到自己喜欢和适合自己消费的娱乐场所。

一部分先富起来的阶层，他们是高档娱乐场所和新奇娱乐项目的主要消费对象，被称为高端顾客。他们的消费需求往往能够带动一个地区的娱乐市场的走向，如朝阳区高档娱乐场所云集就是抓住高端消费者。一些大众舞厅和练歌房以及电子游戏厅等大量场所占据了低端顾客市场。随着市场经济的稳定快速发展，我国社会已经和正在出现一个中等收入群体，特别在北京这个中等收入群体为数已经不少。尽管高端顾客消费水平高，但毕竟数量有限，低收入群体尽管市场基数大，但消费能力不足，今后这个日趋庞大的中等收入群体将成为市场的消费主体，绝对不能忽视这个群体的要求和影响力。

由于各种档次的场所都有自己的目标消费群体，在规模档次上应当允许大、中、小型及高、中、低档并存，消费者可以根据自身的喜好和消费水平来选择。适应新的社会阶层兴起的需要,将有一批中档消费水平适合中等收入群体消费的娱乐场所应运而生。娱乐业的结构在适应市场需求的同时将趋于合理,高、中、低档并存,中档场所将成为主流,娱乐业的行业发展档次结构不合理的状况终将得到改变。

(四)网络游戏将成为龙头

高科技的发展,特别是互联网络的发展已经影响到社会的方方面面,渗透到社会的各个角落。据中国互联网络信息中心最新统计,我国约有6500万网民。利用互联网已成为人们生活中的一部分;与之相伴随,网络娱乐成为互联网的重要功能。随着网络传输速度和质量的不断提高,宽带交互式混合光纤同轴电缆网(HFC)的大范围铺设,并深入北京市内许多居民小区,视频点播服务系统已能在局域网中得到普遍应用,特别是卡拉OK、音乐、影视节目的点播服务已经进入千家万户。网络娱乐是现代科技发展的必然结果,是现代科技与文化娱乐的结合,两者的结合将促使文化娱乐方式获得全新的改变。以互联网为代表的高科技是推动娱乐业发展、改变人们娱乐生活的主力军。[①]

在互联网中,网络游戏是最早发展起来的一项网络娱乐活动,而且使用最为广泛,成为诸多网络公司最为强劲的盈利增长点。收费的网络游戏1999年开始进入我国后,逐渐被人们接受,自从2001年国内宽带开始大规模发展,由于游戏消费观念的改变和技术要求的满足,我国网络游戏市场飞速发展。一些著名的互联网门户网站,如新浪、搜狐,国家电信企业中国移动等都在积极投身网络游戏市场。据有关方面统计2012年我国网络游戏市值达133.5亿元。据国际数据公司(IDC)预测,到2016年,中国网络游戏市场总价值将达到283.4亿元人民币,中国将在2015年左右成为日本、美国之外的第三大游戏市场,网络游戏将成为整个中国娱乐业的龙头。

此外娱乐业与演出、美食、旅游、商业等其他行业结合也十分紧密,娱乐业与其他产业的融合和互动在加速,娱乐业的边界将更为模糊,朝着综合化、多样化方向发展。娱乐场所向商业区和旅游区发展既是政府的倡导和要求,也是娱乐业发展的趋势。

---

① 《2012年中国网络游戏行业五大盘点》,中国行业研究网,网址:http://www.chinairn.com/news/20130123/186001.html。

二、北京娱乐业的发展对策

（一）正确认识娱乐业的功过是非。尽管娱乐市场中存在着这样和那样的问题，但必须看到这些问题是社会问题在娱乐场所中的反映，我们不能因噎废食，量贩式 KTV 的火爆就是市场对健康娱乐需求的表现。事实证明，只要管理好、引导好，娱乐场所就不再是色情赌博等非法活动的温床，而成为健康文明的阳光娱乐场所。因此，有关部门应当以持续稳定的政策，为娱乐业的发展营造良性的发展空间。

（二）改善行业形象。娱乐业的行业形象的改善一方面需要政府依法加强监督管理，严厉打击非法经营活动；另一方面，娱乐业经营单位必须自觉守法经营，提高品位档次，以健康文明的娱乐活动来获得市场的认可和社会的尊重，从而获得不断发展的空间。

（三）加强引导，调整结构，逐步提升产业层次。娱乐市场是一个相当开放和竞争比较充分的市场，但由于缺少大规模资金支持和现代营销管理人员，致使小、散、滥、差问题比较突出。因此，有关部门需要制定有利于市场繁荣和娱乐业发展的投融资政策和税收政策，以畅通的融资渠道吸引较大规模社会资金注入。娱乐业经营单位需要根据市场的需求，结合自身发展状况和竞争环境，调整发展方向，特别是要以满足适合中等收入群体健康消费的娱乐形式为目标以及市场前景好、发展潜力大，具有时代特点和高科技结合紧密的娱乐活动。提高从业人员素质，开发具有自主知识产权项目的娱乐产品，并不断重视娱乐市场中的知识产权保护问题。

第四节　北京娱乐业主要经济数据

表 1　北京居民家庭平均每人文化娱乐服务支出　　　　单位：元

项目	全市平均	低收入户 20%	中低收入户 20%	中等收入户 20%	中高收入户 20%	高收入户 20%	2012 年为 2011 年 %
教育文化娱乐服务	3696	2028	2757	3278	4296	5996	111.8
文化娱乐用品	824	413	612	817	928	1320	94.2
文化娱乐服务	1658	559	924	1390	2039	3296	131.5

表2　北京十大KTV

排名	KTV
1	温莎KTV
2	糖果俱乐部
3	麦乐迪
4	酷姿时尚主题KTV
5	音乐之声
6	唱吧麦颂量贩式KTV
7	同一首歌KTV
8	米乐星欢乐KTV
9	爆米花量贩式KTV
10	金库KTV

表3　北京十大台球俱乐部

排名	台球俱乐部
1	云川台球俱乐部
2	夜时尚台球
3	丁俊晖台球俱乐部
4	潘晓婷台球俱乐部
5	13149台球俱乐部
6	球斯卡台球
7	大望之星台球俱乐部
8	万国台球
9	吾乐汇台球
10	AIM台球俱乐部

表4　北京十大休闲洗浴中心

排名	洗浴中心
1	曲水兰亭度假酒店
2	水晶树温泉·SPA
3	西山温泉
4	在水一方
5	艺海国际商务会馆

续表

排名	洗浴中心
6	春晖园温泉度假酒店
7	情歌汗蒸
8	巴厘岛国际温泉商务会馆
9	西国贸水会所
10	好特热温泉酒店

（本章执笔：李天然）

第十章 北京旅游业发展研究报告

第一节 北京市旅游业概述

一、旅游业简介

"旅游"从字意上很好理解。"旅"是旅行、外出，即为了实现某一目的而在空间上从甲地到乙地的行进过程；"游"是外出游览、观光、娱乐，即为达到这些目的所作的旅行。二者合起来即旅游。骨刻文中已有"旅游"二字："旅"和"游"二字在山东昌乐骨刻文中发现，是东夷平民旅游娱乐活动最早的记录，也是中国最早的旅游文化的体现。中国旅游不仅历史久远，也是世界上唯一具有最早文字记载的国家（引《大众日报》2012年8月20日，丁再献《骨刻文将"旅游"记载前推两千多年》，丁再献《东夷文化与山东·骨刻文释读》）。国际上普遍认同的概念：为了休闲、娱乐、探亲访友或者商务目的进行的旅行活动统称为旅游。

旅游业主要指随着我国旅游业的迅速发展，传统的旅游业要素进一步扩展，各要素相互交织形成了一个紧密的旅游产业链。旅游业是以旅游资源为凭借、以旅游设施为条件，向旅游者提供旅行游览服务的行业。又称无烟工业、无形贸易。

狭义的旅游业，在中国主要指旅行社、旅游饭店、旅游车船公司以及专门从事旅游商品买卖的旅游商业等行业。广义的旅游业，除专门从事旅游业务的部门以外，还包括与旅游相关的各行各业。旅行游览活动作为一种新型的高级的社会消费形式，往往是把物质生活消费和文化生活消费有机地结合起来的。

旅游业具有三大动力：直接消费动力、产业发展动力、城镇化动力，在此过程中，旅游产业的发展将会为某一地区带来价值提升效应、品牌效应、生态效应、幸福价值效应。

（一）旅游业的经营环节

旅游业经营环节就是人们经常提到的"行、住、食、游、购、娱"六个环节，它们的形成过程却经历了半个世纪，凝集了几代人的心血，集中了成千上万旅游工作者的智慧。这六个要素，是中国发展旅游业的根本，指导旅游业的规范，衡量旅游业的标准，同时，也是广大导游员进行导游安排时必须考虑的六个要点、六个方面。了解了它的形成过程，有助于在实际导游工作中更好的为游客服务。

旅游业的经济本质，是以"游客搬运"为前提，产生游客在异地（或异住宅生活区域）进行终端消费的经济效果。这一搬运，把"市场"搬运到了目的地，搬运到了景区，搬运到了商业区，搬运到了休闲区，搬运到了度假区，搬运到了郊区，搬运到了乡村。游客在目的地，不仅要进行旅游观光等消费，还涉及交通、饮食、娱乐、游乐、运动、购物等等，进一步可能涉及医疗、保健、美容、养生、养老、会议、展览、祈福、培训、劳动等的非旅游休闲的延伸性消费。

（二）旅游业的经营主体

旅游业的经营主体主要包括旅行社、旅游交通运输公司、旅游宾馆、旅游饭店、旅游景区、演出娱乐场所等。

一个旅游项目，从最初策划到规划、设计、建设，再到对外营业，游客来游玩，需要以上各个环节系统紧密配合。旅游业具有跨行业的综合复杂性以及多环节配合的服务消费特性，旅游产品之间的相互依赖非常强，需要服务链各个环节的提升与质量保障。因此，旅游业更多的表现为一种"以旅游业本身所包含的行业为基础，关联第一产业、第二产业及第三产业中的卫生体育、文化艺术、金融、公共服务等相关行业的泛旅游产业结构"。

我国旅游业经营主体的变化与发展取决于两股力量，一是旅游需求的力量；一是旅游产业融合的力量。我们知道，一个产业的市场经营主体数量的变化以及类型的演化，是与这个产业供给的需求基本面相关。需求创造供给，有什么样的需求就会有什么样的供给。

（三）旅游业的经营特点

旅游业的经营特点有以下几点：

1. 旅游业的全球性，旅游业有着非常大的宽度，且开发统一，因此旅游业具有全球性。
2. 旅游业的多样性，这种多样性体现在具体的旅游产品种类、旅游购买形式、旅游交换关系的多样性中。

3. 旅游业的波动性，旅游业具有较强的波动性，任何因素的变化都可能引发旅游业的波动，旅游业以需求为主导，影响需求的因素多种多样。

4. 旅游业的高竞争性，随着旅游业在各地的兴起，各类旅游饭店拔地而起，旅行社如雨后春笋般出现，使得竞争加剧。而目前的竞争又表现为多方位和多角化竞争，不仅有来自行业内部的竞争，还有各行各业办旅游所带来的竞争，有来自潜在竞争者的竞争，替代产品的竞争等多个方面。

5. 旅游业的带动性，旅游业关联度高、拉动作用突出。旅游消费不仅直接拉动了民航、铁路、公路、商业、食宿等传统产业，也对国际金融、仓储物流、信息咨询、文化创意、影视娱乐、会展博览等新型和现代服务业发挥着重要促进作用。

6. 旅游业的综合性，与其他产业不同，旅游产业不是一个单一产业，而是一个产业群，由多种产业组成，具有多样性和分散性，旅游业包括景点经营、旅行社和旅馆服务业、餐饮服务业、交通业、娱乐业和其他许许多多的经营行业。

二、北京旅游业的基本概况

2014年，北京市旅游总人数2.61亿人次，同比增长3.8%。旅游总收入4280.1亿元，同比增长8%。旅游餐饮和购物额2142亿元，同比增长4.8%，占全市社会消费品零售额的比重23.5%。旅游特征产业完成投资额614.9亿元，同比增长1.2%，占全社会固定资产投资的比重8.1%。[①]

（一）北京旅游客源市场分为入境旅游、国内来京旅游和市民在京旅游三个板块

1. 入境旅游

2014年，全市共接待入境旅游者427.5万人次，同比下降5.0%。其中，接待外国人365.5万人次，同比减少5.7%；香港同胞34.2万人次，同比减少3.4%；澳门同胞2.2万人次，同比增长23.5%；台湾同胞25.6万人次，同比增长1%。

按洲际区域分，接待亚洲游客（含港澳台）192.4万人次，同比减少4.5%；亚洲游客（不含港澳台）130.4万人次，同比减少6.2%；欧洲游客112.8万人次，同

---

① 《2013年北京旅游业发展概况》，北京市旅游委网站，网址：http://www.bjta.gov.cn/xxgk/tjxx/lstjxx/2013/367044.htm。

比减少 4.3%；美洲游客 94.8 万人次，同比减少 7.1%；大洋洲游客 17.5 万人次，同比减少 4.8%；非洲游客 9.2 万人次，同比减少 1.7%。实现旅游外汇收入 46.08 亿美元，同比下降 3.9%（折合人民币 283.1 亿元，同比下降 4.6%）。①

入境旅游者在京旅游人均花费 1078 美元，同比增长 1.2%，人均天花费 254.23 美元，平均停留 4.24 天。花费构成中，长途交通占 27%；购物占 26.7%；住宿 16.7%；餐饮占 7.4%；娱乐占 4%；景区游览占 4.3%；邮电通讯占 1.7%；市内交通占 2.6%；其他占 9.6%。

2. 国内来京旅游

接待国内其他省市来京旅游者 1.56 亿人次，同比增长 5.8%，旅游收入 3628.9 亿元，同比增长 8.9%，人均花费 2324 元，比去年同期增长 2.9%，平均停留时间为 4.99 天。人均天花费 466 元，与上年基本持平。花费构成中，长途交通占 17.6%；购物占 28.2%；住宿占 20.2%；餐饮占 22.1%；娱乐占 0.6%；景区游览占 6.5%；邮电通讯占 0.3%；市内交通占 3.8%；其他占 0.7%。

3. 市民在京游

本市居民在京旅游人数 1.01 亿人次，同比增长 1.2%；旅游消费 368.1 亿元，同比增长 10.2%。人均花费 364 元，同比增长 8.7%。2014 年，全市共接待国内旅游总人数 2.57 亿人次，同比增长 4%；国内旅游总收入 3997 亿元，同比增长 9%。

（二）全市旅游企业与旅游资源基本情况

1. 星级饭店

截至 2014 年底，全市共有星级饭店 554 家，其中五星级 65 家；四星级 129 家；三星级 203 家；二星级 147 家；一星级 10 家。全市星级饭店平均出租率 57.6%，平均房价 513.1 元/间天。2014 年，全市星级饭店营业收入 255.9 亿元，比去年同期减少 7.8%。

2. 旅行社和导游员

截至 2014 年底，北京市共有旅行社 1602 家。其中，有特许经营中国公民出境业务的旅行社 443 家。全市有导游证（IC 卡）的人员 39083 人，其中：中文导游 26726 人、英语导游 8263 人；特级导游 2 人、高级导游 237 人、中级导游 2172

---

① 魏冰：《北京旅游产业发展对策研究》，《北京工商大学学报》（社会科学版）2004 年第 5 期。

人、初级导游 36672 人。出境领队 13666 人。

2014 年,全市旅行社接待入境旅游者 109.8 万人次,同比减少 10.1%;接待国内旅游者 317.2 万人次,同比减少 0.7%。北京市特许经营中国公民出境游业务的旅行社组织出境旅游(首站)410.2 万人次,同比增长 23.9%。

3. 旅游景区(点)

截至 2014 年底,北京共有评 A 的旅游景区(点)227 个,其中 5A 级 8 个、4A 级 72 个、3A 级 95 个、2A 级 44 个、1A 级 8 个。2014 年,全市 A 级及其他重点景区(点)共接待游客 2.87 亿人次(含年月票人数),同比增长 7.3%;营业收入 65.7 亿元,同比增长 5.7%。

4. 乡村民俗旅游接待村(户)

据北京市统计局、国家统计局北京调查总队统计:截至 2014 年底,乡村旅游接待户 1.7 万户,同比增加 652 户,从业人员 6.9 万人,同比减少 2%。接待乡村旅游人数 3825.4 万人次,同比增长 2%;乡村旅游收入 36.2 亿元,同比减少 3.7%。北京市旅游发展委员会认定市级民俗村 227 个,共 9970 户。

5. 北京旅游咨询中心

截至 2014 年底,北京共有旅游咨询中心(站)347 家,当年接待旅游咨询 1025 万人次。

6. 旅游直接从业人员

2014 年,全市住宿业、旅行社、旅游景点和乡村旅游接待等四大行业直接从业人员 35.9 万人,同比减少 0.6%。

第二节 北京旅游业的经营现状和问题

一、北京旅游业的经营现状

北京市委市政府认真贯彻中央精神,提出了"人文北京、科技北京、绿色北京"、"建设中国特色世界城市"的发展战略,并把旅游产业确定为首都经济的重要支柱产业,制定了《关于全面推进北京市旅游产业发展的意见》。北京作为一座拥有三千多年历史的古都,有着深厚的历史底蕴、浓郁的人文色彩,最早建城于春秋战国时期,先后有蓟城、燕都、燕京、大都、北平、顺天府、北京等不同时期的名字,并做过燕、辽、金、元、明、清等朝代和中华民国的都城、首府,现在也是中华人民共和国的首都和四大直辖市之首,因而在旅游产业快速发展的今天,现在坐拥天时、地利之便的北京市可以说正处于大力发展旅游业的机遇期。

一是具备发展的优势。从自身发展来看,北京旅游产业起步早,在规模上和产值上都居于全国领先水平,旅游总收入约占全国总收入的1/5,而从国内比较来看,北京经济社会发展水平在全国居于前列,人均地区生产总值超过1万美元,旅游产业依托的经济基础雄厚。

二是具备资源的优势。据统计,北京全市共有文物古迹7300多项,其中故宫、长城、颐和园等更是享誉海外,北京有3000多年的建城史和850多年的建都史,文化古迹众多,同时北京也具有深厚的文化底蕴,拥有许多非物质文化遗产,如胡同文化、京剧文化、小吃文化等;而2008年北京奥运会的召开,更是为北京添加了诸多的现代感,留下了丰富的奥运遗产和国际知名度。[①]

三是具备区位的优势。北京是首都、政治中心、经济中心、交往中心、国际重要赛事和会议举办地,消费人群和潜在消费者极为庞大,并且还有为北京旅游发展奠定了便利条件的良好的综合交通体系和市场区位优势。

近年来北京市旅游业在公共服务体系的构建、国际旅游交流、区县旅游等方面都有一定的发展和进步,北京旅游市场稳定发展繁荣。

(一)旅游业管理依法推进

北京市重启旅行社等级评定,以提升旅游服务质量和游客满意度为核心,研究创新旅行社、导游员管理与准入机制措施,首批60家旅行社榜上有名。34家星级饭店、4家A级景区被取消资质,16家星级饭店、8家A级景区被限期整改,旅游星级饭店和等级景区管理及评定与复核工作认真严肃,社会反响强烈。旅游行业节能减排工作成效明显,主要做法被中央电视台、新华网等50余家新闻媒体刊载或转载。行政许可事项精减合并,行政审批工作更加注重引导和延伸服务,工作效率和效益同步提升。乡村旅游加快发展,市级民俗旅游村和京郊旅游新业态数量不

---

① 刘志华、李京颐、陈文力、黎嶷:《北京旅游产业集群判定及可行性分析》,《商业时代》2012年第2期。

断增加。① 重点景区周边一公里范围内的环境、交通、设施、购物、秩序等综合整治，游客反映的突出问题得到阶段性解决。建立协调联动的综合治理机制，会同北京市公安、工商、城管、交通等部门，安全管理有序推进，应急处置能力进一步增强，全年实现旅游安全生产责任零事故。2013 全年出动 35 万人次执法人员，"一日游"市场秩序逐步好转，旅游投诉受理工作成效明显，为游客挽回直接经济损失 400 余万元。

（二）旅游相关设施建设逐步完善

景区、民俗村、乡村旅游游客服务中心、停车场、厕所和游览导视牌进一步改造升级，全市旅游景区交通标识牌和 A 级旅游景区 5 种文字全景牌得到改善，旅游景区的基础设施更加便利化、配套化、规范化、智能化。延庆旅游集散中心完成改造，建成北京旅游咨询天安门站，推出中英文版"i 游北京"APP 手机智能终端，110 家 A 级景区自助导游系统和 30 家 4A 级以上景区虚拟旅游项目正式运营。全国旅游系统首家旅游产业运行监测调度中心建成，创新节假日发布 40 个重点景区游览舒适度指数及周边道路、气象相关信息。

（三）完善旅游公共服务体系

北京市制定了《北京旅游信息化发展规划（2014—2016 年）》和旅游咨询服务管理规范；编制了区（县）"十个一"和景区"九个一"便民服务工作达标创优细则；完善了市旅游咨询服务中心、区（县）旅游咨询服务中心、旅游咨询站三级管理机制，年接待游客突破了 1150 万人次，创造了历史新高。"旅游进社区"项目荣登"2013 年中国旅游公共服务创新 TOP 10"榜单。北京旅游网 2013 年 Alexa 全球 3 个月综合排名 5 万位，居全国政府旅游公共服务官方网站之首。

（四）区县旅游各具特色、各有发展

北京市各区县按照北京市旅游总体部署，各自发挥区位、资源优势，形成了各具特色的发展。石景山区着眼自身优势，推出茶文化节、狂欢之夏、光影文化季、洋庙会四季旅游活动。丰台区圆满举办了第九届中国（北京）国际园林博览会，为都市旅游注入了新活力。房山区充分利用独具特色的人文历史和地质科普资源，推进文化观光游向历史文化体验游、山水观光游向地质科普体验游转型。门头沟区树

---

① 高凌江：《北京旅游产业素质升级的机理分析及其建议》，《中国经贸导刊》2012 年第 29 期。

立"文化引领、文游合一、农游合一"新理念，稳步推进全域景区化建设。通州区积极推进与湖南张家界、四川广元等国内城市的区域合作，打造京东生态旅游线路。顺义区努力打造新产品，"时尚休闲、多彩顺义"品牌初步形成。昌平区推进精品旅游景区建设，积极拓展营销渠道，提升"爱上昌平"品牌影响力。大兴区打造"三农"品牌，农业观光园和民俗旅游成效明显。东城区、西城区、朝阳区、怀柔区、平谷区、延庆县等都发挥着自我优势实现旅游资源合理运用，总收入实现新突破。

（五）旅游业从业人员素质日益提升

北京组织开展了第十四届"首都旅游紫禁杯"评选表彰活动，表扬了旅游行业100个先进集体和200名先进个人，先后完成了全市3万名导游员年审、22684名人员"百千万"京郊旅游培训、19647名导游员和领队的资格考试及400余名4星级以上饭店、4A级以上景区总经理和副总经理的集中培训；广泛开展了旅游行业的职业技能比赛、安全知识竞赛和导游员大赛等活动，采取创先争优与典型激励相结合、集中培训与技能竞赛相结合等方法，收到很好的效果。

（六）北京深入国际旅游交流与合作

组织北京家庭赴莫斯科开展旅游交流活动，习近平主席出席俄罗斯"中国旅游年"开幕式时给予了高度肯定；全年接待法国大巴黎区、美国芝加哥、加拿大渥太华、意大利米兰、丹麦哥本哈根、芬兰赫尔辛基、韩国京畿道和厄瓜多尔旅游部等10多个城市和地区旅游部门及拉美国家部分市长议员的来访，组织20多批次的境外出访。成功召开第五届"9+10"区域旅游合作会议，达成"2013北京共识"，倡导成立了入境旅游、旅游媒体、旅游研究机构和旅游投资促进四个合作联盟，区域旅游合作机制进一步完善。对口援助工作取得新进展，宣传对口地区旅游资源，组织三省三区对口地区参加北京大型展会和旅游管理干部培训。发挥首都旅游发展联席会作用，推动跨行业、跨部门旅游综合项目落实，促使社会资源向公众更多开放。

与世界城市的旅游产业相比，北京旅游产业也存在一些差距。从国际旅游人数来看，北京接待入境旅游人数只有450.1万人次，而巴黎、伦敦、纽约、东京等旅游发达城市均在500万人次以上，有的甚至达到1500万人次；从旅游创汇能力来看，北京全年旅游创汇仅40多亿美元，而纽约为280亿美元，伦敦为160亿美元。

进入21世纪之后，北京旅游产业迎来了一个飞速发展的时期。"十二五"期间，北京地区人均地区生产总值超过1万美元，第三产业比重超过75%，仅2011

年一年，北京旅游业就首次实现了三个"突破"：一是全国旅游总人数突破2亿人次；二是入境过夜人数突破500万人次；三是旅游总收入突破3000亿元。基于以上分析，加快推进旅游业发展，增加旅游业产值，使之成为北京经济发展的支柱产业，进而转变北京经济发展方式是北京未来一个阶段的重要战略目标。①

二、北京旅游业的经营问题

（一）旅游景区（点）方面

旅游景区（点）出现的问题会直接影响到每一位游客的旅游体验，因为旅游景区（点）是支撑旅游产业发展的基础。目前，北京旅游景区（点）主要存在以下问题：

1. 旅游景区（点）受季节影响较大

这导致部分景区（点）在旅游旺季时往往出现游客"井喷"现象，景区（点）人满为患、景区（点）道路车满为患，不仅使景区（点）不堪重负，也使游客的旅游体验大打折扣。

2. 景区（点）分布较集中，且部分景区（点）存在过热现象

如东城区就汇集了包括天安门、故宫博物院、国家博物馆、毛主席纪念堂、前门大栅栏、王府井商业街等一系列著名景区（点），而与之相对的是周边区县旅游景区（点）相应较少。同时，景区（点）集中的区域又往往是游客聚集最多的区域，很容易造成景区（点）游客爆满，秩序失控等问题，以2011年北京地坛庙会为例，开幕仅仅5天，就已经造成167人与家人走散，这也要求景区（点）和政府不得不投入更多的工作人员和资金来维持秩序和安全。

3. 旅游资源开发度低

目前北京旅游资源开发基本处在满足于一般观光旅游需求的接待状态，与观光和休闲度假相结合的社会需求相比存在明显的不适应。城区古都区风貌保护区的旅游资源潜力还没有整体开发出来，京郊旅游资源尚未充分显现出在环境保护、农民致富、农业增收、农村发展上应有的带动效应。尤其是边远郊区县，其拥有的旅游资源未得到有效开发，仍停留在以北京本地人为主的近郊旅游阶段。

---

① 马波:《中国旅游业转型发展的若干重要问题》,《旅游学刊》2007年第12期。

4. 旅游集成度低

单体旅游项目多、旅游要素聚集区、服务区少，旅游服务在"吃、住、行、游、购、娱"等环节缺少必要的整合，重点景区周边"一公里"从环境、设施到服务都不同程度地存在着不统一、不协调等问题。缺乏有整体带动力的旅游大项目增量，除鸟巢、水立方等奥运资源外，目前支撑北京旅游的主体资源基本上还是"故宫、长城、天坛、颐和园、十三陵"等老五件。

5. 消费服务能力跟不上旅游需求

旅游消费的社会需求巨大，但围绕着旅游者"必购、必吃、必住、必看、必玩"的旅游消费服务能力亟待提升。

6. 景区管理机制缺管活力

目前北京仍有一批重点旅游景区（点）是按照事业单位方式管理的，这些景区（点）服务好坏与员工绩效不挂钩，员工缺乏开拓市场、服务游客的激情和活力，不能适应旅游市场的发展需要，也难以满足旅游者多样化、个性化的服务需求。

7. 旅游监管力度不足

相对于常规旅游企业的价格较高、服务人性化不够等问题，黑车、黑导游则具有价格便宜，服务定制化等优势，目前在北京旅游市场上就存在不少的黑车、黑导游，各种"一日游"更是名目繁杂。旅游管理部门限于自身的资源有限，难做到全面和严格的监管，这也给了这些不正规旅游组织得以生存的空间。

8. 旅游专业人才不足

旅游从业人员水平参差不齐，旅游专业人才还不能适应加快建设国际一流旅游城市需要，推动旅游经济和旅游产业发展的高级公共管理人才，职业经理人，旅游业与城市化融合发展、与其他产业融合的复合型管理人才缺乏，使得旅游业与新型城市化要求不相适应。

（二）旅游消费方面

旅游消费是提高地区旅游收入的主要途径，也是展现地区旅游特色、扩大旅游品牌影响力的重要方式。目前来看，北京旅游消费主要存在以下问题：

1. 旅游购物环境欠佳

由于北京旅游商品行业由众多中小企业组成，行业格局较为散乱，旅游商品质量与售货员服务态度都有待提高，且存在导游带领游客去定点商场购物等现象，使得广大游客较为反感。长此以往，将给旅游商品消费的促进带来了十分严重的负面影响。

2. 旅游商品销售方式单一

目前北京旅游商品的销售主要有两个渠道，一是景区当地的商品销售网点；二是与旅游社合作的定点商品专卖店。前一种一般价格较为合理，但由于其规模不大，加上自由经营能力有限，商品开发能力不足，往往导致商品种类单一，游客购买意愿不大；而后一种由于存在旅游社和商店的合作关系，导游也涉及入购买利益链中，因而其价格往往高于正常价格，且存在销售折扣因人而异的情况，使得游客购物时缺乏安全感。

3. 入境游产品附加值低

在旅游产业发达国家，游客购物比重一般占到旅游消费总额的40%~50%，而北京旅游消费中这一比重仅为25.3%，仍存在着较大的差距。

（三）旅游食宿方面

1. 星级酒店（饭店）区域分布过于集中

截至2012年底，北京市共拥有星级酒店612家，其中朝阳区、海淀区、西城区和东城区均拥有星级饭店超过70家，为第一梯队；昌平区、丰台区、房山区和怀柔区拥有星级饭店超过20家，为第二梯队；其他区县不足20家，为第三梯队。

2. 星级酒店（饭店）同质化程度高缺乏竞争力

随着旅游市场的逐步发展，多元化已经成为当前星级酒店的发展发向，但北京星级酒店在建筑形象、产品和服务组合以及经营管理方式等方面仍然同质化、同构化程度较高，星级酒店的建设、管理和经营仍需进一步提升内涵和个性化。与旅游产业发达国家相比，民族品牌的竞争力依然存在较大差距，尤其是顶尖酒店品牌的国际影响力薄弱。

（四）旅行社业方面

旅行社业是旅游产业发展的重要组成部分，在旅游产业链中发挥着重要的桥梁作用，其发展的好坏直接影响到旅游需求能否及时高效地转化为经济增长力，促进地区经济发展。目前北京旅行社业主要存在以下问题：

1. 旅行社业务滞后于需求变化

随着经济发展和时代变化，旅客的旅游方式已逐步从"走马观花式"的观光游转变为体验更丰富、过程更舒适的个性游。在旅游产业发达国家，早已形成包括观光、休闲度假、商务旅游、会议展览、修学和特种旅游等种类丰富的旅游产品，并根据游客的不同兴趣、设定因人而异的个性化旅游路线,而北京旅行社业中仍以提供观光型旅游产品为主,依赖旅游资源,缺乏文化内涵,个性化和舒适性不足,且对于散客方式的多种类旅游市场开拓不足。

2. 管理不规范

为了争夺市场,大多数旅行社仍以打价格战为主要手段,进一步导致旅行社服务质量不高,人员责任心不强,使整个行业处于无序竞争的恶性循环之中。就业门滥较低,也导致行业从业人员水平参差不齐,不重视从业人员的培训。利益分配的不标准化,也使得导游、领队等各个利益相关者都想从游客身上谋利,从而降低游客旅游体验。据统计,2011年北京旅行社被投拆最多的10个问题是:不按时退还押金、擅自变更旅游行程、降低住宿等级、减少游览项目、缩短游览时间、增加购物次数、因团款纠纷而侵害游客合法权益、强制或变相强制游客自费、导游服务不达标、对老年人多收费。

第三节 北京旅游业发展趋势与对策

一、北京旅游业的发展趋势

(一)市场需求呈不断扩大趋势

随着国民收入的增加和人民生活水平的提高,越来越多的中国人加入旅游活动中来,构成了一个庞大的旅游需求和消费市场。到2020年人均GDP将达3500美元左右甚至更多,这将进入世界旅游界公认的旅游业爆发性增长阶段;国家扩大内需的经济发展方略和加快推动服务业的发展,将为旅游业进一步发展创造新的机遇;中国对外开放的进一步扩大,将为我国旅游业在国际市场和世界舞台更好地发挥作用,创造更为有利的条件;中国政通人和,社会安定,将成为世界上最安全的旅游目的地之一;随着对现行休假制度的完善和带薪休假制度的落实,将形成巨大的国内旅游消费市场。①

---

① 董雪旺、智瑞芝:《关于旅游产业地位的思考》,《旅游学刊》2004年第6期。

（二）规范旅游市场秩序的进程加快

随着社会主义市场经济的建立和完善，旅游市场体系也在逐步完善，旅游行业和管理部门，针对旅游市场中某些不合理不规范的行为，正加大力度进行整治，切实加强规范化管理。

（三）市场需求呈现多样化多层次性

由于旅游者的社会经历、经济收入、个人兴趣爱好、受教育程度、职业、性别等等不一样，旅游者表现出不同的市场需求，这种市场需求随着旅游者要求的变化而变化，并呈现出多样化和多层次性。

（四）旅游市场竞争呈现多角化

随着旅游业在各地的兴起，各类旅游饭店拔地而起，旅行社如雨后春笋般出现，使得竞争加剧。而目前的竞争又表现为多方位和多角化竞争，不仅有来自行业内部的竞争，还有各行各业办旅游所带来的竞争，来自潜在竞争者的竞争，替代产品的竞争等多个方面。

（五）旅游市场格局出现新的变化，产业融合势头强劲

在新的发展阶段，我国旅游业处于发展的关键期，既有重要的发展机遇，又有严峻的挑战。我国旅游业已处在"市场转型期、矛盾凸显期、管理提升期"，面临着优化产业结构、转变增长方式、提升发展质量和水平的艰巨任务，迫切需要由粗放型经营向集约化经营转变，由数量扩张向素质提升转变，由满足人们旅游的基本需求向提供高质量的旅游服务转变。为此，北京旅游业在今后一段时期要完成促进旅游产业体系建设，全面提升旅游产业素质，综合发挥旅游产业功能三大任务，达到培育新型重要产业的战略目标。

二、北京旅游业的发展对策

基于北京与世界一流旅游城市的发展状况对比分析，我们可以看出，北京目前虽然在旅游产业总产值方面具有一定优势，但从旅游产业结构和质量水平上仍然存在不小的差距。结合文中前述各章的分析以及对于北京旅游产业的SWOT战略分析的结果，本文分析认为，在北京旅游产业发展的当前状况下，应坚持走以差异化战略为主，辅以集中化的客户竞争战略组合，打造具有东方文化特色的世界一流旅

游城市是北京旅游产业发展的未来方向。① 提出建议如下：

（一）尽快制订和完善旅游管理政策、法规

2013年4月25日由第十二届全国人大常委会第二次会议表决通过我国第一部专门的旅游法律《中华人民共和国旅游法（草案）》（以下简称《旅游法》）。《旅游法》分总则、旅游者、旅游规划和促进、旅游经营、旅游服务合同、旅游安全旅游监督管理、旅游纠纷处理、法律责任、附则9章112条，自2013年10月1日起施行。它的出台，标志着旅游产业正式走向规范化，对促进旅游产业的全面协调可持续发展意义重大。北京作为全国重点旅游城市，应根据《旅游法》的相关规定和精神，结合北京旅游产业发展现状和特点，尽快制定和完善更适宜于北京地区的政策、法规，加强保障旅游者和旅游经营者的合法权益、规范市场秩序，保护和利用旅游资源等方面的工作，为北京迈向世界一流旅游城市提供坚实的政策法规保障。

（二）快推进旅游产业与周边产业的融合

虽然近年来北京旅游产业发展迅速，总量增长明显，各类促进措施不断推出，但总体来讲还是围绕着星级酒店（饭店）、旅行社、旅游景区等传统、狭义的旅游业展工作，仍是以旅游景区的人文自然观光游为主。与国际一流旅游城市相比，旅游产业附加值依然较低，亟须探索增强旅游业与文化、科教、商贸、工农业等资源或行业融合发展的长效机制，需要加强与文化、文物、规划、城建、国土、商务、园林等资源管理部门以及交通、环保、民政、广电出版等协调管理部门在统筹资源、发产品、创新服务、有效监管方面的统筹协调联动，以形成多产业联动，互相促进，共同发展的良好局面。②

（三）逐步消除限制旅游产业发展的体制机制壁垒

受我国历史上长期的计划经济体系影响，北京许多旅游景区仍是沿用传统的旅游资源管理框架，依托遗址遗迹、文物古迹、自然生态等公共资源成立事业型管理机构。这一模式直接导致旅游景区市场化不足、管理服务理念官僚化等后果，不仅阻碍了景区自身的建设发展，也影响了全市旅游产业的更好发展。③ 除此之外，旅游资源管理、城市房屋产权、商业商铺经营、旅游客运审批等诸多方面也存在多头

---

① 苏伟忠、杨英宝、顾朝林：《城市旅游竞争力评价初探》，《旅游学刊》2003年第3期。
② 董雪旺、智瑞芝：《关于旅游产业地位的思考》，《旅游学刊》2004年第6期。
③ 黄月玲：《旅游经济学》，北京交通大学出版社2012年版。

管理、条块分割、产权复杂等体制机制问题。因而在北京建设世界一流旅游城市的过程中，必须敢于跳出传统思维，善于运用市场手段，逐步地消除制约旅游产业发展的陈规旧矩，为北京旅游产业的发展提供良好的运行基础。

（四）注重旅游产业的区域整合

以产品和市场为核心，推动北京与周边城市间旅游信息共享、互联互动，拓展合作领域，加强国内旅游板块间的合作。如建立首都旅游经济圈等。同时在国际层面，积极拓展东亚周边旅游圈，加强与东京、首尔等城市的旅游合作，共同打造东方文化旅游圈。

世界经济正在发生深刻变革与调整，经济全球化、区域一体化趋势深入发展，加快推进区域旅游合作和一体化进程，比以往任何时候都显得更加重要和紧迫。国家"十二五"规划明确提出了打造"首都经济圈"，这一经济圈的构建必将推进《中国旅游"十二五"发展规划》中指出的"旅游将成为城镇居民生活的基本内容和刚性需求"，必将对扩展旅游市场、提升旅游品牌、推动旅游产业升级有着非常重要的推动作用。

（五）加大文化旅游和特色旅游的开发力度

文化旅游和特色旅游作为新型的旅游模式，具有附加值高、环境成本低、品牌影响力大的特点，也是打造城市旅游品牌的最佳途径。例如西班牙的西红柿节、东京电影节、巴黎时装周等，不仅给当地带来了丰厚的经济收入，也进一步加深了城市的国际影响力。北京旅游产业要在国际上增强自身影响力，必须加大文化旅游和特色旅游的开发力度，缩短与国际一流旅游城市的差距，打造自己的旅游品牌。

（六）加强公共服务设施建设

公共服务设施虽然并不直接影响旅游产业的收入，却会对游客的旅游体验有着至关重要的影响。从目前来看，国际一流旅游城市都有着较为先进的公共服务设施，北京在未来一段时间内，必须在这一方面加大财政投入，建立良好便利的公共服务设施环境

（七）注重旅游管理人才的引进和科技投入

人才和科技投入是战略能否得到顺利实施的保障。北京虽然拥有2000多万的人口，但专业的旅游管理人才依然匮乏，为数众多的旅游企业缺少先进的管理理念和方式，亟须引进一批高素质旅游人才以适应旅游产业迅速发展的情况；另外，科

技手段对于提高旅游管理水平,改善旅游体验有着不可替代的作用,积极发挥科技在旅游产业的作用,对于快速推动旅游产业的发展极为重要。

第四节 北京旅游业主要经济数据

表1 2014年北京区县旅游业综合收入情况　　　　　　　　单位:亿元

	2014年	2013年	增长(%)
区县合计	3117.2	2909.3	7.1
东城	668.8	624.3	7.1
西城	419.7	403.3	4.1
朝阳	883.3	802.8	10.0
丰台	167.1	157.3	6.3
石景山	44.2	38.7	14.1
海淀	464.6	443.3	4.8
门头沟	20.3	19.2	5.4
房山	40.6	38.3	6.1
通州	28.6	25.9	10.1
顺义	57.0	53.5	6.5
昌平	98.4	93.5	5.2
大兴	50.8	47.4	7.1
怀柔	48.8	45.7	6.7
平谷	29.2	26.8	8.7
密云	41.9	38.6	8.5
延庆	54.1	50.7	6.7

表2 北京十大旅行社

排　名	旅行社
1	北京众信国际旅行社
2	北京凯撒国际旅行社
3	北京携程国际旅行社

续表

排　名	旅行社
4	北京中青旅旅行社
5	北京凤凰假期国际旅行社
6	北京青年旅行社股份有限公司
7	北京市华远国际旅游有限公司
8	中国妇女旅行社
9	北京市中国旅行社
10	北京市首都旅行社

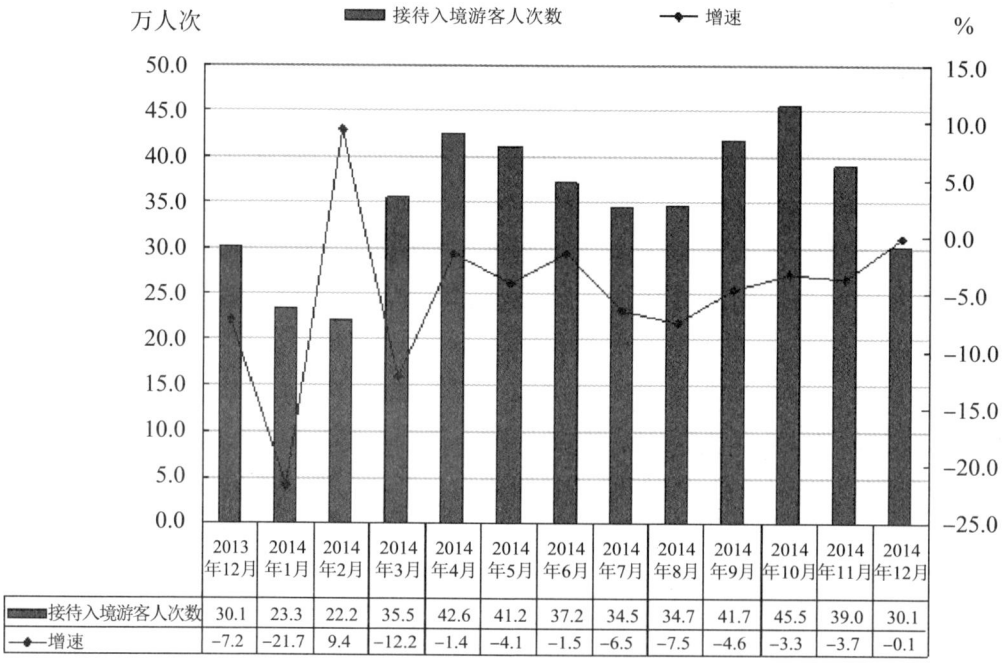

图1　2014年北京接待入境游客人次数

表3　2014年全国公休假期北京旅游接待情况

假日	接待人数（万人次）	同比增长（%）	旅游收入（亿元）	同比增长（%）
春节	974.7	12.3	43.8439	13.0
国庆	1133.8	0.1	77.6478	-1.2

（本章执笔：贾国钦）

第十一章　北京广播影视业发展研究报告

第一节　北京广播影视业概述

近年来，随着改革的节拍，我国的广播影视业繁荣发展再上新台阶。而北京作为中国文化创意产业发展的核心城市，在广播影视业发展上始终处于全国龙头地，并取得了许多值得借鉴和学习新成就：着力提高传播力引导力，新闻宣传创新取得重要进步；重点工程进一步推进，广播影视公共服务逐步升级；广播影视产业加速增长，内容市场日趋繁荣；视听新媒体发展驶上快车道，综合影响力进一步提升；广播影视数字化提速，推动现代传播体系建设升级；国际传播能力建设深入推进，国际交流与合作进一步加强；进一步强化引导和服务功能，政府管理更加科学有效。本报告将就北京市广播影视业发展现状与问题进行简要的分析与研究。

一、北京广播业简介

（一）广播业的经营简介

广播业是文化产业的一个重要组成部分，根据文化产业定义，广播业的定义为：按照工业标准生产、再生产、储存以及分配广播产品和服务的一系列活动，即指从事广播产品与服务的生产经营活动以及为这种生产和经营提供相关服务的行业。"广播业"这一概念，强调的是广播活动所具有的经济特性。也就是说，其采编、制作、播出、传输广播节目的单位是通过提供各种有偿服务来获得产值，属于生产广播节目产品、提供节目和信息服务的产业部门。因此，我们可以这样定义广播产业，它是从事广播电视产品的生产、流通、信息服务和以广播电视为内涵的各种服务活动或部门的集合。

同时，广播业本身具有文化产业的双重属性，即意识形态和产业双重属性。这也是其区别于其他产业的一个最本质特征。广播作为宣传工具、舆论喉舌，具有明显的意识形态属性，突出体现在新闻宣传报道中，它有着舆论导向的作用。同时，广播在具有意识形态属性的同时，还具有产业属性。其产品是一种物质性和非物质性相融合的精神产品、信息产品，具有商品性，绝大多数产品要进入市场进行交换，参与市场竞争。同时，广播电视也拥有巨大的和可待开发的产业功能，也就是它的经济属性。如涉及到新闻宣传的文化、体育频道和节目、视音频产品的生产设施、用以发布广告的节目时间段、传输信号的有线和无线网络等等，都是广播电视的有价资产。

（二）北京广播电视业的基本概况

2013年，北京市完成4个区县9个乡镇155个行政村的广播工程建设，率先完成直播卫星工程，实现全市广播电视户户通。持《广播电视节目制作经营许可证》的机构达到1678家，较上年新增534家、注销253家；持《信息网络传播视听节目许可证》的机构130家，新增3家、注销6家。总体来说，全市的广播电视业呈现稳步发展的良好态势。

2013年，北京市拥有中央广播电视台2座和地方广播电视1座，中央公共节目34套，地方公共节目套数25套，其中中央电视台较上年增长7套节目，有了明显提升。全年公共节目播出时间604884小时，其中中央电视台播出时间432014小时，地方播出时间172870小时，中央公共节目播出时间较上年大幅提升。①

同时，北京市贯彻党中央"以提高能力和素质为核心，全面加强党的建设和队伍建设"的思想，坚持吸引、培养、使用好各类人才，努力推动全市广播繁荣发展。不仅坚持正确用人导向，选好配好领导班子，北京市同时还不断加强各类专业人才的培养，重点做好影视创作、新媒体、国际传播等人才培养，扎实推进专业技术人才知识更新工程培训项目。

二、北京电影业简介

（一）电影业的经营简介

电影是根据"视觉暂留"原理，应用照相（以及录音）手段把外界事物的影像

---

① 《北京统计年鉴2013》，中国统计出版社2013年版。

（以及声音）摄录在胶片上，通过银幕放映（以及还音）来表现一定内容的视听活动。电影是科学技术与艺术相结合的产物，随着计算机、数字化和网络化技术的广泛应用，电影出现了数字电影的新形式。它是电影技术从无声到有声、从黑白到彩色、从胶片到数码形式的"第三次革命"。电影活动包括了电影制片、发行和放映三个经营环节。

电影业是以电影的制片、发行和放映三个行业为主，同时包括电影的后产品的开发（如音像制品、电影频道、相关图书、玩具等）以及与电影相关的市场活动的总称，属于第三产业中娱乐业的一部分。其主要功能是通过视听技术传递艺术形象信息，为人们提供审美、娱乐、宣教服务。电影业的经营是围绕电影产品的制作、发行、放映而形成的经济活动的集合，电影产业链是电影制作、电影发行、电影院线和影院的整体链条的统称，它反映的是电影产业单位公司之间的经济生态系统。制片、发行、放映是电影产业链的主要组成部分。

（二）北京市电影业的经营概况

1. 北京市电影制作状况

2013年，北京市共制作生产电影故事片222部，占全国生产总数的34.8%。较2013年的243部作品，北京市2012年度电影故事片制作数量有小幅下降，降幅小于全国故事片制作的下降幅度，因此，占全国故事片生产比重反而较上年度上升近10%。

数量充足的从业人员，是近年来北京市电影业加速增长、竞争实力不断增强的坚实基础。截至2012年底北京市共统计有影视节目制作单位从业人员39321人，长期职工35324人，这一数据在全国直辖市的电影从业人员中遥遥领先。

2. 北京市电影发行放映状况

2013年，北京市新增影院15家、银幕94块，其中增加3D银幕达到52块。电影放映单位总数达150个，放映场次共计137.82万场，其中城市电影137.69万场，公益电影21.64万场；二级市场0.12万场，共拥有820块银幕，其中3D银幕196块，IMAX巨幕5块，3D和IMAX银幕占总银幕数的36.70%。在电影单位个数逐年下降的情况下，北京市电影产业不断整合，发展一直呈现良好态势。

2013年北京市共有4288.46万人次观众进入电影院观看电影，较上年增长8.44%，其中院线影院观影人次为4250.30万，二级市场38.16万人次。电影票房总收入达18.6亿元，较2011年增长2.37亿元，增长幅度为14.6%，低于上年水平。

三、北京电视业简介

（一）电视业的经营简介

电视业以有线电视基础设施为传播媒介，拥有极广的覆盖率和包括电视剧、电视动画、电视节目及电视广告在内的丰富的产业形式。其中，电视剧是北京电视业经营的主要形式。

电视剧是一种专为在电视上播映的演剧形式。它兼容电影、戏剧、文学、音乐、舞蹈、绘画、造型等现代艺术诸元素，是一种适应电视广播特点、融合舞台和电影艺术的表现方法而形成的现代艺术样式。与电影一样，电视剧也有制作、发行和放映环节，同时也包括电视剧的后产品的开发（如音像制品、电影频道、相关图书、玩具等）。近年来，随着网络、手机等新媒体的普及，电视剧的制作、发行、营销都受到了不同程度的影响和改写，行业内公司上市和并购热潮也引人注目。

（二）北京市电视业的经营概况

北京市拥有中央电视台和地方电视台各一座，中央公共节目34套，地方公共节目26套。2013年全年公共节目播出时间达397096小时，其中中央电视台播出时间270113小时，地方播出时间126983小时，较上年有小幅增长。

2013年北京市电视剧产量总体平稳，作品质量不断提升。全年共制作电视剧87部，占全国总制作数近20%，与上年基本持平。其中，出口电视剧40部，占全国总出口量16.5%。尽管从数量上看，2013年北京市电视剧出口数与2012年出口量98部相比，有了较大幅的下降，但是2013年出口的40部电视剧为北京市带来了2290万元的出口额，比上年小幅下降259万元。由此可见，北京市的电视剧制作质量在2013年有了极大的提高，不再仅仅追求制作数量的增长，转而更加注重作品的质量，并在海外市场赢得了广泛的认可。

第二节 北京广播影视业经营现状和问题

一、北京广播业的经营现状与问题

(一) 北京广播业的经营现状

从总体上来看，北京广播电视业的基础设施近几年逐步完善，截至2013年底，北京有线广播电视传输干线网络总长达到21.97万公里，占全国有线广播传输干线网络总长的5.7%，远高于其他城市和地区。

北京广播电视节目综合人口覆盖率亦均高于全国水平，自2012年起，北京市广播节目综合人口覆盖率就已达到100%，并拥有26套公共广播节目，2013年，这一数据保持稳定。

广告是传统广播经营创收的主要来源，2008年以来，受世界经济发展放缓的影响，媒体广告资源总量增长收紧，广播广告却持续保持了高速增长。2012年，北京市广播广告收入10.93亿元，增长11.57%，高于全国平均增长水平。① 面对全国普遍的广告资源紧缩和新兴媒体的冲击，北京广播电视业加大广告营销创新，一方面推出品牌节目，强化广告价值；另一方面加快媒体融合，在融合中扩大受众规模，在广播广告创收方面取得了优异的成果。

以北京广播电台为例，北京人民广播电台是北京市收听市场排名第一的广播电台，并占有较大的市场份额，在新媒体快速发展的产业环境面前，北京广播电台不断的调整经济策略和完善管理体制，剥离除新闻性专题以外的节目人员，成立了节目制作中心，实施制播分离的政策，以丰富和高质量的广播节目吸引听众，达到了较高的社会知名度和广泛的社会影响力。在此基础上，北京广播电台在广告收入上屡创新高，2012年以7.2亿元的广告创收在北京市乃至全国广播媒体中独占鳌头。②

---

① 中国电影报2014年第一期统计数据，以国家新闻出版广电总局电影资金办统计数据为依据，统计日期为2014年1月6日，数据时间范围为2013年1月1日—12月31日。

② 北京市新闻出版广电局网站统计数据，网址：http://www.bjrt.gov.cn/zwgk/xytj/index.html。

（二）北京广播业的经营问题

1. 法制建设不够完善

从世界范围内看，广播业发达的国家都建立了完整的法律体系，依法保护和推动广播业的发展。在广播业最发达的美国，1920年第一家广播电台诞生，1927年美国颁布了《广播法》，此后随着广电业的发展，颁布了《1934年联邦电信法》等新法，并根据需要不断修订现有法律，仅《版权法》自1976年以来就修订了46次。完善的法律体系有效地保障美国广播业的有序发展。与之相比，我国广播管理除了国务院颁布的《广播电视管理条例》，就是国家广电行政管理部门下发的法规性文件，行政性大于法律性，其中许多政策规定都是临时性的，今天发个文件"限制"这个，明天发个通知"禁止"那个，缺乏长期实施的效力。法律体系的不完善，还影响了顶层设计，难以从国家层面建立广电传媒业发展长期稳定的战略框架。

2. 管理体制滞后发展

20世纪八九十年代建立起来的"四级办台"体制，在一定时期推动了我国广播业的快速发展，随着传媒业格局的调整和新媒体的兴起，按照行政区划建立起来的"四级办台"体制问题日益显现，每级广播电台只能覆盖同级行政区域，行政级别高的广播电台挤压行政级别低的广播电台，广播电台的发展空间随着行政级别的降低逐步缩小，县级广播电台特别是西部经济不发达地区的县级广播电台基本失去了市场价值，只能依靠财政拨款勉强"糊口"；层级分开、条块分割，阻碍了广播资源的整合，难以形成全国广播大市场。加之，国家对广播频率资源和信号传输功率的管控，既不允许地方广播电台跨行政区域异地办台，也不许加大信号发射功率异地覆盖。与广播媒体受到严格管控相比，新媒体的发展环境则要宽松得多，虽然没有采访权，却可免费转载或以近乎免费的"白菜价"使用传统媒体的新闻资讯、音视频资料，可以无偿使用网民上传的文字、图片、音频、视频，使得新媒体迅速发展壮大，成为传统媒体强有力的竞争者，甚至有朝一日会成为传统媒体的"掘墓人"。

3. 主体性质模糊不清

我国各级广播机构没有公共电台和商业电台之分，既不能像国外公共电台那样无须考虑经营创收，只讲覆盖率不讲收听率，专心致志地埋头提高节目品质，承担起国家舆论引导、文化传播和公共服务职能，担负起提高全民文化素养的职责；也不能像商业电台那样成为市场经营主体，在国家法律规定和行政许可范围内，努力创新节目形态和内容，千方百计吸引公众注意力，挖空心思提高收听率，以收听率换取广告投放量，以最小的成本投入赚取最大的经济效益。我国广播电台作为国家事业单位，具有党和政府的喉舌的性质、意识形态的属性，决定了其必须把社会效益放在首位；政府对广播电台的财政拨款有限，又鼓励广播电台积极开展广告营销，大力开发广播市场，发展广播产业，努力开辟经济渠道，提高经营创收能力，不断增加经营收入。广播电台既要讲社会效益又要讲经济效益，既要发展事业又要发展产业，"事企不分"的模糊身份，无法明确的市场主体地位，让广播电台不可能充分参与市场竞争。

4. 观念陈旧思维落后

在广播产业发达的西方国家，广播网站和新媒体已成为商业电台节目播出、品牌推广和经营创收的重要平台。我国广播网站建设和新媒体发展虽然与西方国家同时起步，但我们是"醒得早、起得晚"，绝大多数广播网站还只是"内网"，处于"闲置"或"休眠"状态；用办广播的思维办广播新媒体，形似而神非，难以打开市场。何以至此？客观地说，我国广播界早已认识到发展网络广播和新媒体的重要性，看到了台网融合、新旧媒体融合是广播发展的必然趋势，问题出在了观念和思维上。比如，国家行政主管部门把网络广播电视台定性为播出机构，管理体制决定了运行机制，运行机制决定了办网模式，用办广播的思维来办网站，基因还是广播电台的，靠其发育起来的广播网只能是广播电台的"复制品"，新瓶装旧酒，换汤不换药，致使广播网无法成为真正意义上的新媒体。新媒体与传统媒体差别不是名字、传播载体和接收终端的不同，用传统媒体办出来的新媒体依旧是传统媒体，用新媒体思维办起来的媒体才是真正的新媒体。观念陈旧、思维落后，加上投入不足，这样建起的广播网和新媒体内容单一、功能不足、使用不便，既不能满足公众"一网天下"的信息需求，也无法满足公众使用PC、iPad、手机、数字多媒体终端的多样化、细分化、个性化、碎片化和即时性、伴随性的收听需求。许多广播网成了"摆设"属情理之中，新媒体产业成为广播电台新的经济增长点还有很长的路要走。

二、北京电影业经营现状和问题

作为全国文化中心，北京有着电影产业发展最为齐全的要素。置身于世界电影产业发展脚步逐渐放缓的大环境下，近年来北京不仅持续带领全国各省市屡创票房新高，更在不断吸引来自全国、全世界的各类电影企业"扎根"首都、寻求商机，打造出全国最完整的电影产业链。2013年,北京市广电局深入学习贯彻党的十八大、十七届六中全会精神,以满足人民群众精神文化需求作为出发点和落脚点,大力扶持精品创作,着力推进影院建设,不断促进市场繁荣,全面提升电影公共文化服务水平,电影事业产业取得新发展,实现新跨越。

(一)2013年北京电影业制片业发展现状

1. 2013年北京电影制片业现状概述

作为电影产业链中最为关键的环节,电影制作的发展与创新深刻影响着各省市电影市场。而各地对于电影制片企业的吸引力也在一定程度上决定了该地区电影产业的发展潜力。制片者,包括电影制片厂、影视音像制片公司、独立电影制片人等。从类别上分,我国的制片机构主要有国有、民营两种,它们具有不同的特性。北京有着电影产业发展独特的媒体资源,全国的影视企业大佬虽然"籍贯"各有不同,但都非常青睐北京这个全国电影产业中心。随着近年来北京电影院线市场的发展,制片方都会尽可能把电影制作的全程工作搬到北京来做,既能及时掌握市场动向,又能够随时向北京媒体发布消息。例如,多年处于电影产业龙头地位的华谊兄弟,在浙江横店完成注册后就将公司总部落户在北京,并且带来了其经营的所有主要业务,经常把大型活动、重要影片观众见面会选在北京,基本上成为了一家"地道"的北京企业。

2013年,北京地区电影创作呈现出创意活跃、类型丰富、佳作不断、持续繁荣的良好态势,全国制作的638部电影中,有222部产自北京,《西游降魔篇》《致我们终将逝去的青春》《狄仁杰之神都龙王》《私人定制》《中国合伙人》《北京遇上西雅图》等商业影片赢得良好市场业绩,作为"北京制作"电影的代表,先后创下票房奇迹,让同档期进口大片黯然失色。在产量稳步增长的同时,电影作品的艺术质量进一步提升,类型化、多样化的创作格局进一步巩固,《周恩来的四个昼夜》《一代宗师》等重点影片注重主流文化价值与普通观众欣赏需求相结合,实现了思想性、艺术性、观赏性的有机统一。

总的来说,2012年北京地区制片生产有以下特征:

第一,类型片在商业上屡获成功日趋成熟。类型片是中国电影市场细分的产物,它的成功标志着中国电影市场更加成熟。纵观2012年北京地区制片者取得优异票房成绩的影片,从光线传媒的《致我们终将逝去的青春》《中国合伙人》到华谊兄弟参与出品的《西游降魔篇》《狄仁杰之神都龙王》,无一不是典型的商业类型片。以《致我们终将逝去的青春》和《中国合伙人》为例,这两部分列2013年国产片票房第二、第五的影片，都可以被归为类型片中的青春片。两部影片无论是市场定位还是观众群都是很清晰的，就是当下主流的年轻观影受众，因此讲述与青春有关的故事，就成为其核心内容。而在剧情中设置与青春有关的元素就更容易拉近与观众的距离。例如《致我们终将逝去的青春》中设置的那种女追男的疯狂桥段虽然发生在上个世纪90年代，但却更契合当今"80后"、"90后"对待爱情的态度。《中国合伙人》则让各个年龄层的观众都可以找到让他们深有感触的东西，三位大学同学30年的成长历程，从追逐美国梦的失败，到实现中国梦的变迁，略带一丝伤感的剧情基调，不同时代鲜明的视觉烙印，都在触动着当下的人们怀旧的内心情感。①

第二，传统大制作电影颓势。2013年传统意义上的大制作电影在票房上表现较好的只有《西游降魔篇》和《狄仁杰之神都龙王》，而这两部影片最引人关注点饿宣传点其实是导演品牌、明星与新技术运用，由于电影观众的观影习惯已经逐渐培养起来，审美趣味也在不断成熟，脱离社会现实、肆意胡编乱造的故事越来越引起观众反感。国内的一线导演开始思考如何用一种更加悲天悯人的态度，处理好商业需要与历史尊重、奇观展示与人性关怀、历史情境还原与意识形态阐释的关系，这也成为对这类创作题材必然面临的严峻考验。

第三，中小成本电影质量显著提高。2013年中国制片业出现了一大批有创意、有情怀、有精神、有探索的中小成本电影，中小成本电影不再只是主流商业院线的"补充"，而是成为了贯穿2013年的最大看点之一。全年国产影片票房前10名中，轻题材的中小成本影片占据了过半席位，以小故事小题材引起观众共鸣，成为在城市工作生活的年轻人自身的代言形象持而获得观众的认可。在连续多年的大片垄断时代后，"轻电影"走向了中国电影产业的主流，电影产品结构正在逐渐趋于合理，并凭借独特的选材、视角和表现手法拓展了国产电影的创意能力，拓展了国产电影的生存空间，也多层次、多方面地散发出了电影的内在魅力，《致我们终将逝去的青春》《小时代》《中国合伙人》都是个中代表。

2. 北京地区主要制片影视企业分析

（1）大型国有制片企业——中影集团

中国电影集团公司，是中国内地最具实力的电影公司，成立于1999年2月，拥有全资分子公司15个，主要控股、参股公司近30个，1个电影频道，总资产28

---

① 尹鸿、梁君健：《从解放生产力走向提升竞争力——产业化改革十年来的中国电影制片业》，《当代电影》2012年第7期。

亿元。中影集团是中国内地唯一拥有影片进口权的公司，而且是中国产量最大的电影公司之一。

2013年中国影集团共出品电影17部，呈现出类型创作多元化、题材丰富化、合拍项目成绩突出等特点，为很多中小成本影片开发了市场空间，兼顾了商业片和艺术片创作，并在一定程度上为新生代影人提供了发展机会。其中影片《中国合伙人》和《富春山居图》分别获得53926万元和30014万元的票房。除此之外，中影还积极参中外和派项目，年内共有6部合拍片上映。

但是，中影集团近两年来一直缺乏由其主导的一线电影项目，同时部分影片的票房收入也不太理想。中影在制片业方面的乏力，也凸显了中影作为国家文化体制改革的重要试点单位，在改制过程中的暴露的体制机制问题。对中影而言，目前的当务之急是要尽快转变经营理念，大力培养或引进熟悉市场运作规律的核心制片人才，同时找到一条适合自身的发展道路，使企业以最快的速度适应产业化带来的挑战。

（2）大型民营制片企业

民营制片企业是北京地区电影产业的一道亮丽风景线，活跃的民营制片企业已经逐渐成长为成为了电影生产的中流砥柱。在这其中，以华谊兄弟、博纳影业、光线传媒在2013年最为活跃，成为大型民营制片企业中的佼佼者，这三家公司目前均已上市，在更加充沛的资金流的支持下，显现出更为强大的能量。出品现象级作品的黑马公司也多是新兴的民营企业，安乐（北京）电影、华视影视、和力辰光等北京新生代影视公司也凭借单片高票房之作进入人们的视野。制片企业专业优势不同，因此在发展路径上有所区别，但是其总体的发展策略却又有不谋而合的地方，即着力完善产业链条的布局，不断提升企业的抗风险能力。

A. 华谊兄弟

华谊兄弟传媒股份有限公司，是中国内地一家知名综合性民营娱乐集团，由王中军、王中磊兄弟在1994年创立，1998年投资著名导演冯小刚的影片《没完没了》、姜文导演的影片《鬼子来了》正式进入电影行业，因每年投资冯小刚的贺岁片而声名鹊起，随后全面投入传媒产业，投资及运营电影、电视剧、艺人经纪、唱片、娱乐营销等领域，在2005年成立华谊兄弟传媒集团，是知名的综合性娱乐集团。2009年9月27日，证监会创业板发行审核委员会公告，华谊兄弟成为了首家获准公开发行股票的娱乐公司，10月30日，华谊兄弟在深交所A股创业板上市。

2013年，华谊兄弟全年归属上市公司股东净利润为6.67亿元，同比增长幅度172.74%，截至年底，随着《私人定制》的上映，华谊兄弟达成电影票房30亿元的全年目标，相比2012年21亿元的票房成绩，增幅达到40%以上，全年共发行6部影片，凭借其中几部高票房作品稳居北京乃至国内民营电影公司第一位成绩亮眼。无论从出品电影的影响力还是票房来看，都是制片企业之最。

尽管商业大片为华谊兄弟赢得票房的同时还赢得了口碑，对公司的电影业务收入做出了巨大贡献。但是，商业大片需要大额资金的投入，如果投资的少数商业大片票房表现不好或因公映档期等原因不能获得较高的投资回报率，就可能引起电影业务收入增长的波动。因此，华谊兄弟将进一步完善公司影视业及艺人经纪服务业的产业链，充分发挥电影、电视和艺人经纪这"三驾马车"之间的业务协同效应，以资本运作为支撑，加快向多层次、跨媒体、跨地区方向的扩张作为发展战略，力图在平衡发展中降低电影制片业的风险，并提前制订好了次年的拍摄计划。

B. 光线传媒

光线传媒2013年发展态势良好，在制片业表现尤为突出。其电影业务的优势在于较强的发行能力与隶属于传媒集团的集团效应。光线传媒集团进入电影行业之初涉足的是发行业务，而其他两大业务：电视节目制作与演艺活动经营也为集团提供了充足的现金流，不会使集团整体业绩受高风险的制片板块的冲击。

2012年，公司共投资、制作、发行9部电影，包括《厨子戏子痞子》《致我们终将逝去的青春》《中国合伙人》《不二神探》《四大名捕2》等，全年实现票房23.2亿元，同比增长46%，约占全国国产片票房总收入的18.2%，电影收入及毛利率同比略有下降。

从光线传媒2013年度报告中可以看出公司电影业务投入287622401.74元，较2011年同期降低12.29%，同时，在光线传媒的三项业务中，电影营业成本比重占到了近60%的比重，远远超过栏目制作和广告业务及电视剧业务，足见光线传媒对电影业务的投资倾斜。

2013年，光线传媒实现营业收入9.04亿元，同比下降12.54%；电影业务占营业收入总额50%以上，达到5.01亿元，同比增长131.53%。证明了影片制作是光线传媒在的核心业务，电影业务的表现直接影响光线传媒全年利润。①

C. 博纳影业

博纳影业集团是一家拥有强大资本背景支持的涉及电影制作、发行、影院投资、院线管理、广告营销、艺人经纪的集团化公司。以发行作为企业发展的起点，

---

① 《光线传媒2013年年度报告》，网址：http://quotes.money.163.com/f10/ggmx_300251_1329984.html。

在市场上站稳脚跟之后随后向制片、影院投资等业务领域挺进。2010年11月24日，在纳斯达克成功上市之后，博纳获得了更为充足稳定的资金流，在制片业务上也颇为亮眼，显现出企业不俗的投资眼光和专业的操盘能力。

2013年全年，博纳影业制作与发行了11部，累计总票房达12.4亿元，较上年增长72，占国产片总票房的10%，其中动作片和喜剧片共6部，全年制作发行影片累计位列民营公司第三位。根据其2013年中期业绩报告显示，博纳影业上半年总影业收入7157万美元，上半年净利润238.77万美元，同比增长11.10%。纵观全年，博纳影业出品的电影中票房最高的影片为《一代宗师》，首部华语3D灾难片《逃出生天》内地票房过亿，《激战》《非常幸运》等片也均有不俗表现。

（二）2013年北京电影发行业发展现状

1. 2013年北京电影发行企业市场份额分析

北京地区电影业进口影片的发行市场主要由国有独资的中影集团进行寡头垄断，2013年，中影共发行81部影片。在对国产片的发行上，中影虽然整体表现不如民营发行公司，但是凭借对进口片的垄断发行和对国内数字电影的垄断发行，在北京市的发行市场中，仍牢牢占据第一的地位。

另一方面，北京民营发行公司成长迅速，发行量多稳步增长。其中，华谊兄弟依托强大的制片能力，靠6部影片的发行量与中影保持微弱的差距，一系列市场反响良好的影片大大提高了华谊的发行效率。建立强大地面发行网的光线影业自2012年凭借《人在囧途之泰囧》跃居发行公司前列之后，2013年更加强营销，其一系列以"青春、怀旧"为旗号的中小成本电影发行业绩颇佳。成立于2011年依托互联网背景的乐视影业发展迅速，2013年以7部电影10亿元票房的成绩跃居第四位，其线上导流加线下导购的O2O推广营销模式和针对年轻受众的精准营销都颇具成效，并对未来电影营销提供了一种新型模式。

2. 电影发行业和放映业的博弈

2013年，电影发行和放映方面的纷争也一直不断，2012年底五大发行方与院线方的分账之争便暴露出发行环节的脆弱及中国电影产业盈利模式的单一。分账之争以"华谊兄弟"最后一刻妥协所引发的发行商同盟瓦解而告终，这场看似毫无预兆的电影产业链上下游的冲突，却恰恰折射出中国电影产业利益重新分配和产业格局改变的迫切现实需求。与高速发展的制片和放映两端相比，发行环节的发展赶不上整个产业更新换代的速度，存在诸多问题。

事实上，发行方的失败实在是意料中的事。所谓的"分账之争"由来已久，经过十几年时间的磨合、争取，发行方将分账比例从35%提高到了45%。随着电影市场行情的波动，即从卖方市场到买方市场的转变，制片与发行方的卖方优势逐渐让位于院线的买方市场，加之院线内部联盟的松散结构，即院线并不能独立掌控影院的事实，45%的比例已基本触底。为此，中国电影市场的收入结构亟须改善，不能过度依赖票房获得收益，而需寻求新的获利方式。反观成熟的电影市场，如北美电影市场，票房收入在收入结构中仅占据很小的比例，出售电影版权，开发动漫游戏、制作玩偶贴标，建立主题公园等盈利方式才是电影公司的主营业务。因此，国产电影市场需要拓展产业链，制片与发行方可以通过做强电影品牌来开发电影衍生产品，院线则可以借助影院的配套设施发展餐饮娱乐业务，双方协力从整体上做大中国电影市场。

3. 2013年北京地区电影营销公司综述

电影营销就是把影片作为产品的所有推广活动，企业借助电影这个平台展开的营销包括宣传推广、公关活动、广告招商、版权交易等。随着电影产业化改革的全面推进，越来越多的资本开始涌入电影营销市场。2013年北京地区各电影发行、营销公司手段丰富多样，充分利用新媒体时代下的各种营销方式，充分分析市场，实现了电影营销的专业化发展。如帮助企业在电影前期植入广告和进行商务合作的瑞格传播、聚思传媒；或是做后期的影片宣传、商务、广告等专业的第三方营销公司如麦特文化和光合映画。

其中，成立于2008年的麦特文化从《风声》的全案营销打开知名度，2013年独立执行《小时代》《致我们终将逝去的青春》《全民目击》等影视项目的宣发营销，并逐步转型投资制作，潜力颇为业内所看好。和颂世纪由演员个体品牌的宣传发展到电影的营销推广业务，与万达影视、华谊兄弟、中影、安乐影视等保持合作关系，2013年参与营销的《西游降魔篇》和《北京遇上西雅图》都取得了不俗的成绩。光合映画衔接影片从投资到发行的上下游环节，2013年《厨子戏子痞子》就是其营销佳作，灵活运用了改片名、与万达院线合作套拍宣传片，与各类网站、媒体、热门APP展开合作等多种方式。

（三）2013年北京电影放映业发展现状

1. 2013年北京电影院线发展现状分析

2013年北京城市院线累计放映电影137.82万场，比上年增加17.95万场，增长14.97%；观影人次4288.46万人次，比上年增加535.85万人次，增长14.27%。

截至2013年底，中国城市院线数为46条，2013年院线票房冠军仍为万达院线，院线票房突破 30 亿元达到 31.6 亿元，上海联合院线以 18.4 亿元成绩取得亚军，中影星美以 18.32 亿元的票房紧随其后。观影人次排行前十的院线中，北京地区有万达院线、中影星美、北京新影联和中影数字院线分别列第一，第三、第八和第十。其中万达院线和中影星美年度总票房在 10 亿元以上，北京新影联和中影数字年度票房均在 5 亿元以上，在北京地区展现出主力院线规模进一步扩大，强者更强的态势。

以北京万达院线为例，万达院线成立于 2005 年，隶属于万达集团，是亚洲银幕数排名第一的电影院线，2013 年，万达院线以超过 30 亿元的票房高居国内院线之首，作为一家旗下各家影院都已资产为连接纽带的院线公司，万达最大的优势及特色在于依托母公司万达集团的商业地产来发展、建造影院，并且在发展中不断探索、打造具有自身特色的院线和影院经营管理模式。随着近年国内银幕数逐渐饱和，影院竞争加剧，资产联结性院线在统一排片、同一品牌、统一管理上更具优势，经营效率更高。

截至 2013 年底，万达院线共有影院 150 家，银幕数 1315 块，其中 3D 银幕 750 块，座位数 17.3 万个。近年来，万达院线依托"影院+广场"的运作模式和雄厚的资本实力始终保持良好发展势头和票房成绩，连续四年稳居国内首位。①

万达院线之所以能够蝉联全国院线票房冠军，其在影院市场营销方面的思路值得借鉴。万达院线提出"精确制导，分众营销"的营销理念，结合每一个影院所在城市地域文化和电影消费特点的差异，提供了不同种类的影片配餐。②

2. 2013 年北京影院整体发展情况

2013 年，北京市广电局继续实施新建多厅影院补贴发放政策，对 2010 年 8 月至 2011 年 12 月新建的符合条件的 14 家影院开展补贴发放工作，共发放补贴 3000 多万元，推动影院建设快速发展和布局日趋合理，带动了影院建设步伐的加快和电影市场的进一步繁荣。2013 年，在京新增影院 15 家，影院总数达 150 家；新增银幕 94 块，银幕总数达 820 块，人均银幕数位居全国首位，其中 IMAX 影厅 5 个，3D 影厅比上年增长 52 个，总数达到 296 个。

全国票房收入前 10 名影院中，北京影院有 5 个，分别为北京耀莱成龙国际影城、首都华融电影院、北京 UME 国际影城双井店、北京 UME 国际影城华星店、

---

① 朱玉卿：《"院线制"实施十周年回顾与分析》，《中国电影市场》2013 年第期。
② 严郁郁：《从万达集团并购 AMC 论全球电影终端市场变革》，《现代传播》2013 年第 3 期。

北京金逸影城（朝阳大悦城店），其中耀莱成龙国际影城以 9.2 千万元票房位居全国影院首位。影院数量快速增长、品质不断提升、排片能力和服务水平不断提升，为电影产业奠定了坚实基础。电影档期常态化趋势明显，影片上映排片趋于更加均衡与合理。

连续三年占据全国影院票房首位的北京耀莱成龙国际影城 2013 年票房达 9194.67 万元，且上升势头良好。该影城是由国际巨星成龙与耀莱集团共同投资打造的标准影城，位于北京五棵松体育馆北侧的华熙乐茂第五、六层，地处西长安街及西四环交会处，交通便利。影城拥有 17 个放映厅，包括了 14 个普通放映厅，一个 600 人超大厅，两个 VIP 厅，总座位数约 3500 个，建筑面积约 15000 平方米，是目前中国最大的电影院。影院放映设备采用意大利进口的 CHRISTIE 的胶片机和 CHRISTIE2K 的数字机；银幕采用进口的 Harkness1.8 和 Harkness1.4 的数字银幕。影院超大厅配备了 17 米高 24 米宽的巨幅无缝银幕，打造了北京单厅最大规模座位数的放映厅，同时也是亚洲唯一配备了升降舞台的放映厅。

同时，作为国内最大的成龙主题电影院，影城处处充满了成龙元素。以成龙主演的《尖峰时刻》和《我是谁》为主题，采用高级硅胶塑造各种神秘名人，立体式的场景展现着成龙大哥的经典电影桥段，片中的道具、海报墙和成龙塑像随处可见。以成龙影院宣传的噱头的主题影院模式给观众提供了一种全新的观影文化理念，同时也为其他影院的营销提供了一种新的模式。①

排名第七、第八的 UME 国际影城均属于 UME 影院集团旗下的影院，其取得不俗的票房收入，除了得益于优良的影院选址之外，更重要的是搭上了巨幕电影这个影视技术创新的快车。2010 年初风靡全球的《阿凡达》让"IMAX"巨幕电影进入中国电影观众的视野，《阿凡达》在全国 14 个 IMAX 影院的票房收入超过 1.6 亿元，占该片中国内地总票房的 11%，其中北京 UME 影城华星店 IMAX 单银幕票房就高达 2000 多万元。2013 年，在中国上映的拥有 IMAX 版本的影片多达 25 部，相较 2012 年的 18 部电影增长了 39%。年度票房排行前十的影片中就有六部具有 IMAX 版本巨幕电影，这不仅使普通观众有了更多机会升级观影体验，也给影院的票房收入提供了新的增长点。

3. 2013 年电影市场票房分析

2013 年，北京市电影票房收入 18.6 亿元，比上年增加 2.5 亿元，增长 15.44%，

---

① 《北京统计年鉴 2013》，中国统计出版社 2013 年版。

占全国总票房收入的 8.6%，位于全国城市票房总收入第三名。尽管 2013 年北京市的观影人次仍以 4247.68 万人排在全国首位，但是相比 2012 年，北京市的票房增速放缓，并被江苏省超过，票房收入总额下降一名。

三、北京电视业的经营现状和问题

（一）北京电视业的经营现状

1. 北京电视业基础设施覆盖率和总播出情况

从总体上来看，北京电视业的基础设施近几年逐步完善，截至 2013 年底，北京有线电视用户达 636.91 万户，其中城市有线电视用户数占家庭总户数的 125.06%，农村有线电视用户数占家庭总户数的 93.25%，均远高于全国平均水平，且近年来处于稳步上升的趋势。这在一定程度上反映了北京电视业的高普及率，此外，用户总量的庞大也是北京电视业普及程度的一个有力证据。

北京市拥有 100% 的电视节目综合人口覆盖率和 26 套公共电视节目，这为北京电视业的发展奠定了坚实基础。在电视剧和电视动画的播出数上，北京的总播放时间远高于全国其他地区，充分说明近年来北京市电视业繁荣发展的盛况。

2. 北京市电视剧业的发展状况

电视剧业是北京电视业的主要分支产业，2013 年北京市电视剧产量总体平稳，全年共制作电视剧 87 部，占全国总制作数近 20%，与上年基本持平，产业发展呈现出独特的地方特色，主要体现在以下几点：

第一，电视剧上市公司面临新挑战。北京市拥有四家电视剧上市公司，是电视剧制作和发行的主力军。2013 年，这四家电视剧上市公司的电视剧业务处于冰火两重天的状态。其中，华策和华谊的电视剧业务营收仍然保持快速扩张状态，而华录百纳和光线传媒的电视剧业务收入则出现萎缩，均有不同程度的下降。华录百纳和光线传媒的电视剧收入在 2013 年呈现出负增长，尤其是光线传媒，负增长率达 12.54%，尽管《古剑奇谭》《新闺蜜时代》《月供》等多部电视剧为光线传媒带来了不错的收入，但仍没有挽回电视剧业绩下降的局面。这种局面一方面是由于光线传媒将其发展中心向电影、广告等方面倾斜；另一方面也说明整个电视剧行业的发展在放缓。目前，电视剧的播出审核更加严格目前，传统的电视剧销售渠道被严重压缩，作为以电视剧为主营业务的公司，除了提供单剧单台的销售价格之外，只能拓展新渠道，而新媒体的兴盛则正好为主营电视剧业务的公司提供了新契机。

第二，网络电视剧版权价格呈现出爆炸式的增长。近年来，几大主流视频网站开始走上正版发展之路，版权价格一再攀升，100万—200万元一集的电视剧网络版权都被疯狂抢购，网络视频行业俨然开启"价格大战"模式，网络电视剧版权支出规模呈现出极高的增长。北京市有优酷土豆、爱奇艺、搜狐视频、腾讯视频、乐视网五大主力视频网站，占据了全国电视剧版权市场90%以上的份额，形成了庞大的网络电视剧市场，这个市场还在逐步扩大，预计明年这五家公司用于购买版权内容的支出将达到48亿元。①

就北京地区目前网络视频用户的规模和观剧方式来看，网络播放电视剧将占有越来越大的市场空间。那些制作精良和兴有创新题材的优质电视甚至可以卖出几百万元一集的价格。

第三，新媒体营销助力电视剧发行。网络杂志和博客营销是Web2.0下诞生的新媒体的代表，以它们为代表的新媒体营销已经走出了商业化的步伐，显露出无限的商机。2013年，北京伟德福思文化传播公司从情感策略出发，充分调动新媒体优势，通过打造不同凡话题和活动，使得主打"父子亲情"的育儿题材电规剧《小爸爸》未播先热，从制作期内便得到各方诸多关注，引发热议互动，营造了网状传播态势。伟德福思以新浪微博、微信、百度贴吧、论坛为宣传载体的做法，为北京其他电视剧公司运用新媒体营销做出了示范，展示了在电视剧业新发展态势下的宣传新思路。

3. 北京电视业收入状况

2012年，北京市电视业总收入307.93亿元，较2011年增长97.64亿元，增长率达46.43%；实际创收收入242.35亿元，较上年增长69.96亿元，增长率40.58%。北京市的电视行业收入增长远远高于全国平均水平，2012年全国电视业总收入增长率为20.29%，实际创收收入增长率仅18.23%，不足北京增长率的二分之一。同时，北京市广播电视业总资产达到801.12亿元，占全国总资产的10.81%，在全国各省、自治区、直辖市中稳居第一。

北京市电视业总收入的增长与广告收入的快速增长有直接关系。2012年，北京市广播电视业总广告收入为108.19亿元增长35.89%，增长率几乎是全国广告收入增长率的3倍，其中电视广告的收入为48.29亿元，几乎占广告总收入的一半，这一收入较上年增长15.74%，是为北京市电视业创收的一大亮点。

---

① 于帆:《网络院线：电影发行市场的新选择》,《中国文化报》2013年5月20日。

2012年北京市广播电视业的另一收入亮点是网络收入,尽管32.13亿元的网络收入仅占收入总额的10.43%,但是48.05%的年增长率充分证明网络市场这一视听新媒体将为广播电视业注入更多的新鲜活力。2012年,视频网站内容差异化发展战略日益清晰,节目自制能力快速提升,自制内容反向输出电视播出平台,网络视听领域迎来合纵连横谋求更大发展的全新时代。

4. 北京电视企业分析——以歌华有线为例[①]

歌华有线公司是北京市有线电视网络运营商龙头企业,作为北京广播电视台所属唯一的一家上市公司,主要运用电子信息技术,逐步由最初的有线广播电视传输商向广播电视网络综合业务提供商发展。近几年,歌华有线公司不断通过技术创新带动体制机制创新,公司经营业绩和用户规模逐年增长,已初步探索出了符合企业自身规律的可持续发展道路。2013年度歌华有线公司实现实现营业收入224961万元,同比增长2.16%;实现利润总额38411万元,同比增长27.93%。营业收入中有线电视基本收视费收入较上年同期增加6908万元,增幅6.81%;信息业务收入较上年同期增加5071万元,增幅10.91%,这与歌华有线积极开拓市场,落实三网融合业务发展规划,大力发展个人宽带、集团数据等各项信息业务有着紧密的联系。同时,因加强频道落地收转工作,实现卫视落地收入稳步持续增长,2013年频道收转收入较上年同期增加2656万元,增幅12.40%。工程建设收入比上年同期减少9927万元,下降34.4%,减少的主要原因系公司本期承接工程减少相应完工结转收入减少所致。

截至2013年底,有线电视注册用户达到524万户,比去年同期增长26万户;家庭宽带用户23.8万户,比去年同期增长4.4万户;歌华飞视用户26万户,比去年同期增长13万户;公司高清交互数字电视用户已达到382万户,比去年同期增长72万户。可以看出,2009—2013年,歌华有线公司数字电视用户增长率超过了有线电视用户增长率,表现出强大的发展势头,说明用户的收视习惯已经开始慢慢向数字化转移。同时,歌华有线公司还实现了连续12年重点保障期有线电视安全传输零事故。

面对网络电视,手机3G电视的挑战不断加快,歌华有线公司已经做出相应战略决策的调整,利用数字化、网络化契机,做强高清交互新媒体,开始加快有线电视网络由广播电视网向下一代广播电视网升级,模拟信号向数字信号改造进程,使

---

① 《歌华有线2013年年度报告摘要》,网址:http://app.finance.ifeng.com/data/stock/ggzw/600037/14591591。

用户由单向看电视向交互用电视的收视习惯转变，努力抓住这个跨越发展黄金期。2013年公司工作总体发展战略思路是：全面实施"一网两平台"战略规划和《三网融合业务发展规划》，大力拓展三网融合业务和新媒体平台经营，加快高清交互数字电视推广，深化内部体制机制改革，加快推进公司战略转型，高度重视并切实抓好安全传输保障工作，全力推进公司持续健康快速发展。

随着三网融合政策的出台，在新的形势下，对外投资经营作为提高综合实力的重要一环，歌华有线公司于2011年底成立专业化的投资公司——歌华有线投资管理有限公司。成立专业化投资公司的目的是寻找新形势下有线电视行业的投资机会，有利于进行开展跨行业、跨领域的投资活动，克服体制机制的制约，实施新环境下的战略投资布局是公司在市场中探索多条融资渠道做出的有益尝试。数字有线电视运营开展业务的基础是要有符合业务开展需要和技术标准要求的网络。为保证网络能够正常运行、业务能够正常经营，还需要相应的安全管理系统、网络管理系统、业务支撑系统等技术的辅助。由于歌华有线公司在业务运行中使用新技术而非创造新技术，因此歌华有线公司建立北京歌华益网科技发展有限公司，有利于公司将部分技术体系从母体剥离，从而把精力集中在业务求精方面。

歌华有线公司已经初步建立起一支业务精、素质高、知识结构较为合理的员工队伍。公司招聘首要考虑面向内部人员的招聘，有利于内部人员机构精简、合理流动和优化配置，保证了广大员工有很大提升空间，同时有效节约了人工成本，这对北京市各广播电视从业机构而言都是在人才储备方面极好的学习范例。

（二）北京电视业的经营问题

1. 同质化节目较多

为了贴合消费者日益多样化、细分化的需求，北京各电视台积极打造出一些有新意的节目，然而，这些节目一经出现就会遭到"模仿"，例如以《中国好声音》为代表的演唱比赛类节目，以《非诚勿扰》为代表的相亲类节目。这些节目虽有新意，但是多个同质化的节目在同一时期播出难免引起收视疲劳，也难达到节目预期的收视效果。

2. 创收来源单一

除了财政收入外，2012年北京市电视业的收入主要来源于广告收入和网络收入，而由数字电视带来的网络增值服务收入仅有0.47亿元，几乎可以忽略不计。这一方面反映了北京市电视产业单一的创收模式；另一方面也印证了数字电视发展的缓慢。在2012年的北京电视产业收入中，广告的比重是35.13%；有线电视网络收入的比重是 10.43%，这两项收入之和几乎占北京电视业收入总额的二分之一。①近 5 年来，北京广电业收入中广告收入和有线电视网络收入占比之和持续居高不下，而在有线网络收入中，绝大部分是基础基本收视费。这说明现阶段北京市广播电视新业务、新业态对产业增长发挥的作用还很小，特别是基于版权的内容产业还十分弱小。创新广电产业转变产业发展方式、寻找产业新增长极的任务十分艰巨和紧迫。这一特点在资源的层级与地区分割条件下，导致了节目和频率频道的同质化以及各层级各地区广播电视产业的同质化，粗放型发展现象突出。在三网融合环境下，广播电视特许经营的技术与政策条件已经消解，基础业务正在受到互联网媒体的严重侵蚀，如果不能在业务创新上取得重大进步，广播电视播出机构和有线网发展产业的体制红利将加快消失。

3. 缺乏有核心竞争力的商业模式

由于我国电视行业有着长久的事业单位历史，目前正在逐步开展体制改革，但是进程又不够快，未能将灵活的管理体制和完善的市场机制相结合。无论从广播电视台资金的投入、人才的引进还是从系统的产业规划、科学的资源开发等方面都尚未达到市场的要求，因此，拥有核心竞争力的商业模式难以成型。

第三节　北京广播影视业发展趋势与对策

一、北京广播业的发展趋势与对策

（一）北京广播业的发展趋势

随着数字技术、互联网和移动通信技术的研发和应用，传媒乃至整个信息传播领域都进入了基于这些新技术的新常态时期，广播业作为传统媒体，也不再是简单地将现有内容位移到互联网和手机等新媒介上，而是需要构建新常态下的新生产流程、新平台和新商业模式，需要突破过去以行业和媒介为区隔的思维模式，实现传

---

① 高长力：《2012 转折跨越中的中国广播电视节目》，《中国广播电视学刊》2013 年第 2 期。

媒运营和消费的深度数字化、移动化、社会化。

（二）北京广播业的重点对策

1. 完善法律制度体系

市场经济是法制经济，广播业的健康发展离不开完善的法律制度体系的支撑。加快建立以《宪法》为基础，《新闻法》、《广播电视法》为主体，行政法规、部门规章和地方法规、规章为补充的法律体系，依法规范广播管理机构、广播电台生产传播行为和广播产业从业人员的行为操守，把管理者和从业者的责、权、利画上等号；依法实施对广播生产、播出和传输的监管，减少印发"禁令式"、"通报式"等"临时性"、"短期性"文件，提高政府行政监管的权威性、长期性、规范性和合法效力。加快建立起法制基础上的广播机构制度体系，把法律法规贯彻落实到广播节目生产、播出传输、广告经营、产业发展的各个方面、全部过程。让广播业行走在法制的天空下，徜徉在制度的环境中，让全社会都能参与广播的监督管理，依法保障广播业健康有序的发展。

2. 推进广播业顶层设计

随着广播与新媒体的融合不断深化，广播的商业价值日益凸显、产业规模不断升级，迫切需要依法对现行的广播体制做出制度性调整，重新进行顶层设计，建立符合我国国情的广播体制和游戏规则，构建符合我国国情的广播发展战略框架。借鉴国外广播发展成功经验，尝试公共电台与商业电台分离，从现有电台中拿出1—2个频率办公共电台，保留行政级别，变差额拨款为全额拨款事业单位，完全公益化，着重于覆盖面、到达率，弱化收听率，不播出广告，不从事商业活动，做好舆论引导、文化传播和公共服务工作，在全社会依法监督下，承担起传播社会主义先进文化和提升全民文化素养的重要职责。让商业电台完全走向市场，明确市场主体地位，充分参与市场竞争，在法律框架下，开展节目生产、制作、包装、播出和销售，依托频率开展广告营销和市场开发，依托广播节目打造内容线下产业链，依托新媒体打造广播增值服务产业链，通过合资合作进入非广播、非文化产业领域，通过资本运作融资上市、扩大产业规模、壮大经营规模，实现做大做强。构建公共电台与商业电台定位精准、分工清晰、职责明确、协调发展的格局，逐步建立具有中国特色的广播发展体系。

3. 推进广播类型化发展

在传媒业不发达时代，社会阶层比较简单，广播电台选择走综合性频率发展路线，完全能够满足公众收听需求。改革开放36年来，我国社会结构正在发生深刻调整，社会阶层和人群结构分化加剧，不同地区、不同民族、不同阶层、不同人群收听广播的需求日益多元化，新媒体打破了人们收听广播的时间、地点和空间限制；人们收听广播也不再只是获取新闻资讯，更多的是为了满足休闲娱乐、获取生活服务信息的需求，综合性广播频率与人们收听需求、收听习惯、收听方式的不相适应日益显现。综合审视广播发展的内外环境变化，广播电台类型化已成为广播发展的大势所趋和时代选择。广播电台类型化建立在充分了解不同人群收听需求的基础上，频率定位更加准确，变"共赏"为"分赏"，从"大众"走向"小众"，更易于满足特定人群的收听需求，更有利于广告的营销；"时钟式"、"轮盘式"播出模式，内容资源重复利用，减少了采编人员，降低了运营成本；变数量有限的综合性频率"广播"为众多类型化频率的"窄播"，通过面向各个人群的小众化"窄播"，实现面向全体社会成员的大众化"广播"，实现广播本地化、差异化竞争。类型化广播节目编排更具碎片化特征，可以在新媒体上无障碍传播，乘新媒体发展东风，建立互动交流平台，让广大听众充分参与节目的制作播出，提高听众对广播频率的忠诚度，走出一条类型化电台的特色发展之路。

4. 发展现代广播产业

我国广播产业起步晚、主体少、规模小，亟待加快构建以内容生产和广告经营为核心的现代广播产业发展体系。加快培育自主经营、自负盈亏的市场主体，建立现代产权制度和现代企业制度，打造广播产业发展平台；发挥内容生产优势，大力发展内容生产制作产业，打造节目生产、制作和交易平台；充分发挥节目和频率资源优势，大力发展节目关联服务产业，打造广播衍生服务产业发展平台；加快发展新媒体业务，积极开发网络广播资源，推进新媒体终端产品开发、推广、营销和服务，开辟广播经营创收新平台；整合广播、广播网和新媒体的广告资源，发挥三种媒体在广告经营上的叠加效应，构建全媒体广告营销平台；积极拓宽融资渠道，引入社会资本，壮大产业规模，搭建资本运营平台；积极开展对外合资合作，建立内容产品海外推广营销机制，搭建起国际化广播发展产业平台，让广播业更加充分地参与国际市场竞争。

5. 实施全媒体发展战略

新媒体改变了媒介生态，构建了多元参与、双向互动的媒体传播新格局。加快实施全媒体融合发展战略，用新媒体思维建设、经营、发展新媒体，是各级广播电台掌握未来发展主动权的必然选择。新媒体搭建了广播媒体的社交平台，让公众通过短信、微博、拍客、播客、微信、易信等互动方式，全程参与广播节目的策划、制作和播出，满足他们主动选择、深层参与、多渠道互动、多终端收听的个性化选择需求，提高青少年、白领阶层和移动人群收听广播比例，提升广播的广告市场价值；创新广播节目形态，使广播的节目呈现方式由"单向线性非视觉"传播转化为"双向互动可视化"传播，满足PC、iPad、手机、数字多媒体终端受众群的个性化收听需求，延伸和扩大广播节目的有效覆盖率；充分发挥新媒体优势，创新广播新业态，丰富服务内容，增加服务渠道，开辟广播产业新领域，发展新媒体增值业务，推动广播产业全面升级，搭建起跨区域、跨领域、跨媒体的广播产业。

二、北京电影业的发展趋势与对策

（一）北京电影业的发展趋势

1. 电影发行互联网化时代的到来

互联网已经颠覆了很多行业，也为电影产业建立了一种新的商业模式。2013年，随着信息产业迅猛发展以及产业改革深化，互联网通过多种终端和渠道介入电影工业的各个环节。互联网电影工业有三个特点：一是发行渠道互联网化，即通过互联网，而非电影院线发行；二是生产过程互联网化，在剧本编写、影视拍摄的过程中通过互联网与粉丝互动，既可以扩大知名度，也可以吸收好的创意与点子；三是创意来源互联网化，在电影通过互联网发行之后，对各种点、评、赞的大数据分析，作为产品生产的依据。传统电影工业的赢利模式是票房，而互联网电影工业的收入模式目前主要是广告，互联网模式下的消费数量与收入规模之比，远低于传统电影工业。

2. 资本市场与电影业的融合趋于充分，理性投资于市场分工成为可能

作为全国文化中心，北京市的电影产业投融资环境拥有许多优势。2013年，北京市政府推动多层次资本市场建设，不断加大对包括电影产业在内的文化创意产业的投入，北京电影产业投资主体多元化的趋势进一步加强，投资规模也越来越大。除了此前北京市建立的每年5亿元文化创意产业专项资金外，2012年，市政府又统筹安排了100亿元文化创新发展专项资金，以支持公共文化服务体系建设、促进文化产品创作生产等。与此同时，银行也加大了对北京电影产业的支持力度。

第一，并购成为2013年北京市电影产业的最大看点。2013年，北京地区影视企业之间并购频繁，各大影视上市公司并购事件数目达到历年最多，包括华谊兄弟、光线传媒、华策影视、乐视网在内都有重大并购动作。分析其原因主要有三个方面：一是资本层面驱动。IPO 的暂停让国内众多拟上市影视公司开始尝试其他途径，利用被上市公司收购，变相成为资本市场的一部分。二是业务纵向扩展的需要。从公司业务多元化的角度来看，很多公司业务发展并不把自己定义为一个单纯的电影、电视剧或文化传媒公司，传媒公司布局产业链上下游，积极收购影视内容实现全媒体经验。三是主营业务提升的需要。由于传统渠道分行、精品剧版权价格不断上涨等因素带来的优质内容资源的稀缺性，使得对优质内容的兼并整合需求旺盛，企业谋求兼并业务类型相同的公司赢得优质资源，提高市场占有率。

以华谊兄弟为例，2013 年华谊兄弟完成三项并购，分别时横向并购浙江常升，提升电视剧板块实力；纵向并购耀莱影院，增加电影放映渠道；混合并购银汉科技，新增手游业务板块，扩展盈利渠道。自此，华谊兄弟的业务范围包括电影业务、艺人经纪、电视剧业务、游戏业务四大方面，全产业链发展的模式已具规模，综合性娱乐公司的打造已见雏形。

第二，投资模式日益多元化。2013 年，电影市场前景看好，引来各路投资纷纷加入，其中私募基金和风险投资对影视产业的投资连年猛增，投资对象已经不局限于传统的公司层面股权投资，在投资模式上呈现多元化发展的特点，例如项目投资、投资联动、院线投资、银行的分红直投、私人银行理财资金的进入等。尤其是北京市政府在政策面强调金融支持文化发展，使电影企业在"投资核准、信用贷款、土地使用、税收优惠、上市融资、发行债券"等领域全面受益。十八届三中全会通过的《中共中央关于全面深化改革若干重大问题的决定》指出，建立多层次文化产品和市场要素，鼓励金融资本、社会资本、文化资源相结合，吸引了大量资金流入电影产业，融资渠道的扩展已经成为电影产业走向繁荣的强大推动力。

（二）北京电影业的重点对策

1．"十二五"文化政策导向下，北京市电影业需完成由量到质、由大到强转变

从数量上看，北京市的电影产量遥居全国首位。但是从观众需求、时代要求和对发展社会主义先进文化的追求看，优秀作品数量偏少、作品整体质量偏低的问题日益突出，已经成为制约北京市电影业繁荣发展的主要瓶颈。根据《国家"十二五"时期文化改革发展规划纲要》的发布，北京市也需在电影创作生产、电影院线建设、电影发行放映等方面进行全面部署，响应国家号召积极促进影视创作繁荣和质量提升。尤其是在中国电影市场实现井喷的今天，无论是国有公司还是民营公司，都应把握住北京市在全国首屈一指的电影产业发展环境，增强实力，合理

产业布局,带动企业全面市场化升级,以期能更好地实现自身发展。

2. 充分利用互联网和大数据发展电影发行业

2013年,以互联网和大数据的应用深入为背景,利用网络和电子客户端提供服务已经成为北京市放映终端发展的一大趋势,网络售票模式以其便捷高效的特征成为主流。专门的票务网站如网票网、格瓦拉网等和电影社区网站如豆瓣电影、时光网等都推出了网络售票、手机 APP 并提供在线选座服务等。

3. 深入探索艺术放映

随着一线城市的逐渐饱和,影院投资开始往二三线城市流动,受其影响北京市2013年度电影总额下降至全国第三名,影院之间的竞争也日益激烈。迫于竞争压力及一些从业者对电影艺术属性的认同,北京市"千院一片"的情况正在转变,艺术放映的探索逐渐深入并走在全国前列。

一些市场主体进行了艺术放映探索并取得了不错的收益,除既有的艺术影院北京百老汇电影中心、北京尤伦斯当代艺术中心外,影院经营管理公司卢米埃影业旗下的多加影城均有参与,对《告诉他们我乘白鹤去了》《千锤百炼》等艺术影片、纪录片进行长线方远。卢米埃影业的《美姐》,一天排片3—4场,在其旗下的北京乔福芳草地购物中心店上座率超6成,票房占全国票房15%,该店专辟一个厅用于放映艺术电影,每周排映次数在5场次以上。

4. 理性投资,实现资本市场与电影业的融合

作为全国影视制作资源最为集中的地区,在电影企业和金融机构的共同探索和政府各种政策措施的大力推动下,2012年的北京电影产业投融资局面取得了新的进展。但是,业界仍普遍认为电影产业依旧投融资不足。究其根源,或许是在电影产业高速发展的过程中,影视企业自身在对投融资的控制和盈利方面出现了问题。如何提高盈利,最高效地运用投融资资金成为了关键。

由于北京是国内电影产业集聚程度最高的城市,大量的电影产业投资事件都在这里发生,所以这里也是电影产业投资基金最活跃的地方。北京市的国内龙头影视企业率先完善投融资使用,改善企业盈利状况,能为全国的影视产业发展起到典范作用。

首先,与其他投融资方式不同,影视或文化产业等投资基金进入电影企业或项目,往往不仅仅是单纯的投资行为,还需要提供特有的专业化管理,因此把投资公司一整套严格的风险控制机制、利益和责任约束机制,以及严谨的风险投资操作程序和规范沿用到电影产业领域中来,是解决目前电影产业投融资问题的根本对策。

其次,要挖掘电影全产业链价值实现影视企业的高水平盈利。电影产业链包括传统的制作发行放映的垂直一体化流程,在三网合一的背景下,从银幕向卫星电视、有线电视、互联网电视、手机等不同终端延伸,并向上下游不断拓展,形成影视基地、影视产业园区等衍生项目,并带动图书市场、音像市场和旅游产业发展的全产业链模式。以万达集团为例,万达从影院终端向产业链上游延伸,进入影视制作、影视经纪业务,同时利用地产优势向影视主题公园延伸,逐渐形成完整的电影产业链。

第三,建立制片业投融资倾斜机制。尽管目前资本已经开始越来越多地介入电影产业,但由于知识产权保护不佳,版权交易不规范,电影制片业投融资还存在较大风险,缺乏风险投资机构和金融贷款机构的积极介入,中小电影制片公司还较难获得风险投资和金融贷款来完成电影制片。因此,国家有必要以税收等经济手段,出台相关政策,鼓励并吸引多元化的投资者参与电影制片投资,建立更加完善的电影制片投融资机制。在政府的资金支持机制方面,虽然我们已设立了电影事业发展专项资金以及电影精品专项资金,但专项资金对制片环节扶持的力度明显不够。前者重点放在对影院的建设以及放映设备的改造上,促进影院改善了电影放映环境和放映技术;后者主要是对优秀影片的表彰奖励上,促进了制片人创作更好更优秀的作品,但属于事后奖励,对一部电影的拍摄启动帮助十分有限。

三、北京电视业的发展趋势与对策

(一)北京电视业的发展趋势

电视业的发展是同信息业的发展和传媒业的发展相联系的,并受信息传媒业的制约,它的发展是以信息业的发展和传媒业的发展为前提的。根据世界各国信息业的发展速度和基本状况来分析,作为信息业群中的重要产业部门,电视业必然会朝着更加现代化的方向发展,在组织形式上出现了集团化趋势;在经营方式上正朝着产业化方向发展,并按照市场经济的要求协调着传媒产业内部之间的关系和同其他行业之间的关系。在服务方式上除个别环节外,基本上实现了有偿服务,价格机制起着重要的作用。

2014年4月"一剧两星"政策出台,在电视剧行业内迅速引起了热议,这项新政策对北京市的电视业未来发展也有着十分重要的影响,电视台及相关制作发行单位都应根据政策及时对电视剧产业链条上的每个环节进行调整。影响最直接的肯定是电视台,很明显,"一剧两星"会使各一线卫视之间的竞争加剧,按照以前的四星拼播模式,各卫视分摊下来的成本较低、承担的风险较小,买方市场因热衷于拼大剧而不断扩大,也在一定程度上推高了电视剧的单集价格。"一剧两星"之后,从投入、回报的角度来看,各卫视成本、风险系数俱增,在众多电视剧及相关制作方的选择面前不得不更为谨慎,更多地去考虑究竟值不值得购买。总之,"一剧两星"让卫视有了去自主选择更多电视剧的余地,而作为卖方的制作方面必将会承担一定压力。电视剧制作单位有可能将面临全新的洗牌。卫视购买成本的增加导致其选择剧目时必将更加谨慎,要求电视剧在制作上更加精良。这在一定程度上会淘汰大量"粗制滥造"的剧目,以前走薄利多销的中小制作公司将会面临更严峻的挑战,一些公司可能因此被市场过滤掉。而大的制作公司因有资金和实力打造优质的剧目,则有望获得平台更多的青睐,资金伴随优秀的剧本、团队越来越往大的制作公司流动,从而形成良性循环。

(二)北京市电视业的发展对策

基于电视业的发展趋势,北京电视业的工作着力点应以基本业务、扩展业务和增值业务为龙头,以开办付费广播影视业务为突破口,带动网络发展,继续体现公益性、大众性,正确处理广播电视信息产业发展规模和服务质量的关系,把广播电视信息产业的规模控制在现有实力允许的范围之内,绝对地保证节目质量。在此基础上,通过多种形式的信息类业务服务和网络改造升级,为群众提供更多的服务项目,实现经济效益和社会效益的双赢。

1. 从运行机制着手提升软实力

北京市广电产业中社会单位运用资产的获利能力最强,资产运营效益最佳。"区县单位"资产运营效益相对较差。"市属单位"(包括北京电视台、北京人民广播电台)的资产运营效益居于两者之间,比全市平均水平略低。可见,"市属单位"虽拥有超一流的硬件设施,但巨额的资产却还未发挥出最大的效益,作为首都文化创意产业的核心业务,其产业链整合、品牌价值开发仍然任重道远。应通过改变运行机制来提高"市属单位"的资源配置效率和生产效率。

长期以来,国有电视单位各部门各自为政,缺乏全局观和效率意识,造成了无谓的资源浪费。比如,有些电视台内不同的部门之间沟通不畅,会出现几个部门对同一事件分别进行采访,这样浪费人力、物力和时间,增加了整个电视台的运营成本,也没有将整体优势充分发挥出来。所以,应该建立有效的内部整合机制,树立全局观,从注重对单个节目的绩效评价转变到注重电视台整体成本的降低和所有节目综合绩效的评价上来。建立良性管理机制的重点,是要在节目管理、经营管理、人员管理和分配管理上下功夫，切实做到责权利结合。因此，北京的电视业在运行机制上要突破行政化操作的束缚，减少管理的中间环节，重视节目生产过程中责、权、利的有机统一。应该说明的是，在电视台内部进行的一对一的承包管理改革，没有在节目市场上优胜劣汰的检验，依然是计划经济下的指令分配模式（类似当年的国企改革），对优化运行机制意义不大。

2. 给"区县电视单位"更大的空间，促进竞争主体公平竞争

根据市场竞争理论，为促进市场可竞争性，必须消除妨碍潜在进入者进入市场的法律，使潜在竞争尽可能起作用。潜在进入者对利润机会的迅速反应会有效约束在位厂商的行为。因此，进入程序应该透明规范。当存在利润机会时，进入程序应当尽可能地缩短进入进程。通过前面的数据分析，我们看到北京市18个区县电视台无论是在资产总额、盈利情况，还是节目制作播出方面都无法与市属单位和社会单位相提并论。18个区县的广电单位受观念、体制、播出平台、节目覆盖率的限制，无法"走出去"，更不用说拥有自己的品牌了。对北京地区的电视媒介的管理者而言，优化竞争机制要在国家政策允许的条件下，让各单位在广电产业运作中具有公平地位。比如目前有线电视对各区县自办数字频道的授权还没有放开，各区县自办数字频道只能给自己区县内的有线电视用户收看。数字电视时代，频道资源由稀缺变为过剩，这种政策性进入壁垒势必影响整个产业绩效的提升。目前普遍存在的一个误区是，由于媒介产业具有引导舆论的特殊功能，一部分管理者习惯运用行政命令的方式去调节电视市场运行。然而这样做的结果往往根本无法达到政策制定者的美好初衷，反而被逐利的电视媒介运营者利用来获取垄断利润。例如，广电总局曾经发文对在栏目播出过程中插播广告的时间长度进行限制，结果，不少电视台由于不能在栏目中间过多插播广告，就在栏目的开头和结尾增加广告时间，结果一样使观众的福利受损。这说明，用行政命令的方式去调节电视市场运作往往效果不佳，所以，有效保障市场竞争主体公平竞争，避免政策规则对市场竞争的干扰，才能真正增加电视产业整体绩效。

3. 优化竞争机制，降低市场集中度

产业组织理论告诉我们，市场绩效与市场占有率呈正相关。从前面的分析可以看出，就北京市广播电视产业来说，社会单位运用资产的获利能力最强，资产运营效益最佳。区县单位资产运营效益相对较差。市属单位的资产运营效益居于两者之间，比全市平均水平略低。而社会单位——众多的广电制作公司就是在竞争机制下顽强生存的，所以，建立富有活力的市场竞争机制是提高广电产业绩效的有效途径。作为电视媒介管理者，应该积极推进竞争机制，引导整个电视产业从寡占型向

竞争型过渡。这最终会有利于媒介绩效的整体提高。

4. 推进"制播分离",扶持优秀节目制作公司

制播分离改革实质上是成本核算精细化、生产流程方式变革和利益再分配问题。它将带动电视台从内部机制上进行改革,目前制播体制改革还处于起步阶段。在中国,电视节目的制作播出大多统一在电视台内完成,这种运作模式虽然为电视的喉舌功能提供了保险,但是由于缺乏竞争、缺乏市场活力,因而也就缺少创新动力和发展动力。制播分离就是电视台从节目交易市场上挑选购买符合自己需要的电视节目进行播出。其实质就是在原来没有任何市场中介的制作和播出两个环节中增加了市场交换机制,这个机制的目的就是为竞争提供空间。通过这个机制,会使得在制播合一的垄断模式下艰难生存的社会广播电视制作单位也可能获得更广阔的生存和发展空间。

目前很多电视台都开始在电视台内部实行制播分离,但这很难有普遍推广的意义,因为这只是一对一的一种承包,没有在节目市场上检验淘汰,依然是计划经济下的指令分配模式,还远远不是真正意义上的制播分离。广电产业的管理者应该在公平的前提下对于小规模媒介和新兴媒介重点扶持。例如,可以通过税收进行重点支持,在人才引进方面放宽对小规模和新兴媒介的限制。政府应该考虑制定促进电视产业发展的投融资政策和利税优惠政策以及鼓励电视产业"走出去"到各地扩张优惠政策等,通过这些措施的有效实施,可以做到激活整个市场,降低市场集中度的效果。

第四节 北京广播影视业主要经济数据

一、北京广播业主要经济数据

表 1 北京广播综合覆盖率（2012 年）

项目	2012
广播综合覆盖率（%）	100.0
农村广播综合覆盖率（%）	100.0
无线广播综合覆盖率（%）	100.0

表2　2012—2013年北京广播电台情况

年份	2013	2012
广播电视台（座）	1	1
公共节目套数（套）	25	25
全年公共节目播出时间（小时）	172870	172170

表3　2012—2013年北京广播节目综合人口覆盖情况及制作播出情况

地区		广播节目综合人口覆盖率	公共广播节目套数（套）
全国		97.79（%）	2637
北京	2012	100	26
	2013	100	26

表4　2012年北京广播广告收入状况

地区	广播广告收入	增长率（%）
全国合计	136.20	10.44
北京	10.93	11.57

二、北京电影业主要经济数据

表5　2012—2013年北京电影制作情况

项目	2013			2012		
	全国	北京	占全国比重（%）	全国	北京	占全国比重（%）
生产故事片（部）	638	222	34.8	893	243	27.2

表6　2013年北京电影放映单位情况

项目	放映单位数（个）	总银幕数（块）	3D银幕数（块）	IMAX巨幕数（块）	放映场次（万场次）	观影人次（万人次）	票房收入（亿元）
合计	150	820	296	5	137.82	4288.46	18.6
院线影院	150	820	296	5	137.69	4250.30	18.5
二级市场					0.13	38.16	0.1

续表

表7 2013年北京市电影发行企业市场排名

排名	公司	性质	发行影片数量（部）	发行影片票房（亿元）	当年市场份额（%）
1	中影	国营	81	30.0	13.8
2	华谊兄弟	民营	6	29.6	13.6
3	光线传媒	民营	9	23.3	10.7
4	博纳影业	民营	11	12.4	5.7
5	乐视影业	民营	7	10.6	4.9

表8 北京电影业发展情况表　　　　　　　　　　　　单位：亿元

名称	2007	2008	2009	2010	2011	行业占比（2011,%）	年增长率（2011,%）	年复合增长率（%）
电影业	102.7	120.1	124.5	138.6	154	7.7%	11.1%	0.13

表9 2013年北京电影院线排名前四

人次排行	所属院线	票房（千万元）	场次（千场）	人数（千人）
1	万达院线	316.0	2207.3	77752.1
2	中影星美	183.2	2060.1	50653.8
3	北京新影联	87.5	933.4	22801.0
4	中影数字	75.0	1537.5	22655.3
5	今典院线	50.1	1704.8	17050.0

表10 万达院线2009—2013年成绩统计

年份	票房（亿元）	观众总人数（万人）	占全国市场份额（%）
2009	8.33	2865	15
2010	14.03	3585	18
2011	17.85	4088	15
2012	24.53	5834	14
2013	31.60	7775	15

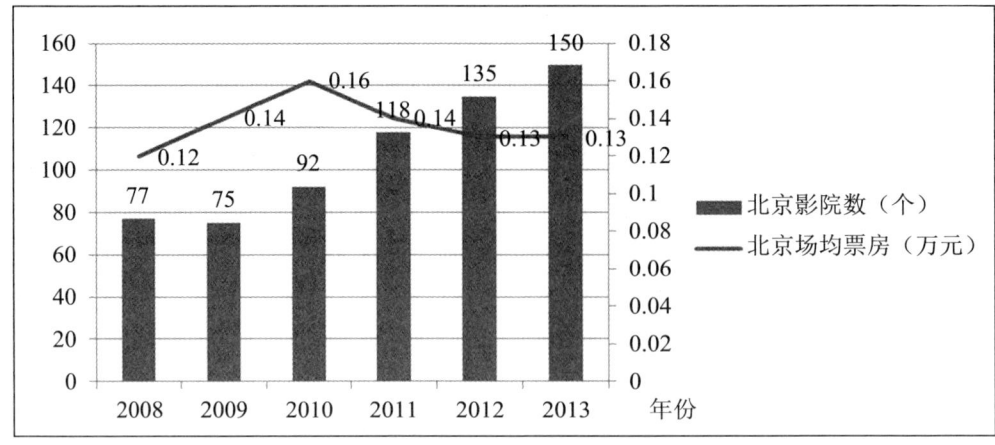

图 1　2008—2013 年北京影院概况

表 11　2013 年北京票房排名前五的电影院

序号	地区	票房收入（千万元）	场次（千次）	人次（千人）
1	北京耀莱成龙国际影城	9.2	33.8	2569.5
2	首都华融电影院	7.3	28.3	1322.9
3	北京 UME 国际影城双井店	6.8	23.1	1188.3
4	北京 UME 国际影城华星店	56.0	16.9	1035.5
5	北京金逸影城（朝阳大悦城店）	6.0	18.8	1034.3

表 12　2013 年北京票房 500 万元以上院线

院线名称	银幕数（块）	场次（千次）	人次（千人）	平均票价（元）	票房（万元）
北京新影联	195	349.91	1121	42.7	47863
中影星美	117	250.55	959	44.21	43400
万达	33	76.87	266	58.04	15439
上海联合	17	34.62	274	37.32	10227
金逸珠江	20	43.51	163	48.46	78993
重庆保利万和	23	41.18	156	41.44	6464
中影数字	26	46.00	162	35.02	5673
华夏大地	19	40.35	115	37.30	4290
中影南方新干线	8	25.33	79	51.03	4031
世界环球	7	15.04	41	48.59	1992
广东大地	12	19.77	54	35.83	1935
华夏联合	11	21.05	42	32.31	1357

续表

院线名称	银幕数（块）	场次（千次）	人次（千人）	平均票价（元）	票房（万元）
时代华夏金典	13	22.96	40	31.20	1248
浙江横店	6	12.50	32	35.38	1132
河南奥斯卡	6	10.82	22	27.82	612

表13 2013年北京市影视行业主要并购事件

序号	买方企业	标的企业	宣布时间	交易金额（亿元）	交易股权（%）
1	广电网络	华通创投公司	2013.2.5	N/A	40.00
2	乐视网	乐果文化	2013.4.6	0.03	N/A
3	华录百纳	百纳影视	2013.6。4	0.2	50.00
4	华谊兄弟	银汉科技	2013.7.23	6.72	50.88
5	华谊兄弟	常升影视	2013.9.2	2.52	70.00
6	乐视网	强视传媒	2013.9.5	N/A	N/A
7	华谊兄弟	耀莱影城	2013.9.9	2.10	20
8	乐视网	乐视新媒体	2013.9.30	2.98	99.50
9	乐视网	花儿影视	2013.9.30	9.00	100
10	光线传媒	新丽传媒	2013.10.25	8.29	27.64
11	北京旅游	光景瑞星	2013.12.6	1.50	100

表14 2013年我国票房收入前10名地区

序号	地区	票房收入（亿元）	同比增长（%）
1	广东	29.689	25.21
2	江苏	2.205	29.23
3	北京	18.604	15.44
4	浙江	18.037	31.17
5	上海	15.788	17.06
6	四川	11.357	30.02
7	湖北	10.747	32.24
8	辽宁	8.279	25.92
9	山东	7.554	31.42
10	重庆	7.201	45.39

表 15 中影集团 2013 年出品及投放影片片目

序号	片名	合拍	制式
1	一代宗师	内地、香港合拍	IMAX
2	愤怒的小孩	—	2D
3	越来越好之村晚	—	2D
4	西游降魔篇	内地、香港合拍	IMAX/3D
5	在一起	内地、香港合拍	2D
6	萧红	—	2D
7	止杀令	—	2D
8	致我们终将逝去的青春	—	2D
9	中国合伙人	—	2D
10	富春山居图	—	3D
11	盲探	内地、香港合拍	2D
12	太极侠	中美合拍	IMAX
13	笔仙 2	内地、香港合拍	2D
14	青春派	—	2D
15	蝙蝠别墅	—	2D
16	有种	—	2D
17	无人区	—	2D

表 16 2013 年华谊兄弟电影及衍生业务报告

2012 年	主营业务收入	主营业务成本	毛利率（%）	营业收入比上年同期增（%）	营业成本比上年同期增（%）	毛利率比上年同期增减（%）
电影及衍生	1,081,264,952.12	487,660,951.71	54.90	76.42	22.98	19.60

表 17 2013 年华谊兄弟单部影片收入前 5 名

影片	报告期	收入（万元）	占主营业务收入比例（%）
西游降魔篇	2013 年 1—12 月	39951.59	20.09
私人定制	2013 年 1—12 月	26266.62	13.21
狄仁杰之神都龙王	2013 年 1—12 月	23489.42	11.81
大明猩 太极 2 英雄崛起	2013 年 1—12 月	4538.46	2.28

续表

影片	报告期	收入（万元）	占主营业务收入比例（%）
十二生肖	2013年1—12月	4243.59	2.13
总计		98489.68	49.53

表18　2013年光线传媒影视剧前五名收入合计

项目	2013年度
前五部影视剧收入总额	432,832,913.26
占全部营业收入比例	47.87%

表19　光线传媒2012—2013主要业务成本比重

项目	2012年		2011年		同比增减（%）
	金额（元）	占营业成本比重（%）	金额（元）	占营业成本比重（%）	
栏目制作与广告	175,235,155.59	36.08	221,410,517.51	37.98	−20.86%
电影	287,622,401.74	59.22	327,940,452.88	56.26	−12.29
电视剧	22,799,124.38	4.70	33,582,558.63	5.76	−32.11

表20　光线传媒2013年主营业务收入和利润

项目名称	主营业务收入	主营业务利润
栏目制作与广告	332,676,487.58	157,441,331.98
电影	501,125,826.19	213,503,424.45
电视剧	70,369,480.81	47,570,356.43

三、北京电视业主要经济数据

表21　2013年北京电视业普及及情况发展

地区	有线广播电视用户数（万户）				有线广播电视用户数占家庭总户数的比重	
	总数	数字电视	付费电视	农村有线广播电视	城市	农村
全国	222893.80	171599.69	3498.41	8911.32	54.14	35.29
北京	636.91	513.60	11.42	105.28	125.06	93.25

表22 北京电视台基本情况

项目	2012年		2011年	
	中央	地方	中央	地方
基本情况				
电视台（座）	1	1	1	1
公共节目套数（套）	32	26	30	25
全年节目播出时间（小时）	268458	125444	251908	113232
播放节目情况				
新闻咨询类节目（小时）	67995	22112	68594	17916
专题服务类节目（小时）	92092	50093	80497	47217
综艺益智类节目（小时）	40538	8893	40246	8109
影视剧类节目（小时）	56371	23314	53450	21067
广告类节目（小时）	9301	11767	9120	10580
其他类节目（小时）	2158	9262		8341

表23 2012—2013年北京市电视台及节目数量

项目	2013年		2012年	
	中央	地方	中央	地方
电视台（座）	1	1	1	1
公共节目套数（套）	34	26	32	26
全年公共节目播出时间（小时）	270113	126983	268458	125444

表24 2012—2013北京市电视剧制作及出口情况

项目	2013			2012		
	全国	北京	占全国比重（%）	全国	北京	占全国比重（%）
制作电视剧（部）	441	87	19.7	506	98	19.4
电视剧出口量（部）	243	40	16.5	326	98	30.1
电视剧出口额（万元）	9250	2290	24.8	15020	2549	17.0

表25 2012年北京广播电视广告收入状况

地区	广告收入（亿元）	增长率（%）	电视广告收入（亿元）	增长率（%）
全国合计	1270.25	13.12	1046.29	11.96
北京	108.19	35.89	48.39	15.74

表26 2012年北京电视网络收入状况

地区	网络收入（亿元）	增长率（%）	收视费收入（亿元）	增长率（%）	付费数字电视收入（亿元）	增长率（%）
全国合计	660.98	17.24	408.35	12.13	44.88	19.08
北京	32.13	48.05	10.04	2.16	0.47	6.98

表27 2013年北京市电视剧上市公司收入

公司	华策	华谊	华录百纳	光线传媒
电视剧收入（亿元）	8.36	5.18	3.52	0.70
电视剧收入增长率（%）	27.68	45.27	-3.94	-12.54

表28 2013年歌华有线北京地区营业收入

地区	营业收入	营业收入比上年增减（%）
北京	2,228,674,588.21	2.01

（本章执笔：茹纪蓉）

第十二章 北京网络业发展研究报告

第一节 北京网络业概述

一、北京网络业简介

北京是中国互联网行业的重要汇聚之地,不仅因为北京市内网络企业数量大,网络用户数量庞大,而且由于网络的渗透率高影响到很多相关行业和传统行业。因此无论是产业规模、产业发展状况、市场占有率、行业地位、传播影响力方面,北京市网络行业在全国范围内都是最前端、最具有影响力的。因此对于北京市网络业的研究也具有现实意义和迫切性。

(一)北京网络业的发展历程

北京网络业的发展经历了一个先慢后快的历程。北京市作为全国的文化、政治中心,在改革开放初期,北京就建立的相对完善的网络技术科研基地和机构,这其中就以1986年在北京成立的四通公司为代表,当年以借款2万元创业的几名科技人员,办起了北京市四通新兴产业开发公司,逐步在北京市场上培养出大批的网络业的先驱。

1989年10月,国家计委利用世界银行贷款重点学科发展项目——国内命名为:中关村地区教育与科研示范网络;世界银行命名为:National Computing and Networking Facility of China(以下简称NCFC)正式立项,11月,该项目正式启动。NCFC是由世界银行贷款重点学科发展项目中的一个高技术信息基础设施项目,由国家计委、中国科学院、国家自然科学基金会、国家教委配套投资和支持。项目由中国科学院主持,联合北京大学、清华大学共同实施。当时立项的主要目标就是通过北京大学、清华大学和中科院三个单位的合作,搞好NCFC主干网和三个院校网的建设。[①]

1992 年底，NCFC 的院校网，即中科院院网（CASNET，连接了中关村地区三十多个研究所及三里河中科院院部）、清华大学校园网（TUNET）和北京大学校园网（PUNET）全部完成建设。

1994 年，当一条带宽 64K 的国际专线，让中国互联网正式与国际互联网接轨，中国被国际上正式承认为第 77 个真正拥有全功能互联网的国家。

1995 年 1 月，邮电部电信总局分别在北京、上海设立的通过美国 Sprint 公司接入美国的 64K 专线开通，并且通过电话网、DDN 专线以及 X.25 网等方式开始向社会提供 Internet 接入服务。

1996 年，实华开公司在北京首都体育馆旁边开设了实华开网络咖啡屋，这是中国第一家网络咖啡屋。

1998 年，张朝阳在北京推出第一家全中文的、也是中国最受欢迎的网上搜索引擎——搜狐（SOHU），1998 年 10 月 5 日张朝阳成为美国《时代周刊》50 名"数字英雄"之一，时间仅仅 7 个月。

2005 年 8 月 5 日，百度公司在美国纳斯达克挂牌上市。股票发行价为 27 美元，在首日的交易中，以 66 美元跳空开盘，股价最高达 151.21 美元，收盘价 122.54 美元，涨幅达 354%，创下 2000 年互联网泡沫以来五年间纳斯达克 IPO 首发上市日涨幅最高的纪录。

（二）北京网络业的发展规模

根据中国互联网络发展状况统计报告显示，截至 2014 年 12 月底，北京市网民规模已达 1593 万人，网民普及率已经达到 75.3%。2014 年普及率排名居全国的首位。作为全国软件和信息服务业的重要基地，北京 2010 年的网络业的总收入接近 3000 亿元，而由它带动的相关行业的经济发展则无法具体统计。

二、北京网络业特点

（一）发展早，已经成为全国的网络业的重要城市

北京市借助其得天独厚的人文优势，成为全国率先发展网络业的城市之一。同

[①] 国家互联网信息办公室:《中国互联网 20 年：网络大事记篇》，电子工业出版社 2014 年版。

时，首都的文化中心和教育中心的地位，也为其培养了大量的网络业从业人才，成为真正的行业中心。

（二）布局合理，知名企业众多

北京市知名的网络公司包括：百度、搜狐、新浪、当当、优酷、搜房、焦点房地产、雅虎中国、新华网、中华网、和讯网、天极网、人民网、硅谷动力、中国万网、大洋网、榕树下、中商网、慧聪网、中关村在线、IT168、拉手网、兰亭集势、凡客诚品、豆瓣网、58同城网、赶集网、去哪儿网、CSDN、千龙网、第一视频、凤凰新媒体、奇虎360、千橡互动集团、金融界、搜狗、爱奇艺、酷6网、世纪互联、暴风影音、互动百科、铁血网、汽车之家等。同时，伴随着移动互联网的兴起，北京市的网络业也随之迎来了更大的发展。

北京市网络业布局合理除了体现在知名企业多之外，还体现在北京网络业行业全，发展均衡。在网络业排名前十的细分行业中，北京都是重要的基地。

（三）规模大，发展前景良好

由于北京市发展网络业的力度大，且起步早，同时由于北京市特殊的政治、文化中心位置决定了多数全国行的网络业企业都将总部或者业务重心放置于此，这些条件的累加就使得北京市网络业不仅规模大，且发展迅速，成为全国的标杆。

（四）细分行业全，发展均衡

在早期的网络产业中，行业细分相对比较简单，常规的分为：网络接入、网络安全、即时通讯、网络搜索和网络门户，但是随着网络行业的进一步升级发展，已经发展出更多的细分行业和领域。

2013年中国第三方网上支付发展势头持续保持强劲增长，整体交易规模突破9万亿元大关，由其带动发展的产业遍及几乎所有的传统行业。支付宝以49.0%的市场份额居于市场首位；财付通以20.4%的份额位居第二；银联在线、快钱和汇付天下，分别以8.4%、7.5%和7.4%的市场占比位居三至五位。①

2013年是第三方支付行业至关重要的一年，首先，行业整体交易规模和资金流继续保持高速发展，增速超过100%；其次，多项监管法规相继颁布，第三方支付行业全面进入监管时代；再次，行业的准入门口越来越高，部分企业已经退出这

---

① 满向伟：《北京地区互联网出版产业现状和政策》，人民网，网址：http://www.docin.com/p-1559427117.html。

个资本高度集中的市场;复次,相关法律正逐步建立健全中,正朝着规范化的方向发展;最后,行业面临着安全威胁,尤其是网络病毒等危害用户账户安全的行为仍然不容小觑。与此同时,第三方支付也迎来了移动互联的时代,包括互联网支付企业、移动支付企业、传统企业、银行业在内的更多的运营主体,这表明这片价值蓝海在不久的将来就将迎来更残酷的竞争。

(五) 移动互联网发展势头良好

2013年,移动互联网迎来了跨越式的增长,而在2011年时,中国移动互联网市场规模就已达400亿元。其中,移动电子商务爆发式增长,在整体移动互联网中的占比增至30.5%,成为继移动增值服务外的第二大子行业。目前来看,移动互联网各种新领域不断被挖掘,吸引了大量创业者和投资人加入,但是盈利模式仍在摸索中。移动互联网的入口之争仍将继续,浏览器、智能终端、操作系统、移动IM成为主战场。此外,移动互联网云端时代即将到来,各大互联网公司和移动运营商都将进一步布局云计算,越来越多的云计算产品和服务即将发布。2013年移动互联网方面,同比增速最快的细分行业是移动搜索。移动搜索市场规模为45.5亿元,同比增长率达到264.1%。移动支付市场规模同比增速位居第二,为220.8%。总体看来,移动互联网主要细分行业的交易/营收规模同比增长率明显高于PC互联网主要细分行业,移动互联网在互联网经济中渗透率进一步提升。

(六) 在线视频面临侵权盗版的严峻形势

2013年中国在线视频行业,现金流吃紧是困扰行业发展的一个大问题。其次,由于版权成本的节节攀升,更使得整个行业至今仍然处于亏损状态。但在面临挑战的同时,视频行业的商业模式和定位越来越清晰,新晋者数量减少,行业格局初步成型。根据相关机构分析,视频网站在很长一段时间内广告和版权依然是在线视频的两大收入来源,但是随着用户习惯的逐步进化,越来越多的用户已经习惯了付费和高质量、及时的内容,用户付费也逐步成为行业的发力点。同时,传统的媒体业尤其是以电视为代表的传统传媒业,正在面临视频网站的猛烈攻击,2012年由于受广电总局出的"限娱令"和"限广令"等一系列法令的利好影响,广告主会将部分原先投入电视媒体费用转投视频行业,导致了视频行业在随后两年的发展速度达到了惊人的100%,成为关注的焦点。未来,视频行业还将面临移动化、碎片化内容的整合,在以手机为代表的一端取得更多的发展。

（七）传统搜索市场几乎以达到行业发展的天花板，面临后劲不足的窘境

2013年中国搜索引擎市场整体规模约为300亿元，较上年提升了近10个百分点。该增长速度不仅高于行业预期，也显著高于其他行业的发展速度。这其中，由电子商务、团购O2O等企业大幅增加了在搜索广告方面的投入为行业的发展速度做了很大的贡献。其次，也是最根本的原因在于企业营销正在经历从线下到线上的转移，搜索不仅成为中小企业网络营销的重要方式，也受到大型企业主的青睐。从市场主体来看，其中百度一家独大，这除了收到国家政策的影响外，百度公司的自身实力也不容小觑，百度的年均市场份达70%以上，谷歌由于退出中国市场导致份额下降到10%左右。搜狗、必应、搜搜则蚕食了谷歌退出后的市场蛋糕，但是与领头羊百度的差距仍然十分明显。

电子商务市场规模近10万亿元，但是这种规模是一种实体经济的网络化反映，其核心作用是新经济的运作方式，而非纯产值。

这些年来，电子商务市场一直是行业的热点，一方面，由于网络的便捷和快速，使得很多传统商业模式上的用户转移到网络阵地上；另外一方面，由于电子商务市场的发展，一些以前不存在的商业模式被创造出来，从而产生了新的经济增长点。预计未来3—5年内，中国电子商务市场仍将维持稳定的增长态势，其发展的速度不可限量。

根据艾瑞统计的数据显示，2013年电子商务市场细分行业结构中，B2B电子商务交易额占比91%，较2012年略升1个百分点，其中，中小企业B2B电子商务交易规模占比最高，为48.9%，与2012年同比持平；规模以上企业B2B交易规模占比40%，比2013年提高了5个百分点；网络购物交易规模占比由2012年的9.01%上升至2013年的11.25%。受欧洲国际债务危机及人民币兑换其他货币升值的影响，2013年中小企业B2B外贸发展受阻，影响了B2B的市场份额。但随着外贸市场的好转，中小企业的B2B仍然是未来电子商务交易规模的最主要组成部分。传统的观念认为，电子商务又可细分为：B2B，C2C，B2C，O2O等，但是从根本上讲，其原理是想通的，即传统经济模式在网络时代的再发展。而且，B2B电子商务发展并不稳定，中国是典型的外贸出口型B2B市场，2008年后，随着欧美债务危机蔓延，不仅外贸企业遭遇寒冬，其贸易中间平台的B2B企业也受到冲击，但是随后几年随着国家政策和中小企业生存环境的改善以及内贸企业增速强劲，B2B企业的发展又实现了新高度。尽管市场规模增速都有所提高，但同比增速均出现不同程度的下滑。2014年，阿里巴巴在市场主体方面，B2B电子商务TOP8运营商

合计营收份额为 74.8%，其中阿里巴巴占 48.9%，环球资源、慧聪网、中国制造网、敦煌网分别占 11.1%、3.5%、3.4%、3.3%。

（八）网络购物规模近万亿

中国网络购物市场交易规模延续 2012 年高速增长的态势，交易规模接近 11000 亿元，较 2012 年增长了 30%。网购交易额占到社会消费品零售总额的 7.9%，2012 年这一数据为 5%；网络购物用户规模达到 2.9 亿人次。网络购物市场中，B2C 市场增长迅猛，继续成为网络购物行业的主要推动力。

在上述的总交易额中，C2C 交易规模为 7000 亿元左右，占 69.3%，B2C 交易规模达 2000 亿元左右，占比为 21.2%；B2C 市场中平台式 B2C 交易规模为 1239 亿元，占 B2C 市场交易规模的比重为 65.9%，已经超过自主销售式 B2C，并且平台式 B2C 将继续保持高增速增长。

（九）在线旅行规模近千亿元

2013 年中国在线预订市场交易规模达 1672.9 亿元，较 2010 年的 1037.4 亿元增长 61.3%；在线预订市场第三方在线代理商营收规模达 90.5 亿元，相比 2010 年增长 33.9%。2011 年中国在线旅行预订市场中，酒店市场规模比重为 45.2%，机票市场规模比重为 40.8%，度假及其他市场规模比重为 14.0%。与 2010 年相比，酒店比重略有上升，机票比重下降 3.4 个百分点，度假等上升 2.5 个百分点。预计在今后的 2—3 年中，机票营收的占比将进一步下降，度假产品等的营收将进一步上升。

（十）网络广告市场逐渐蚕食传统媒体市场

2013 年中国网络广告市场规模达到千亿规模，较去年增长 40%，相对于报纸广告的规模高出了近 2 倍，而且网络媒体对于传统媒体的冲击越来越明显，尤其是搜索引擎广告依然保持较快增长，市场份额进一步提升至 36.7%；电子商务平台网站广告市场份额从 10.8% 陡增到 17.5%；独立视频网站广告也基本实现了翻番增长，市场份额提升到 7.1%。

其中，百度广告营收达 143.56 亿元，位居第一；淘宝广告规模达到 87.9 亿元，位居第二；谷歌中国广告营收 36.5 亿元，位居第三。新浪、搜狐、腾讯等门户网站广告营收均在 21 亿—24 亿元之间，处于第二集团。排名前十五的网络媒体广告营收占网络广告整体中的比重超过了 80%，二八定律明显。

（十一）网络游戏规模持续扩张

2013年中国网络游戏用户付费市场规模为700亿元，环比增长12%左右。其中，国产游戏取代了进口游戏的市场地位，其中腾讯游戏以近200亿元位列第一名；网易游戏以80亿元位列第二名；盛大游戏以50亿元位列第三名。

从网络游戏的市场生命周期来看，在经历了2002—2005年的爆发式增长期与2006—2008年的商业模式创新期之后，自2009年起，网游市场整体增速明显放缓。2012年起，面对移动互联网手机游戏的高速发展冲击，网游用户的时间与精力正在被分散。从目前的发展态势看，网络游戏是网络业中发展相对稳定的细分行业，虽然网游仍然是网络业的支柱产业之一，但未来几年，其增长速度可能会进一步降低，但是其市场外的影响力尤其是与其他行业的关联发展将会为行业带来新的契机。

第二节　北京市网络业经营现状和问题

一、北京网络业的经营现状

截至2012年底，中国网站数量共计268万个，较2011年底的230万个增长16.8。值得注意的是分省情况，广东网站数位居第一位，网站数量占网站总数的16.3%；北京位居第二。[①] 但是，虽然北京市网站数量不如广东多，但是考虑到北京市网站的规模、产值、影响力等综合因素，北京仍然是我国网络业的中心。加之北京除了国内的互联网企业外，还拥有大量的外资、合资互联网企业。此外，北京还拥有中国巨大的市场作为依托，在国内拥有不可替代的覆盖面和影响力，都使得北京市成为全球互联网发展的重要中心。[②]

---

① 《2013年中国互联网发展报告》，网址：3IGgt_41qTlKDzx5IH1LXZEwdHhoAmy-bKdudWiKwm-GuElGOq4t1N0B-8WLOf6_。

② 《2013年互联网产业分析报告》，网址：http://wenku.baidu.com/link?url=Pgw9YyytBV29pJg6Nni-RUqtkIuepoB5s_KF5WlMT1vmJ5uuPjoRZYWB6aJNVtJ2g_NT346KQGvit9X5LbaCdNEwwiOEcKGTVWkb03SJKSy。

二、北京网络业的经营问题

(一) 网络业中存在企业间的恶性竞争

恶性竞争并没有给用户带来实质性的利好,反而使得用户需要在企业的相互攻击竞争中选择站队。下就针对北京市网络业中著名的360与QQ大战的案例来说明这种恶性竞争带来的问题。

2010年11月3日,QQ的桌面客户端弹出提示,让用户作出360与QQ"二选一"的选择,而在这之前,QQ和360就一直在客户的电脑中不断斗争,且不断升级。11月4日晚间,360方面透露,在国家相关部门的全力干预下,目前QQ和360软件已经实现了完全兼容。但是腾讯方面则称360在说谎。

当月5日,马化腾明确表示,工信部倾向于认定QQ无辜。并向公众解释QQ的自救做法也是不得已。而360董事长周鸿祎则于6日凌晨对外发出一封公开信,表示此前腾讯安全中心抄袭360安全卫士并强制推广的行为,其目的是欲置360于死地。这样的双方竞争情况也使得与360素有嫌隙的金山、傲游、可牛、百度四大厂商也提出抵制口号。5日针对360高喊出"不惜玉石俱焚"进行联合抵制,但关于四大厂商何时正式开始"不兼容",可牛CEO傅盛却表示,目前不兼容的方式与时间,都尚未确定。当时就有业内人士称,四大厂商此举,意在联手给360制造舆论压力。而此次事件源起于9月27日,360新推出一款仅针对QQ软件的名为"360隐私保护器"的工具软件,正式向腾讯宣战,将二者持续多年的"暗战"演化成了明斗。360方面称,某些客户端软件会在后台密集扫描用户硬盘,并悄悄查看与自身功能毫不相关的文件,而"360隐私保护器"可实时监测并曝光客户端软件窥视用户计算机隐私的行为。

紧接着,360又推出"扣扣保镖",在QQ体检、查杀QQ盗号木马等板块的基础上,新增了阻止QQ强行静默扫描用户硬盘功能。随后就有网民发现,安装启用"扣扣保镖"后,QQ不能正常升级,不断被提醒有360在影响进程,不得不关闭360安全卫士才能进行。

双方矛盾一步步升级。10月14日晚,发出公告称正式起诉360不正当竞争,要求奇虎及其关联公司停止侵权、公开道歉并做出赔偿。而360也向媒体表示:"QQ窥私事发后,发假新闻说360涉黄,并用技术手段全面封杀360隐私保护器的下载地址,阻止网民下载,对此,360将提起反诉。"

网络业的发展依赖于自由竞争和科技创新,同时网络业也鼓励自由竞争和创新,但这并不等于该领域是一个可以为所欲为的法外空间。竞争自由和创新自由须以不侵犯他人合法权益为边界,其健康发展需要有序的市场环境和明确的市场竞争规则作为保障。是否属于互联网精神鼓励的自由竞争和创新,仍需要以是否有利于建立平等公平的竞争秩序、是否符合消费者的一般利益和社会公共利益为标准来进行判断,而不是仅有某些技术上的进步即应认为属于自由竞争和创新。否则,任何人均可以技术进步为借口,对他人的技术产品或者服务进行任意干涉,就将导致借技术进步、创新之名而行"丛林法则"之实。技术创新可以刺激竞争,竞争又可以促进技术创新。技术本身虽然是中立的,但技术也可以成为进行不正当竞争的工具。技术革新应当成为公平自由竞争的工具,而非干涉他人正当商业模式的借口。①

本案经过一审、二审,最终,最高法院依法驳回奇虎360的上诉。360则表示,尊重最高法院的判决,并在一封公开信中表示,法律框架在案件审理中不应将用户的权利排除在外。任何软件只要下载到用户电脑里,就成为用户的私产,用户可以自由选择第三方软件对其进行修改。腾讯方面则表示,最高法院对360"扣扣保镖"的恶意侵权做出了明确定性,也对相关损害赔偿作出了公正的判罚,完全尊重法院的判决。判决划清了互联网合法竞争的边界,有利于促进互联网行业的公平竞争和有序发展。

而本案最终判决书中关于恶性竞争的阐述也有着普遍的指导意义。市场经济是由市场在资源配置中起决定性作用,自由竞争能够确保市场资源优化配置,但市场经济同时要求竞争公平、正当和有序。在市场竞争中,经营者通常可以根据市场需要和消费者需求自由选择商业模式,这是市场经济的必然要求。本案中,被上诉人为谋取市场利益,通过开发QQ软件,以该软件为核心搭建一个综合性互联网业务平台,并提供免费的即时通讯服务,吸引相关消费者体验、使用其增值业务,同时亦以该平台为媒介吸引相关广告商投放广告,以此创造商业机会并取得相关广告收入。这种免费平台与广告或增值服务相结合的商业模式是本案争议发生时,互联网行业惯常的经营方式,也符合我国互联网市场发展的阶段性特征。事实上,本案上诉人也采用这种商业模式。这种商业模式并不违反反不正当竞争法的原则精神和禁止性规定,被上诉人以此谋求商业利益的行为应受保护,他人不得以不正当干扰方式损害其正当权益。上诉人专门针对QQ软件开发、经营"扣扣保镖",以帮助、诱导等方式破坏QQ软件及其服务的安全性、完整性,减少了被上诉人的经济收益

---

① 赵军:《网络市场不正当竞争行为的法律规制》,《特区经济》2010年第6期。

和增值服务交易机会，干扰了被上诉人的正当经营活动，损害了被上诉人的合法权益，违反了诚实信用原则和公认的商业道德，一审判决认定其构成不正当竞争行为并无不当。

综上，网络业中存在的企业间的恶性竞争是目前行业发展的潜在不利因素，因加强管理，积极引导，通过行业自律、政府的引导，为企业的合理公平竞争提供空间。

（二）用户隐私保护存在监管漏洞

由于网络安全管理技术知识要求很高，我国目前并没有充分重视制度以及法规的制定，或者法规比较落后，已经与当代情况不相适应，或者即使有新的制度但是只局限于比较形式化的规定，没有详细的实施细则，因此很多时候在实践中没有相应的法律法规作为支持，没有做到有法可依。这个既是一个全国性的问题，但是在北京市显得尤为突出，原因一个在于北京市作为一座国际化大都市，用户隐私问题相较于其他的城市，更加引人注目，另外的一个原因在于网络安全的保护方（网络安全服务商）以及规则的制定者（行业协会），大多位于北京，如何制定出符合现实又能满足用户需要的安全保护机制也是目前的亟待解决的重大问题。

（三）网络业知识产权保护亟待加强

在目前的网络业中，依旧存在着侵权盗版、未经权利人许可提供影视作品在线播放和免费下载服务，这种行为不仅损害了权利人的权益，还给整个视频行业带来冲击，引发诸多纠纷。

2012年，国家知识产权局印发《2012年国家知识产权战略实施推进计划》，要求按照"任务导向、突出重点、兼顾全面、务求实效"的原则，推动落实《国家知识产权战略纲要》。

2013年，中国网络视频反盗版联盟（以下简称"反盗版联盟"）再出击，此次包括腾讯视频、搜狐视频、优酷土豆集团和乐视网等四大视频网站以及中国电影著作权协会、万达影业、光线传媒等六家相关机构和上游版权方，将矛头直指百度及快播等企业，并以盗版为由将百度推上被告席，索赔3亿元。这也成为中国网络视频行业有史以来涉及企业最广、索赔金额最高的一次反盗版行动。

相较于传统的知识产权保护，网络时代的到来为知识产权的保护增添了新的内容。这主要是因为网络的传播特性、网络存储方式、传播介质的改变而引起的。

首先，网络的传播的广泛性和海量性，著作权人对自身作品的保护带来了困难,在传统的纸媒体时代,著作权人往往会更容易掌握自己的作品的发表情况,也容易获取报酬。而在网络时代,著作权人无法知晓自己的作品被谁使用并获益,例如一些学术性的数据库,这些数据库往往是收费的,而且如果不是特点专业的或者特定需求的人,往往并不关注其收录和引用情况。但是从学术或者社会价值的角度考虑,这些数据库又是社会公共资源,并为人们提供了便利。因此,诸如此类的问题,导致了网络时代,法律即便是规定了作者享有的著作权益,个人在实现的过程中也相对困难,保护也就成为空谈。

其次,网络的存储方式的改变所带来的著作权的相关问题。网络时代,存储介质由传统的纸质媒体变成了"二进制"的数字存储,不仅是文字的储存如此,就连视频等多媒体作品也是如此,看似回归简单,但是由于数字存储所带来的复制、修改问题,却导致著作权的复杂化,大量的快速、匿名的复制导致著作权人的实际利益受损,即使侵权人停止了侵犯,但是由于内容已经被大量复制传播,实质上著作权人的权益还是受到了不可恢复的侵犯。同时,大量的作品数字化也带来了知识产权保护方式的改变,这个正是目前法律所涉及较少或者理论还不扎实的地方。其保护问题就值得著作权深入探讨。

最后,网络时代下,著作权作品的范围扩大。由于著作权对于不同种类作品的规定存在着较大的差异,因此,著作权法需要进行必要的修改和调整,以适应数字时代的要求。另外,著作权法也需要适应网络时代告诉发展的需求,不能简单的变成一种限制工具。

(四)网络业的安全监管需要加强

比较有代表性的影响网络安全的情况包括:

1. 网络色情信息

网络色情信息主要通过以下一些方式进行传播,包括:租用境外服务器专门针对我国境内传播的境外色情网站;借即时通讯工具进行的色情违法活动;色情聊天室;色情小游戏、动漫违法网站;利用云存储等工具传播色情有害信息;色情小说、电子书;情感、两性等网站栏目传播低俗、色情有害信息;低俗、色情药品广告;色情手机应用程序;传播低俗、色情有害信息的网站弹窗、广告栏、侧边栏。

网络色情主要对未成年人影响恶劣,网民们要自洁自律,以正确的上网理念、健康的上网习惯、文明的上网行为来进行网上浏览;发现违法网络色情行为,应积极举报和屏蔽,为营造绿色的网络环境努力;使用安全的软件和网络服务,自觉对有害网址及时过滤以消除不利影响。

2. 网络诈骗信息

常见的网络诈骗主要有：虚假的中奖信息或邮件进行诈骗；虚假的票务信息；提供网络职位或者网络兼职来进行诈骗；打着交友的信息进行诈骗；通过网络游戏交易进行诈骗；通过博彩预测或者投资咨询或者股票期货信息等进行诈骗；冒充官方网站的钓鱼网站进行盗取个人信息进行；通过网购进行诈骗；冒充他人的官方维修客服信息进行诈骗；利用即时通讯平台进行诈骗或者盗取账号信息；通过色情交友进行诈骗活动。

针对上述的网络诈骗信息，用户要多加甄别，不可以轻信搜索的结果信息。进行的网络消费一定要通过正规网站、官方网站以及官方公布的渠道进行。对论坛、即时聊天工具中提供的各类链接要仔细核实，避免被骗。不要轻易点击陌生人发送的各种链接，对于亲友的借钱、代付请求要尽量通过电话或当面核实。

3. 非法窃取公民个人信息行为[①]

相较于上述两点，非法窃取公民个人信息其危害性更为严重，而且由于其针对不确定个人的特点，其危害性更大。下面以我国较早发生的通过网络非法窃取公民个人案例来进行分析：

2009年6月23日，准备到安徽移动公司拿自己所申请调取的手机通话记录及短信内容的吴伟感到了一丝不安。以前，他也曾经到该移动公司调取过手机通话记录及短信，每次移动公司都是将他需要的信息直接发送到他的邮箱里了，而这一次却是通知他亲自前来领取。虽然感觉有点不对劲，但利润的驱使，吴伟还是打消了顾虑欣然前往。吴伟同时还通知了向他购买手机通话记录和短信内容的陈静一同前往。果然，两人一到该移动公司一楼大厅即被警方抓获，警方从吴伟身上缴获伪造的江苏省国家安全厅侦察证证件一份和伪造的安徽省国家安全厅调查专用介绍信两份。

随着吴伟和陈静的落网，警方逐渐查清了这起冒充国家安全机关工作人员，持假介绍信和有关证件非法获取并买卖公民个人信息的案件。

今年29岁的吴伟在买卖信息上早有前科。2007年，他因冒充公安民警在江苏非法调取他人移动手机话单被治安拘留十天；2008年，他因使用伪造的身份证被治安拘留。但巨大的经济利益，并没有让吴伟迷途知返，反而让他越陷越深。2006年至2007年，吴伟在常州两家调查公司做债务清收和婚外恋调查，其间，曾使用

[①] 吴贻伙、陈婧:《合肥查处首例窃取、非法获得公民个人信息案》，中国法院网，网址：http://old.chinacourt.org/html/article/200908/03/367906.shtml。

伪造的身份证、调取查询他人话费单、短信内容。2008年，吴伟与马某（另处）合作，成立了自己的调查公司。吴伟花了800元钱，通过网友"中华证件"伪造了国家安全部门侦察证和印章，并在网上下载了律师事务所介绍信，修改为国家安全部门的介绍信。2008年12月至2009年4月期间，吴伟和马某持伪造的国家安全部门证件和介绍信，多次在上海市移动公司、江苏省（南京市）移动公司非法调取他人的移动手机通话记录及短信记录、短信内容。吴伟交代说，2009年3月，由于闹矛盾，马某举报他，他不敢在江苏继续非法查询手机信息，只好"转战"至安徽。"转战"安徽后，吴伟成立了"安徽调查联盟"QQ群，称自己能查到手机通话记录和短信内容。合肥先后有三家调查公司找到吴伟，要求帮它们查询手机通话记录及短信内容。2009年4月至6月，吴伟自己或者派自己的司机，从南京赶到合肥，持伪造的国安部门介绍信和侦察证件，多次在安徽省（合肥市）移动公司非法调取上述调查公司需要的移动手机用户信息、通话详单、短信等内容。移动公司接到介绍信等证明文件后，将其所要求的手机号码通讯记录等内容，通过电子邮件发到了吴伟的邮箱里。随后，吴伟将这些信息以每份800元至1500元的价格卖给调查公司，而这些原本就非法成立的调查公司则将其加价出售给"顾客"。据介绍，洪某在合肥开了一家调查公司，一天，一位女士要求他查询他爱人的通话记录，洪某完成任务后，受到这位女主顾的信任。女主顾随即又要求洪某帮她查询她爱人近期的短信内容，洪某开口3万元，这位女主顾当即答应。洪某于是找到非法经营合肥邦德调查公司的陈静，委托陈静查询手机短信记录，并以1.2万元的价格成交。陈静就这样找到曾经有合作的吴伟。2009年6月23日，陈静陪同吴伟一起到移动公司拿短信记录时被同时抓获。据多年从事非法调查的吴伟交代，非法调查公司接受的个人调查业务，大多是受夫妻一方委托调查爱人有没有婚外恋，而查询手机通话记录及短信内容则是最为便捷的方式，这就需要通过一定的手段来获取这些信息。

通过上述案例，我们不难看出。通过网络非法窃取公民个人信息，犯罪分子可以获得巨额的利润，而且公民个人信息的泄露危害远不止一次，被贩卖的信息往往会提供给不同的人，从而其危害也变得更加复杂和广泛。

4. 恶意程序或病毒

恶意程序或病毒的流行很大程度上来讲是人为造成的，其制作来源、放射渠道等都是由人为造成的。

移动恶意程序有三个来源，一是黑客篡改程序代码并通过网络散播出去；二是手机、平板电脑等移动互联网接入工具提前被不良厂商预装；三是手机APP商店在恶意制作、传播程序。手机病毒爆炸式增长，带有明显的趋利性。2013年，全国的移动互联网恶意程序超过90万例，这要比2012年增长了近4倍，这些移动恶意程序主要在安卓平台泛滥，这一方面由于安卓平台的开放性导致的；另外一方面，安卓系统是目前智能系统安装量的首位系统。其中，存在着恶意扣费行为的和资费消耗行为的病毒占到85%以上，显示了黑客在制作恶意程序时带有明显的经济目的，同时也意味着移动互联网恶意程序的黑色产业链已经逐渐成熟壮大。另外，在2013年各类手机应用商店也成为全国移动互联网恶意程序的主要来源，经权威监测机构发现，通过这些途径传播移动恶意程序的次数超过1000万次，传播移动互联网恶意程序的网站域名15000多个，存在传播恶意程序的应用商店有超过300家，从这个现象可以说明，现在应用程序上架的时候存在很多机制上的缺陷。而恶意程序的控制服务器，主要是国外注册并运行，而受害者则是在国内接入，这样就给证据取证、诉讼、责罚造成了实际的困难。

在2013年12月底，工信部发布了首批移动互联网白名单，希望以此来对抗移动互联网的恶意程序或病毒的泛滥，中国移动、腾讯、360、金山、瑞星、安全管理、高德和UC首批进入了白名单。目前，正在做白名单的标识和推广工作，首先是在应用商店的网站，将会对白名单里的应用做一个标记，像白名单里的应用在应用商店里有个LOGO进行推荐。另外应用商店的APP里，会让这些应用商店对白名单进行标记，像腾讯手机应用保、91助手、360手机助手，都会对这些白名单里的应用做一个标识。除此之外，也会要求安全软件也对这些白名单的应用做一个标识，在用户使用这些白名单的时候，安全软件会提示说这里面的应用是安全的、正版的、可信的。

目前这类程序或病毒的危害主要在其带来的直接经济损失，恶意程序或病毒从制作开始，就是带着经济目的的，著名的杀毒软件卡巴斯基就曾表明，盈利性恶意软件和其支持服务出现规模增长，中国成为几大恶意程序出产国中的绝对领先者。

而针对目前网络安全的问题，我们的网络安全的主要监管方式包括：法律法规监管，行业规范监管和技术手段监管。其中前两者是网络市场的各级管理者，尤其是政府机构所经常采用的方式。其主要特点就是具有权威性和惩罚性，可以对潜在的网络安全风险进行宏观上的管控和预防，其惩罚性也可以对侵犯网络安全的不法分子进行威慑，从而减少或者杜绝其对于网络安全的侵犯行为。但是法律也好，行业规范监管也好，都存在一定的滞后和漏洞，网络是一种发展迅速的新兴事物，其发展路径往往超过法律和行业规范的想象范畴，因此，当法律被指定，规范被确定后，其滞后性就不可避免。

(五)网络舆论引发社会不满情绪积蓄

网络舆论是指在一定的时间范围内,由网络话题引发的社会反响,并由此产生的公众对于现实社会环境、价值观、社会舆论带来的舆论环境。随着网络的发展,网络媒体已被公认为是继报纸、广播、电视之后的"第四媒体",网络成为反映社会舆情的主要载体之一。

网络舆论从其观点角度一般分为:正向舆论和负面舆论,但是在网络环境下,负面舆论的影响力和传播范围要远远大于正向舆论,这一方面与网络虚拟性相关;另外一方面也在于负面舆论往往能够宣泄社会公众的不满情绪,引起更大范围的讨论和关注。近年来,网络舆情对政治生活秩序和社会稳定的影响与日俱增,一些重大的网络舆情事件使人们开始认识到网络对社会监督起到的巨大作用。同时,网络舆情突发事件如果处理不当,极有可能诱发民众的不良情绪,引发群众的违规和过激行为,进而对社会稳定构成威胁。除了社会热点话题外,互联网上还存在一些虚假信息也成为网络舆论的关注点。这些虚假信息损害了网络媒体的公信度,而且一旦被网民采信,就会给现实环境带来极大危害。目前,网络不良信息传播的认定、取证等没有明确规定。由于网络产品的特殊性,如何判断网络谣言、暴力、人身污蔑、网络色情等不良信息,如何确定所造成的后果都没有明确的指向,也没有相对明确的取证规定,为公平透明执法带来一定难度,模糊性太强。

从网络舆论的诱发起源看,一般是由社会热点话题引起,但是两者往往相互交织,相互作用,社会热点话题能引起网络舆论的关注,而网络舆论热点也往往形成社会热点问题。

网络作为现今的重要发声媒体,之前一直处于监控的边缘。这源于网络的跨地域性和虚拟性,加之网络发展相较传统媒体时间要短很多,所以对于网络舆论的管理也就处于相对滞后的状态。但是在2013年却发生几件有全国影响力的事件,比如"秦火火案件"。

网名"秦火火"("淮上秦火火"),真名系秦志晖,男,湖南省衡南县香花村人,高中毕业,曾是尔玛公司员工。网名"立二拆四",真名系杨秀宇,男,30岁,吉林省白山市八道江区七道江镇人,系尔玛公司创办人,其余涉案人员均为其公司员工。

据秦志晖、杨秀宇供认,尔玛公司自2010年3月在北京市朝阳区成立以来,主要从事网络推手、网络营销等业务,为了扩大知名度、影响力,秦志晖、杨秀宇及其公司员工组成网络推手团队,伙同他人,通过微博、贴吧、论坛等网络平台,组织策划并制造传播谣言、蓄意炒作网络事件、恶意诋毁公众人物，以此达到公司谋利目的。秦志晖、杨秀宇等对编造"7·23"动车事故政府花2亿元天价赔偿外籍旅客、虚构雷锋生活奢侈细节污蔑道德形象、捏造中国残联主席张海迪拥有日本国籍等一系列违法犯罪事实供认不讳。另外，为使公司获得更多营销利益，他们使用淫秽手段，色情包装"中国第一无底限"暴露车模干某某、"干爹为其砸重金炫富"的模特杨某某等，助其成名，严重败坏了社会风气。

警方查明，秦、杨二人曾公开宣称：网络炒作必须要"忽悠"网民，必须要煽动网民情绪与情感，才能将那些人一辈子赢得的荣誉、一辈子积累的财富一夜之间摧毁。他们公开表示："谣言并非止于智者，而是止于下一个谣言"。他们甚至使用淫秽手段对多位欲出名女孩进行色情包装，"中国第一无底限"暴露车模、"干爹为其砸重金炫富"的模特等均是他们"引以为豪"的"杰作"。他们的行为严重败坏社会风气，污染网络环境，造成恶劣影响，有网民称其为"水军首领"，并送其外号"谣翻中国"。

据办案民警介绍，秦、杨等人组成网络推手团队，伙同少数所谓的"意见领袖"、组织网络"水军"长期在网上炮制虚假新闻、故意歪曲事实，制造事端，混淆是非、颠倒黑白，并以删除贴文替人消灾、联系查询IP地址等方式非法攫取利益，严重扰乱了网络秩序，其行为已涉嫌寻衅滋事罪、非法经营罪。秦志晖、杨秀宇二人对所做违法犯罪事实供认不讳。

2013年8月19日，警方搜索秦志晖任职的北京尔玛互动营销策划有限公司，成员同时遭捕，罪名是造谣传谣3000余件、联网蓄意制造传播谣言、恶意侵害他人名誉及非法攫取经济利益。连同秦志晖外，同日尚有5名成员遭捕。

2014年4月11日，据网易报道，秦志晖被控诽谤、寻衅滋事案今天9时在朝阳法院开庭审理，面对公诉人对他的指控，开庭他便表示认罪。

2014年4月17日，北京市朝阳区人民法院官方微博"北京朝阳法院"消息，网络推手秦志晖涉嫌诽谤、寻衅滋事一案，上午公开宣判罚。

第三节 北京网络业发展的趋势与对策

一、北京网络业的发展趋势

（一）移动互联网成为北京网络业新的发动引擎

根据中国互联网络信息中心（CNNIC）统计，截至 2012 年 12 月底，我国微博用户规模为 3.09 亿，微信用户达 3 亿。其中，微博用户较 2011 年底增长了 5873 万，增幅达到 23.5%。而微信用户更是从无到有，发展速度让人侧目，成为行业中的佼佼者和领跑者。[1] 于 2011 年推出的微信，则是连续两年来使用率涨幅最大的手机应用，发展势头强劲，逐渐成为手机端的最主流的应用之一。成为移动互联网领域的"QQ"，成功占领手机端，成为用户数量和安装数量最大的 APP。而截至 2014 年 6 月，我国手机网民规模达 5.27 亿，较 2013 年底增加 2699 万人，网民中使用手机上网的人群占比进一步提升，由 2013 年的 81.0% 提升至 83.4%。[2] 手机网民规模不仅在 2013 年全年增加 8000 万的基础上，其网民规模首次超越传统的 PC 端网民的规模，这也从侧面验证了移动互联网作为下一个网络市场的重要节点的能量所在。

北京作为全国移动互联网最大的研发中心和目标市场，拥有其他地方所不具备的诸多优势，而且近两年来，北京移动互联网企业数量猛增，企业不断创新推出众多叫好卖座的移动互联网产品。相信随着移动互联网的迅速发展，北京作为移动互联网的中心，一定能够推出更多符合市场预期和用户需求的新产品。

（二）北京市网络金融市场发展迅猛势头仍将延续

2012 年中国网上银行交易规模达 919.9 万亿元，同比增长 31.2%。企业网银是网上银行最主要的组成部分，个人网银交易规模增速超过企业网银，占比呈逐年上升趋势。从个人网上银行层面来看，工商银行、农业银行和招商银行分别中国个人网银交易额规模市场份额的前三名。北京市作为全国的重要金融中心，银行金融业

---

[1] 张燕：《互联网在北京的发展变革》，《北京社会科学》2008 年第 5 期。
[2] 王祺：《移动互联网时代北京移动数据业务发展战略分析》，首都经济贸易大学学位论文。

发达，同时北京作为全国的互联网的中心城市，两者的结合和共同发展更加具有可操作性和现实意义。因此，在这个层面上看，北京的网络金融市场的前景非常广阔，同时，庞大的用户基数、良好的网络业氛围都为北京市网络金融市场的发展提供了有效的资源支持。①

（三）4G技术将成为北京市网络业新的发展热点

北京作为首批16座4G服务试点城市，于2013年正式跨入4G时代，北京移动更是第一时间推出4G移动商用业务，目前其4G网络的覆盖范围包括：东西北三环、南至两广路以内的地区；清华北大、国贸CBD及园博会等地区。

根据北京移动公布的数据，4G用户可以选择包括通话时间的"飞享套餐"和单独的"4G数据流量可选套餐"，"飞享套餐"的每月流量达到600M至2G，而"4G数据流量可选套餐"的每月流量则最高可达5G，两者都远远超过了现在市场上的其他资费套餐。4G不仅为用户带来了快速的移动网络体验，同时庞大的流量也为移动应用提供了良好的平台，能够满足手机视频、手机网游等过去的手机无法支撑的应用。

（四）大数据、云计算将成为下一个网络业的淘金热点

大数据，或称巨量资料，指的是所涉及的资料量规模巨大到无法透过目前主流软件工具，在合理时间内达到撷取、管理、处理、并整理成为帮助企业经营决策更积极目的的资讯。

云计算一词由Google公司提出，云计算具备两个特点。第一，依托虚拟化技术的弹性，它带来IT业务模式的变革，这是云计算较之前身网格计算的创新之处。第二，分布式的高性能计算。如果做一个更形象的解释，云计算相当于计算机和操作系统，将大量的硬件资源虚拟化之后再进行分配使用。

不管是大数据还是云计算，它们都代表了当下网络业的最尖端科技和最新商业机遇，代表了未来十年的网络发展方向。北京市目前大数据、云计算发展势头良好。北京南北两大云计算中心之一的北京经济技术开发区，目前落地的云计算项目投资额已超过200亿元，形成了涵盖云计算软硬件、云计算基础设施、云计算平台、云计算应用支持服务等主要环节的"云链"，开发区成为了全国领先的云计算全产业链基地。而位于北京北部的北京中关村云计算产业基地，吸引了包括：云天

---

① 李耀东、李钧：《互联网金融》，电子工业出版社2014年版。

使基金、海银资本等企业的大型云计算中心。

二、北京网络业的发展对策

（一）把推动北京市网络业的发展列为北京市文化产业发展的重要组成部分

几年前，QQ之父马化腾就曾提议，应当把互联网发展列为重大的发展国策，应该在政府工作报告中提到加快建设新一代信息基础设施，促进信息网络技术广泛应用。作为中国网络业发展的中心，北京市也应当把发展网络业作为重要的工作，为北京市网络业的发展创造有利条件。①

在"十一五"期间，北京市文化创意产业发展要着力做好十个方面的重点工作包括：一是营造良好环境，制定并完善有利于文化创意人才发挥作用、促进文化创意产业发展的政策法规；二是创新体制机制，加大国有文化企事业单位的改革力度，充分发挥市场配置资源的基础性作用；三是调整产业结构，盘活存量、优化增量，建设功能完备、布局合理的文化创意产业集聚区；四是整合优质资源，培育拥有自主创新知识产权、市场竞争力较强的文化创意龙头企业；五是提升城市形象，打造一批具有国际水准、北京特色的文化精品和知名品牌；六是精心运筹谋划，做好奥运会场馆的赛后利用，为文艺演出、广告会展、文化旅游、文化体育休闲等开辟新的空间；七是增强创新能力，建设以企业为主体、市场为导向、产学研结合的文化创意产业创新体系；八是推进科技应用，促进高科技同文化内容的融合，提高文化创意产品的质量和水平；九是完善产业链，加强社会相关行业对文化创意产业的配套支撑；十是面向国际国内市场，建设发达的文化创意产业营销网络。②

而网络业在这其中起到的作用不言而喻。首先，网络业作为可以贯通其他文化创意产业的纽带，其快速发展无疑会加快其他相关行业的发展水平，积极开拓行业纵深，打造全产业链的全新模式。其次，网络业作为全新的、前沿的技术行业，其发展必将带动科技的进步和应用的发展，才能真正提升文化创意产业的创新水平和能力，为文化创意产业的发展提供坚实的平台。③

---

① 贺心颖：《北京网络文化发展战略》，《首都经济贸易大学学报》2006年第3期。
② 徐翔：《发挥首都网络优势 促进北京文化发展》，《北京社会科学》2011年第6期。
③ 朱婧达：《北京文化创意产业发展模式探讨》，北京交通大学2010年学位论文。

（二）鼓励创新，加快移动互联网的发展布局

2013年作为移动互联网发展最为快速的一年让每个从业人员都看到了移动互联网的广阔发展未来方向。同时移动互联网技术的飞速发展带动了移动支付的技术创新，而用户对于支付便捷性的需求也在催生新的支付方式的产生。但移动支付技术的安全性、用户使用习惯的培养以及产业链的梳理和完善，是目前移动支付企业需要着手解决的问题。

一是建立积极的驱动体制，让行业从业人员愿创新。加大对于北京市网络业的人才培养和鼓励机制，积极鼓励创业，提升行业管理人员的管理水平和模式。二是提升能力素质，让从业人员善创新。通过走出去开阔视野、请进来传播经验、到一线实践锻炼，培育创新理念，提升创新能力，认真学习国外的经验和先进成果，努力转换为可持续、卡发展的良性模式。三是营造宽松环境，让从业人员敢于创新。凡是有利于北京市网络业发展、符合法律法规要求的新兴事物，就要积极鼓励，在体制上营造支持探索、褒奖成功、宽容失败的良好创新氛围。

（三）知识产权领域的保护必须加强

根据北京市目前网络业发展的现状，应该提倡鼓励创新发展，尊重著作权人的原创权利，将用户的自由和便利限定在一定范围内，既保证用户获得便利，也使版权人权利受到最大保护。

同时，我们也要用现有的法律条款来对现有的网络知识产权环境加以改造。通过参照过去已成文的法规或是新近对一些法规所做的增补修订，我国有关保护电子网络信息的法律条文在逐渐增多。除了已有的《刑法》《民法通则》等法律以外，信息产业部、邮电部及其他相关部门近几年相继制定了一些行政法规和部门规章。如1996年2月1日，国务院办公厅秘书局颁布了《中华人民共和国计算机信息电子网络国际联网管理暂行规定》。在此基础上，1997年5月20日国务院通过了《国务院关于修改〈中华人民共和国计算机信息电子网络国际联网管理暂行规定〉的决定》，对其进行了修正。1997年12月8日，国务院信息化工作领导小组又颁布了《中华人民共和国计算机信息电子网络国际联网管理暂行规定实施办法》，这一系列法规对国际出入口信息提供的单位、互联单位、接入单位和用户的权利、义务和责任进行了规定。新闻出版署令第11号发布的《电子出版物管理规定》自1998年1月1日起施行，对于电子信息出版物的制作、出版和复制进行了相关规定。由国家保密局发布、2000年1月1日起施行的《计算机信息系统国际联网保密管理规定》对于电子网络信息特别是涉及到国家秘密的信息保密进行了规定。

2000年10月1日国务院发布并施行的《互联网信息服务管理办法》规定了对经营性互联网信息服务实行许可制度；对非经营性互联网信息服务实行备案制度。①

（四）建立由政府主导的行业自律体系

目前，虽然经过多年的发展，北京的网络业建设取得了一定的成绩，但是仍然存在诸多问题，这就是为什么有必要建立由政府主导的行业自律体系。企业间无序的竞争最终给行业带来的只能是伤害，而政府强制建立的体系又往往不适应灵活多变的市场环境和企业主体。而由政府所主导的行业自律体系的模式，一方面依仗于企业或者行业自律体系的建立；另一方面，通过建立必要的法律法规积极引导行业和企业的正常平稳发展。只有二者有机的结合和共同的努力，才能真正的解决行业内的各种不当竞争问题，为网络业的健康发展奠定基础。

（五）加强网络舆论的管控

网络舆论往往涉及社会的各个层面，其话题和事实往往偏离，且舆论的走向处于不稳定的状态，而管理部门往往由于职能的限制，只能在其职权范围内进行处理，这样的行政分割反而导致网络舆论管理的混乱和无效劳动。因此，如果要加强对于网络舆论的管理和引导，政府部门加强协作，跨越行政鸿沟，建立跨部门的联动机制。积极引导网络舆论走向，密切关注事态的走向，保持对事态第一时间的知情权监测预警能力的高低，主要体现在能否从每天海量的网络言论中敏锐地发现潜在的危机苗头，以及准确判断这种发现与危机可能爆发之间的时间差。这个时间差越大，相关职能部门越有充裕的时间准备，为下一阶段危机的有效应对赢得宝贵的时间。

其次要规范、及时地进行信息披露，最大限度地满足民众的知情权。谣言止于智者，网络舆论的发酵往往源于被政府相关部门所压制和忽视的社会角落，为了自身部门利益或者地方利益，相关的管理部门往往在制止在信息传递方面的欺上瞒下和报喜不报忧，引发社会不满情绪的累积，一旦网络舆论关注，便引发更大层面的社会关注和讨论，使得问题不断发酵和演进，因此，要提高政府在危机处理中信息的透明度和执行力度，才能从根本上提高政府的公信力。

---

① 瑞罗、轩绮：《论电子网络知识产权的法律保护》，网址：http://blog.sina.com.cn/s/blog_498007bb01009ze8.html。

第四节 北京网络业主要经济数据

截至 2012 年底，中国网络业总计完成产值 9617.27 亿元，网络业前 100 强的营收总规模超过 2000 亿元，其中腾讯、阿里巴巴、百度营收都已经过百亿元；网易、搜狐、当当营收超 50 亿元；营收过 10 亿元的企业有 30 余家。腾讯公司创收能力最强，全年营收超过 400 亿元，占 100 强企业收入总和近五分之一，稳坐领头羊位置。其中，北京市即拥有搜狐、新浪、奇虎 360 等排名前十的大型互联网企业，也拥有数量庞大的中等规模的网站和小心站点。根据有关统计数据测算，北京市网络业产值已经超过 1500 亿元，其中所在地位于北京的上市的互联网企业年产值也已经达到千亿元大关。①

表1 2012 年上市互联网公司净利润前十名

排名	企业名称	企业所在地	净利润（亿元）
1	腾讯	深圳	127.8
2	百度	北京	103.9
3	网易	广州	35.9
4	盛大网络	北京	11.4
5	搜狐	北京	11.1
6	巨人网络	上海	10.7
7	搜房网	北京	9.5
8	携程	上海	6.9
9	完美世界	北京	5.5
10	前程无忧	北京	4.7

近些年，中国各地网民规模均有不同程度的增长，其中贵州、安徽、广西、江西等互联网普及程度较低的省份网民增长速度最快，而北京、上海、广东等省市的网民普及率较高，网民增速则相应有所放缓。到 2012 年底中国共有八省市超过一半常住居民已转化为网民。其中北京的互联网普及率已经在七成上下，北京地区网民规模约 1218 万人，比 2005 年和 2008 年分别增长 1.8 倍和 1.4 倍，达到了北美国

---

① 梁昊光、张燕、兰晓：《首都互联网产业经济效应分析》，《北京社会科学》2011 年第 2 期。

家、大部分西欧国家以及日本和韩国等高普及率国家的水平。① 到了2014年，北京网民规模约1550万上下，北京常住人口2000万左右，也就是说每四个北京居民里就有三个属于网民，由此可见，网络在北京的普及程度。

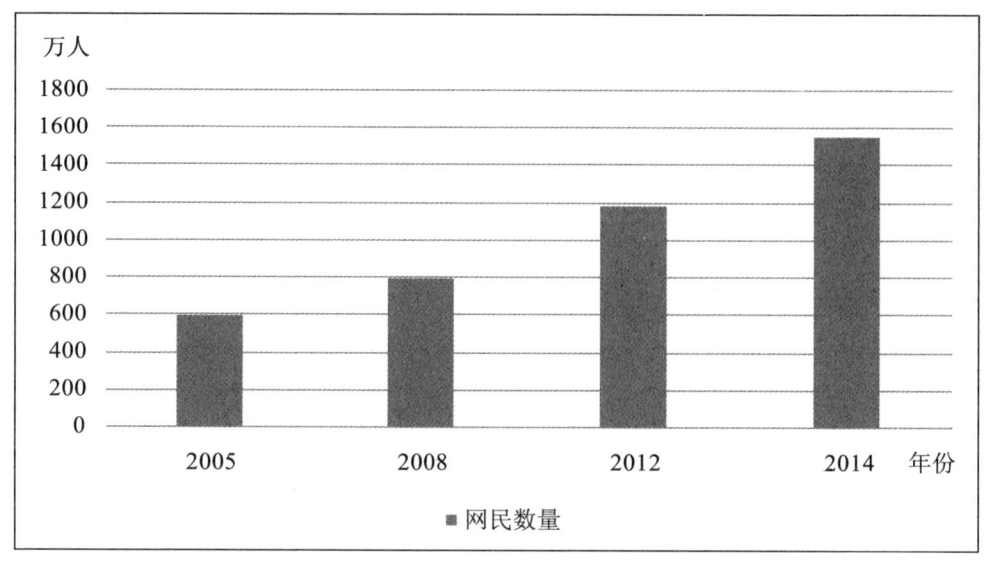

图1 北京市网络用户增长情况统计

中国网络业100强2012年营收总规模超过2000亿元，其中腾讯、阿里巴巴、百度营收过百亿；网易、搜狐、当当营收超50亿元；营收过10亿的企业有30余家。腾讯公司创收能力最强，全年营收超过400亿元，占100强企业收入总和近五分之一，稳坐领头羊位置。

表2 2014年网络业企业100强前10名

排名	总部所在地	名称
1	深圳	腾讯（深圳市腾讯计算机系统有限公司）
2	杭州	阿里巴巴（阿里巴巴集团）
3	北京	百度（百度公司）
4	广州	网易（网易公司）
5	北京	搜狐（搜狐集团）
6	北京	新浪网（新浪公司）
7	北京	奇虎360（北京奇虎科技有限公司）

---

① 黄传峰：《全球网络市场发展与现状述评》，《科学进步与对策》2004年第7期。

续表

排名	总部所在地	名称
8	上海	盛大网络（上海盛大网络发展有限公司）
9	上海	巨人（上海巨人网络科技有限公司）
10	北京	完美世界（完美世界（北京）网络技术有限公司）

表3　2014年网络业百大排名

1. 腾讯	2. 阿里巴巴
3. 百度	4. 京东
5. 搜狐	6. 奇虎360
7. 小米科技	8. 网易（不含有道）
9. 苏宁云商	10. 新浪
11. 唯品会	12. 盛大
13. 乐居	14. 世纪互联
15. 携程	16. 昆仑万维
17. 途牛	18. 网宿
19. 搜房	20. 号百
21. 云游	22. 网秦
23. 金山软件	24. 当当
25. 蓝汛	26. 二六三
27. 多益	28. 联动优势
29. 乐视网	30. 完美世界
31. 聚美优品	32. 优酷土豆
33. 凤凰网	34. 千橡网景
35. 迅雷	36. 心动
37. 触控科技	38. 三七玩
39. 网龙	40. 汽车之家
41. 博雅互动	42. 电魂
43. 四三九九	44. 起凡
45. 巨人	46. 拓维信息
47. 焦点科技	48. 欢聚时代
49. 天盟	50. 前程无忧
51. 易车	52. 大智慧

53. 人民网	54. 同程
55. 新华网	56. 央视国际
57. 漫游谷	58. 第一视频
59. 赛尔网络	60. 天鸽互动
61. 正保教育	62. 天极传媒
63. 摩拉	64. 凯英
65. 斯凯	66. 游族
67. 艺龙	68. 比奇
69. 慧聪网	70. 空中网
71. 凡客诚品	72. 锐之旗
73. 百奥	74. 趣游科技
75. 易娱	76. 走秀网
77. 二三四五	78. 北纬通信
79. 美团	80. 世纪卓越
81. 智联招聘	82. 赶集网
83. 邮通科技	84. 拉卡拉
85. 金融界	86. 顺网科技
87. 绿岸网络	88. 掌趣科技
89. 蜗牛数字	90. 暴风科技
91. 三六五	92. 东方网
93. 汇付天下	94. 动景
95. 酷狗	96. 珍爱网
97. 百合在线	

中国网络业100强中上市公司有54家，其中在境内上市18家，在中国香港地区上市4家，在美国上市32家。上市公司实现净利润逾400亿元，腾讯、百度净利润超百亿元，网易、盛大网络、搜狐、巨人网络净利润超十亿元；上市公司平均净利润率超过25%，盈利能力卓越。

表4 2014年100强中上市互联网公司净利润前十名及所在地

排名	企业名称	总部所在地	净利润（亿元）
1	腾讯	深圳	127.8
2	百度	北京	103.9

续表

排名	企业名称	总部所在地	净利润（亿元）
3	网易	广州	35.9
4	盛大网络	上海	11.4
5	搜狐	北京	11.1
6	巨人网络	上海	10.7
7	搜房网	北京	9.5
8	携程	上海	6.9
9	完美世界	北京	5.5
10	前程无忧	北京	4.7

中国网络业100强中，所属在线业务访问量最大的前10家网站是腾讯、百度、淘宝、搜狐、360安全导航、新浪、网易、新浪微博、凤凰网、hao123。访问流量"二八"现象明显，即不到20%的大型互联网企业拥有超过80%的网络流量，与100强的收入集中度保持一致。

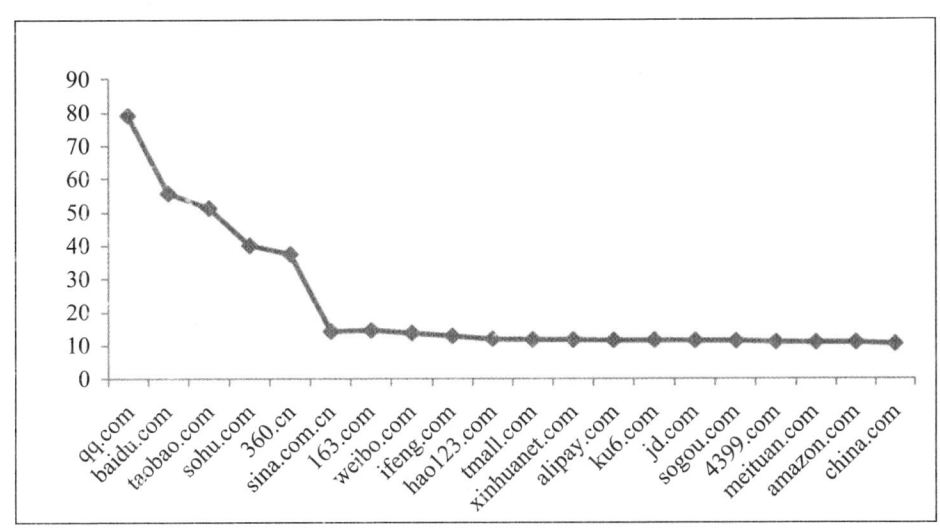

图2　2013年网络业网站流量分布情况

中国网络业100强的地区分布情况为：北京51家、上海24家、广东14家、浙江4家、江苏3家，基本上全部位于经济发达省份。其中京沪粤三地占比近90%，这在一定程度上反映了互联网行业发展状况与地方经济发展情况的高度关联性。尤其北京市，由于其国家文化、经济、政治中心的地位，为网络业的繁荣发展提供了良好的人力、位置资源优势，这些独树一帜的优势，极大地促进了网络业的发展，成为全国网络业发展的领头羊。

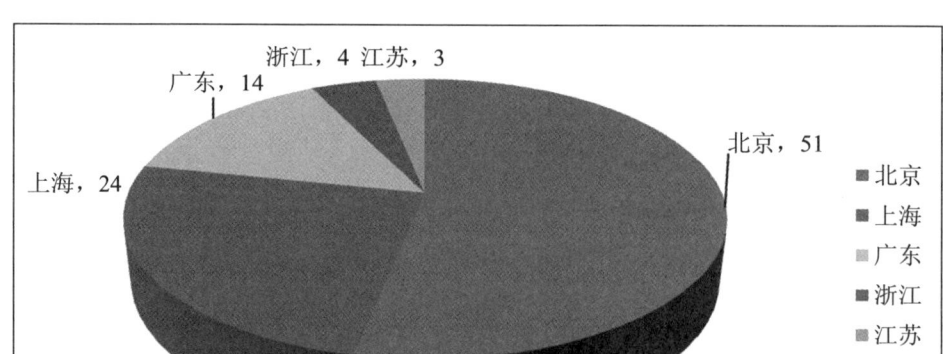

图3 2014年网络业品牌企业地区分布情况图

对于网络业中的网站而言，访问流量就是一个网站的生命，也是其发展状况的重要指向标。常用流量指标包括PV、UV等，其反映了某个网站的热度。中国网络业中，排名前十名的网站所在地分布如下：

表5 2012年网络业流量排名

1	腾讯	qq.com	信息获取	深圳
2	百度	baidu.com	信息获取	北京
3	淘宝	taobao.com	商务交易	杭州
4	搜狐	sohu.com	信息获取	北京
5	360安全导航	360.cn	安全服务	北京
6	新浪	sina.com.cn	信息获取	北京
7	网易	163.com	信息获取	广州
8	新浪微博	weibo.com	交流沟通	北京
9	凤凰网	ifeng.com	信息获取	北京
10	hao123	hao123.com	信息获取	北京

表6 总部设在北京市的互联网100强企业

排序	单位名称
3	百度（百度公司）
5	搜狐（搜狐集团）
6	新浪网（新浪公司）
7	奇虎360（北京奇虎科技有限公司）

续表

排序	单位名称
10	完美世界［完美世界（北京）网络技术有限公司］
11	京东（北京京东叁佰陆拾度电子商务有限公司）
14	凤凰网（北京天盈九州网络技术有限公司）
15	优酷网［合一信息技术（北京）有限公司］
20	乐视网［乐视网信息技术（北京）股份有限公司］
22	艺龙（北京艺龙信息技术有限公司）
23	当当网（北京当当科文电子商务有限公司）
24	易车网（北京易车信息科技有限公司）
25	新华网（新华网股份有限公司）
26	人民网（人民网股份有限公司）
29	亚马逊中国（北京世纪卓越信息技术有限公司）
30	中关村在线、爱卡汽车（北京智德典康电子商务有限公司）
32	美团网（北京三快科技有限公司）
33	智联招聘（北京智联三珂人才服务有限公司）
34	央视网（央视国际网络有限公司）
38	搜房网（北京搜房科技发展有限公司）
39	联动优势（北京联动优势科技有限公司）
46	世纪互联（北京世纪互联宽带数据中心有限公司）
47	汽车之家（北京车之家信息技术有限公司）
48	中国天气网（北京维艾思气象信息技术有限公司）
49	凡客［凡客诚品（北京）科技有限公司］
50	开心网（北京开心人信息技术有限公司）
52	昆仑游戏（北京昆仑万维科技股份有限公司）
53	美丽说（北京美丽时空网络科技有限公司）
54	联众世界（北京联众互动网络股份有限公司）
55	金山（金山软件有限公司）
56	第一视频、178游戏网（北京智珠网络技术有限公司）
57	豆瓣网（北京豆网科技有限公司）
59	58同城（北京五八信息技术有限公司）
60	酷我音乐（北京酷我科技有限公司）

续表

排序	单位名称
61	空中网（北京空中信使信息技术有限公司）
62	金融界［财富软件（北京）有限公司］
65	聚美优品（北京创锐文化传媒有限公司）
66	光宇游戏（北京光宇在线科技有限责任公司）
69	六间房（北京六间房科技有限公司）
70	瑞星（北京瑞星信息技术有限公司）
72	17k 小说网（北京中文在线文化传媒有限公司）
75	百合（北京百合在线科技有限公司）
79	和讯网（北京和讯在线信息咨询服务有限公司）
81	网秦（北京网秦天下科技有限公司）
82	趣游［趣游（北京）科技集团有限公司］
84	慧聪网（北京慧聪国际资讯有限公司）
88	中华网（北京华网汇通技术服务有限公司）
89	暴风影音（北京暴风科技股份有限公司）
91	小米网（北京小米科技有限责任公司）
100	武神（北京武神世纪网络技术股份有限公司）

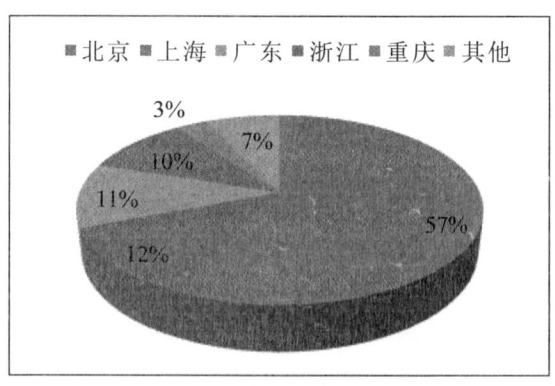

图 4　各省市在 Alexa 全球网站排名数比例

表 7　全国新闻网站日均覆盖情况前 8 名（2013 年）

	人民网	新华网	环球网	中国新闻网	中国广播网	中国网	光明网	东方网
日均覆盖人数（万人）	501	498	251	244	154	152	145	134

续表

	人民网	新华网	环球网	中国新闻网	中国广播网	中国网	光明网	东方网
日均网民到达率（%）	2.10	2.10	1.10	1.00	0.60	0.60	0.60	0.60
所在地	北京市	北京市	北京市	北京市	北京市	北京市	北京市	上海市

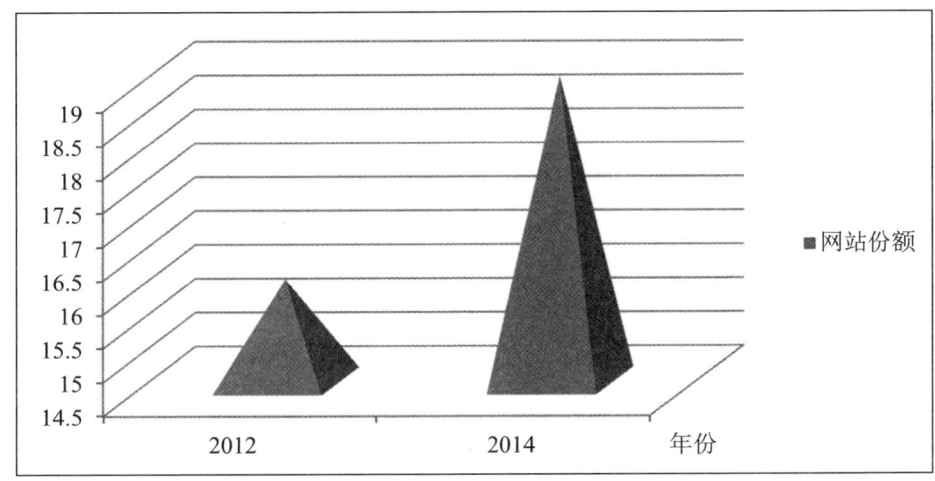

图5 中国新闻网站排名及北京所占比重

表8 网络与其他行业紧密程度排名（数字小更紧密）

序号	行业名称
9	农、林、牧、渔业
	采矿业
	电力、燃气及水的生产和供应业
8	水利、环境和公共设施管理业
7	建筑业
6	制造业卫生、社会保障和社会福利业
	居民服务和其他服务业
	租赁和商务服务业
5	批发和零售业
4	住宿和餐饮业
	交通运输、仓储和邮政业
3	房地产业

续表

序号	行业名称
2	科学研究、技术服务和地质勘查业
	金融业
1	教育
	信息传输、计算机服务和软件业
	文化、体育和娱乐业

表9 网络业网站浏览量综合排名

排名	网站名	企业总部所在地
1	百度	北京市
2	腾讯网	深圳市
3	360安全中心	北京市
4	搜狗	北京市
5	weibo.com	北京市
6	淘宝网	杭州市
7	新浪网	北京市
8	凤凰网	北京市
9	中国网络电视台	北京市
10	firefoxchina.cn	北京市

备注：部分数据来源于中国互联网络信息中心（CNNIC）

（本章执笔：高曹）

第十三章　北京广告业发展研究报告

第一节　北京广告业概述

一、广告业概述

广告业是现代服务业和文化创意产业的重要组成部分，在塑造品牌、推动创新、促进发展、拉动内需、繁荣文化、构建和谐社会等方面发挥着积极重要作用。广告业具有知识密集、技术密集和人才密集的特点，已经成为一个国家或地区经济和文化发展的晴雨表和风向标，其发展水平直接反映一个国家或地区经济发达程度、科技进步水平、综合经济实力、社会文明程度。

自20世纪90年代以来，广告公司向客户提供的服务内容发生了巨大转变，已经不仅仅局限于传统的广告创意、广告制作和广告发布等内容，而是向涵盖了传统广告、商品促销、公共关系等整合营销传播服务转变。尤其是近年来在数字技术和以互联网为代表的新媒体迅猛发展的推动之下，广告业已经发生了翻天覆地的变化，其新的生存形态和运作形态也要求广告公司的专业服务随之改变和提升。国家工商行政总局印发的《广告产业发展"十二五"规划》也提及"由传统广告服务向市场调查、营销诊断、资讯支持、管理资讯、整合传播等服务功能延伸拓展。"

（一）广告和广告业定义

广告有广义和狭义之分。广义的广告，是指广告发布者通过传播媒体有目的地向公众传递社会生活领域的有关信息，即将某件事情"广而告之"，包括政府通告、社区告示等。狭义的广告，又称商业广告，是指广告发布者通过传播媒体向公众介绍商品信息、报道服务内容、宣传企业形象、传递个人资讯等的经济行为。商业广告一般通过柜台陈列、橱窗设置、招贴、路牌、灯箱、报纸、期刊、广播、电影、电视、网络等媒介形式来进行。商业广告实质上是商业行为与传播行为共同发展并相互结合的产物。而广告业,是指通过广告创意、策划、设计、制作、展示、发布、检测、管理、调查、发布、科技研发、技术推广、效果评估、媒体运营、品牌代理等方式获取利润的产业门类。

(二)广告经营环节

传统意义上的广告活动分为设计、制作、代理、发布四个经营环节。广告设计,是指在商场调查的基础上,使广告宣传的原始信息变为用语言、文字、图像组成的广告信息的过程。广告制作,是指对广告信息进行绘制、印刷、摄影、录音、录像等的活动。广告代理,是指广告代理人在广告业务委托人授权的范围内,以委托人的名义,从事直接对委托人产生权利和义务的广告业务活动。广告业务委托人分为广告主和广告媒体单位两类,故而广告代理分为广告客户代理和广告媒体代理两类。但是,一般情况下广告主将广告业务委托他人代理。广告发布,是指通过媒体将广告设置、张贴、刊登、邮递、放映、播放、传播出去的活动。

(三)广告媒介的分类

当前,各类广告媒介主要有电视、广播、报纸、书刊,以及互联网。如果按照广告媒介形态来划分,可以分为:实物媒介广告、印刷媒介广告和电子媒介广告三大类。其中,实物媒介类,主要包括路牌广告、车厢广告、墙壁广告等;印刷媒介类,主要包括传单广告、招贴广告、邮送广告、报纸广告、书刊广告等;电子媒介类,主要包括:互联网广告、车载广告、电视广告、广播广告、电影广告、电子显示屏广告等。

二、北京广告业的基本概况

自改革开放以来,北京广告业得到了快速发展,行业资源密集、链条完善、规模适中、人才素质高、市场成熟度高,已经成为全国广告市场传媒中心、创新研发中心、广告品牌中心和高端人才中心。2003 年,北京市有广告经营单位 9736 户,从业人员 86866 人,经营额为 205.3 亿元。北京广告经营单位和经营额逐年增加,尤其 2007 年以来广告经营额平均每年以高于 20% 的速度增长。2010 年,全市共有广告经营单位 17567 户,从业人员 11.8 万人,规模以上广告行业经营额为 740 亿元,占北京市 GDP 的 5.3%,已经连续四年位居全国榜首,为首都经济、政治、文化和社会建设做出了重要的贡献。到2011年广告经营单位更是从2010年的17567户激增至28884户，经营额由2010年的494亿元激增至2018.1亿元。2012年，随着整体经济形势增长有所放缓，北京广告行业增势亦有所放缓略呈下降趋势，广告经营额为1807.6亿元。

2013年底，北京市共有广告经营单位24803户，各项数量均位于全国前列。其中内资广告企业21341家，外资广告企业205家，兼营广告企业8980家，网络广告企业511家，媒介单位1347家，个体经营广告业务户数716家，2013年广告从业人员106764人。截至2014年底，北京广告经营单位28823家，实现广告经营额1921亿元，约占全国的30%，已成为全国第一大广告市场。

外商投资广告公司是北京广告业的重要组成部分，2013年营业收入较2011年出现了大幅下降。不过，在保证电视和户外媒介资源占据足够市场份额基础上，外资广告公司已经将注意力转向互联网媒体这种高发展、高回报率市场。这也正是北京广告业发展的新特征。

以互联网广告为代表的新媒体和新技术广告，已成为传统媒体广告的有力竞争对手，其广告经营主体数量和广告市场经营份额正在不断攀升。2013年各企业网络广告营收方面，百度以318亿元的广告收入位居第一，淘宝与谷歌中国分列第二和第三。网络媒体广告收入前十名中有八家总部位于北京，收入占前十名总和的61.5%。

在各方面努力和推动之下，北京已形成行政监管为主、行业自律和公众监督相互结合的广告行业监管体制，2013年违法广告发布率仅为0.17%，同比下降了50%。在新技术和新媒体环境推动下，特别是国家启动京津冀一体化发展战略，北京的社会文化和消费观念将更广阔的辐射到津冀地区，北京广告市场的成长空间值得期待。

2014年5月在北京举办的第43届世界广告大会"北京日"上，北京、香港、澳门、台湾签署《两岸四地广告业发展战略合作协议》。根据协议，四地广告业联合会将组成"两岸四地促进广告业合作发展推进小组"，轮值负责年度活动。此外，四地广告业将加强信息互通，拓展广告市场，并在扩大投资、融资渠道方面加强合作，进一步推动四地广告业健康发展。

当前，北京正处在全面实施"人文北京、科技北京、绿色北京"战略、建设中国特色世界城市的关键时期，广告业作为直接服务于经济社会发展的新兴产业，面临着新的发展机遇和挑战。

第二节 北京广告业经营现状和问题

一、北京广告业的经营现状

2012年,受宏观经济大环境的影响,作为经济发展晴雨表的广告业整体发展随之放缓,但好的一方面是广告主依旧对市场充满信心,保持谨慎乐观的心态。在随后的2013年北京市广告营业收入较2012年增长了17.75%,重新恢复强劲增长态势。在国家政策的推动下,媒体格局发生变化,传统媒体广告资源大幅度缩减,传统媒体广告市场平稳增长,电视媒体依然强势,网络广告市场迅猛增长,移动互联网异军突起成为广告投放的新增长点。北京广告业在政策的扶持下不断创新发展。①

(一)北京广告业发展的政策助力

2010年国家"十二五"规划纲要作为国家中期发展战略,首次提出"促进广告业健康发展",广告业的地位随之明确。在此基础之上,2011年国家各相关部门出台了针对广告业的鼓励政策,引领广告业发展创新。

2011年10月14日,刘淇在"做大做强首都文化企业,打造首都文化航母"专题座谈会上的讲话中提道:做大做强文化企业是北京推动文化产业发展的重要任务。我们进一步加强国家文化中心建设,发挥示范作用,必然需要培育一批文化航母企业,引领文化产业发展。北京聚集了大量大型文化企业总部和众多文化人才,在文艺演出、影视制作、艺术品交易、广告、出版、网络等领域走在了全国前列,具备打造文化航母的基础条件。我们要认真贯彻落实即将召开的十七届六中全会精神,进一步提高文化自觉、增强文化自信,推出一系列政策措施,做大做强文化企业,加快文化产业发展,使其与首都地位更加相称。

2011年11月21日,国家工商总局与北京市政府正式签署《关于推进首都广告业发展的战略合作协议》,国家工商总局全力支持北京市建设国家广告产业园区,支持首都广告产业的升级发展。以此为标志,北京国家广告产业园区从前期的研究、酝酿、

---

① 常泽鲲、张静华、苑天阳:《北京广告业现状及发展对策研究》,《现代传播》2013年第2期。

论证阶段,正式转入全面建设阶段。在市委、市政府的大力支持和市工商局的指导下,北京市工商局朝阳分局积极配合朝阳区委、区政府,与区发改委、区文创办等部门统领合做,全面发挥工商职能作用,统筹推进园区规划建设。

为贯彻落实"加快发展文化产业、推动文化产业成为国民经济支柱性产业"的国家宏观产业政策,2012年4月11日,国家工商行政管理总局在《推进广告战略实施的意见》中提出实施广告战略的具体办法和政策扶持措施,制定了"到2020年把中国建设成为广告创意、策划、设计、制作、发布、管理水平达到或接近国际先进水平的国家"的目标。同年5月29日印发的《广告产业发展"十二五"规划》中制定了降低市场准入标准、增加财政投入、鼓励广告产业的投融资、加大税收优惠等相关政策,为广告业的发展创造了良好的政策环境。这是我国首个被纳入国民经济与社会发展规划体系的广告业中长期发展规划,再度明确了国家将加大对广告业扶持力度,对行业结构进行优化,推动自主创新,进一步完善法制和监管体系。此外,财政部、工商总局于2012年7月26日联合印发了《关于开展2012年现代服务业试点支持广告业发展有关问题的通知》,开展中央财政重点支持广告产业园区建设试点工作。

2012年5月28日—6月1日,首届中国(北京)国际服务贸易交易会(简称"京交会")在北京国家会议中心举行。作为京交会的重要组成部分,由北京市工商局和朝阳区政府共同主办、北京互通国际传播集团承办的"北京国际广告周",团结汇聚全国广告行业组织、大型广告主企业及主流媒体,在提供一个专业、多元、广阔、活跃的商务交流空间的同时,成功打造一场聚集广告界精英和新锐思想理念的盛会,为推动北京乃至中国广告业发展助力。

5月31日下午,作为"北京国际广告周"主题活动之一的北京国家广告产业园区开园仪式隆重举行。国家工商行政管理总局党组书记、局长周伯华在开园仪式上强调:"北京国家广告产业园隆重开园,是首都广告业发展史上的一件大事。北京拥有全国最大的广告市场,不仅是全国最大的广告媒体中心,也是广告创新研发中心和人才中心。产业园区瞄准国际水平,高起点、高目标、高质量组织好招商和运行管理等工作,为提高我国广告业的集约化、专业化、国际化水平,充分发挥引领和示范作用,为全国其他地区广告产业园区建设探索、提供有益经验。工商行政管理部门立足本职、服务大局,大力实施广告战略,积极做好广告产业园区的指导、服务和管理工作,为促进广告业科学发展,服务经济社会又好又快发展做出新的贡献"。中共北京市委副书记、市长郭金龙表示,广告业在文化创意产业发展中具有重要地位,希望国家广告产业园区发挥"对首都乃至中国广告业发展的示范带动作用，提高广告业的国际竞争力。北京国家广告产业园区西起东二环路，沿东长安街延长线两侧和通惠河沿岸向东伸展到八里桥，涵盖北京CBD、CBD—定福庄国际传媒走廊的全部地区，总面积达42.8平方公里，是北京广告企业总部的聚集区。预计到"十二五"末，产业园区年产值有望超500亿元。目前园区一期已建成12万平方米写字楼，引力传媒、联动文化、北视英特维等近10家广告龙头企业抢先进驻，与中国广告协会等行业组织也正在洽谈中。政府部门在园区核心区设立公共服务大厅、管理机构、广告展示平台，开辟绿色通道，可为园区企业提供一站式"零距离"服务。

为吸引更多的企业入驻朝阳、入驻国家广告产业园区，朝阳区出台了促进广告产业发展的专项优惠政策。今后，对新注册并迁入北京国家广告产业园区的一定规模以上的广告企业，给予一次性资金奖励，注册资本在2000万元人民币以上的，补助200万元；注册资本在1000万元人民币以上、2000万元人民币以下的，补助100万元。新注册并迁入北京国家广告产业园区的龙头广告企业，在享受上述优惠政策的同时，还可享受房租补贴，补贴标准为每年每平方米200元人民币，连续补贴3年。对于广告企业在境内外资本市场上市以及通过借壳或买壳上市，给予400万元人民币的资金补助。① 这些举措使得促进北京广告业发展创新的政策落到实处。

（二）北京广告业的发展现状

1. 广告业整体规模不断扩大，在文化创意产业中占有重要地位

北京广告业整体发展态势良好，增速平稳。2011年1—11月份，北京广告会展实现总收入745.1亿元，在全市文化创意产业九大行业中居第三位，占全市文化创意产业总收入的比重为11%。2011年全市广告业经营额已达809.62亿元。共有广告经营单位18297户，其中，广告公司15782家，外资广告经营单位268家，兼营广告的企业428家，广告专业从业人员12.1万人。②

2. 北京成为全国最大的广告媒体中心，广告媒体规模居全国第一

北京以其独特的首都功能和区位优势，集中了中央电视台、人民日报、北京出版社等一大批中央级专业媒体，以及北京电视台、北京出版社等众多北京地区的媒体资源，成为全国最大的广告媒体中心。据2011年统计，北京市共有广告媒体机

---

① 倪宁、王芳菲：《新媒体环境下中国广告产业结构调整分析》，《广告大观（理论版）》2014年第4期。

② 《2013年北京广告行业发展报告》，北京市工商行政管理局编印。

构 2346 个，其中电视台 22 家，广播电台 12 家，各类报纸 212 种，期刊媒体 2100 余种。此外，北京还有从事网络广告的媒体 8 万多家，各类户外经营性广告 2.4 万余块。北京的广告媒体资源主要集中在东城、西城、朝阳、海淀等中心城区，这些城区共有 2145 家媒体，占全市广告媒体总量的 91.4%，其中海淀 746 家、东城 529 家、西城 469 家、朝阳 403 家。报纸媒介、综合性杂志等综合性媒体也主要分布在海淀、东城、西城三个区。密集的媒体资源优势，推动着北京广告业快速健康发展。近年来，北京广告经营额中，媒体占据三分之二，广告公司只占三分之一，其中电视台和报社的广告经营额超过了 50%。[①]

3. 网络广告等新媒体形式发展迅速，成为广告业的新增长点

从广告的投放形式看，平面媒体和广告电视仍占据主体地位，但随着互联网和新技术的普及应用，网络广告、移动广告等新形式不断兴起，逐步成为当今最具活力的新兴广告形式。和传统媒体广告相比，网络广告具有时效性、互动性强等优势，门户网站显示广告、搜索引擎竞价广告等主要模式高速增长，网络视频广告、广告游戏等新兴模式也逐渐兴起。移动客户端广告等其他各类创新形式的广告也日益呈现出良好发展态势。

4. 广告企业呈现较地域集中特征，CBD 等高端功能区成为广告业的重要聚集区

与其他现代服务业一样，北京广告业的发展也呈现出较为明显的地域集中布局特征，功能拓展区和核心区资源优势明显。尤其是经济强劲、商务活动活跃的高端产业功能区，其广告业的发展较为突出，企业聚集度大、广告投放力度强。据统计，朝阳区、海淀区、东城区和西城区四区共聚集了全市近 90% 的大型广告公司，主要集中于 CBD、金融街等高端产业功能区，且围绕高端产业发展的需求，形成了较完善的广告服务体系。

二、北京广告业的经营问题

（一）广告业结构集中度需要进一步调整

近年来，北京广告业规模不断扩张，已经成为全国规模最大的广告市场，但没有成为具有绝对竞争优势的广告市场，广告业整体规模呈"小而散"的状态。占绝

---

① 《中国文化产业年鉴 2012》，光明日报出版社 2013 年版。

对高比例的中小规模企业和实际具有较强市场竞争力的龙头、品牌广告企业的稀缺组成了北京广告业不合理完善的结构。企业规模结构的不合理，在很大程度上阻碍了广告业集约化发展，进而严重影响了北京广告业整体服务能力的提升。

本土广告企业市场竞争力偏弱，北京广告业发展面临内外挑战。

随着改革开放的进一步扩大，外资广告企业不断涌入北京，并且通过公司股权结构调整、并购、整合媒介资源、增加投资额等方式，积极扩张市场，促进了市场的充分竞争，一定程度上对北京广告业加速整合起到促进作用，但同时也给市场竞争力偏弱的本土广告公司带来很大挑战甚至是毁灭性打击。

国内经济的快速发展使得国内其他大城市广告业同北京广告市场的竞争日趋白热化。从国内广告市场看，北京即使作为全国最大的广告市场，对于上海、广州、深圳等大城市广告业对北京广告行业的竞争和资源争夺也倍感压力。当前北京、上海、广州位居区域广告经营额的前三位，广告营业额的总和占全国广告经营总额的50%以上。由于上海和广州的广告业发展具有不容小觑的潜力，北京广告业的发展将会遇到极大的挑战。

（三）广告专业化实力有待进一步提升

广告创意不仅来源于企业内部，在一定程度上还来源于竞争对手和整体环境。有调研显示，在广告公司内部，创意主要来源于企业的管理层，如创意总监，其次是项目组负责人。从广告公司外部环境看，最大的创意源是广告客户，一些非专业客户对于创意的不正确解读也会导致广告设计创意的流失。北京广告业创意水平在全国名列前茅，但是一旦和国外优秀广告相比则差距明显。现行的广告代理制形成了"强媒体，弱广告"的局面，强势媒体可以直接产生传播效果，广告创意得不到重视。同时制作费用有限，对优秀广告创意人才的吸引不足，极大制约了广告业创意水平的提高。另外，国内广告公司提供的广告制作更多地依赖于"名人效应"，大量资金用在名人代言费上，导致公司在广告创新上不会投入更多资金。[①]

（四）广告市场经营秩序有待进一步规范

与国内其他城市相比，北京广告市场的经营秩序相对较好，但在广告创意和知识产权保护、广告发布、市场规范化监管等方面，与国际广告市场还存在一定的差

---

① 《关于促进北京市广告业发展的意见》，北京市工商局，网址：http://wenku.baidu.com/link?url=rM-dtHkxnDvmcW8WCln_RlMpPL322Kjkcqjyz-OLnkpYnA164F_4l_T7ipb06Xuf51xkDLJs9zFBDWJxdk3u7oiETVM5uJbpZNIqxXs-g5S。

距。同时，由于北京广告企业数量较多，规模普遍偏小，加上广告企业为争夺客户对广告内容自查不严，导致无序、违法竞争现象仍然存在。北京市工商局监管体制虽然一直在不断完善，但因人力资源有限并不能完全覆盖整个行业。此外，北京广告业信用体系尚未真正形成，广告内容的综合监管体系仍需进一步完善。

（五）虚假广告宣传、广告业潜规则吃回扣等一些广告业灰暗面不容忽视

由于缺乏强有力的市场监管，不实、虚假广告时有发生。虚假广告传递的是虚假的信息，会误导消费者和使用者，一旦消费者接受了广告所传递的虚假信息，就会给消费者造成或大或小的损失，严重的会给消费者造成人身或财产的损害。同时假冒伪劣产品大行其道，扰乱了正常的市场秩序，阻碍市场经济的健康发展。另外，还存在一些操作不规范的广告公司在招揽业务过程中，通过给客户执行人或者决策人以一定比例回扣，从而获得广告合同等不良竞争手段，严重干扰了正常市场秩序。

第三节　北京广告业发展趋势与对策

一、北京广告业的发展趋势

广告业作为社会经济发展的晴雨表，与经济发展有着密切联系，尤其是作为我国政治、经济和文化中心的北京，广告市场的起伏更能反映经济发展的特征。当前我国步入经济增长结构调整的转型时期，2012年受到全球动荡经济形势的影响，我国经济发展有所放缓，根据联动效应，北京市广告经营收入近三年也呈现放缓的态势。但是北京广告业的实际发展趋势要比各方数字所呈现的状态更加良好。通过对2013年北京广告业发展的的分析，可以发现北京广告业具有以下发展趋势：

（一）随着市场经济发展繁荣，广告业经营规模持续扩张

市场经济发展带动居民收入增加，居民整体消费水平大幅度提高。作为市场的需求方，消费成为市场发展的根本动力，也成为吸引广告主增加广告投入的直接原因，广告业经营规模持续扩大增加。尤其是国家启动京津冀一体化发展战略，交通便捷性的提高和经济发展一体化的逐步实现，北京的消费理念和习惯势必辐射到周边地区，北京市场将吸纳更多的资源，成为促进北京广告业发展的又一强劲动力。

（二）广告业呈现集约化发展趋势

从北京广告经营单位的地域分布来看，呈现明显的地域集中特点，核心城区、经济活动频繁的区域广告市场也相应的较为活跃。全市近九成的大型广告公司主要分布在朝阳区、西城区、海淀区、东城区等区域，尤其集中于 CBD、金融街这样的高端商业区。虽然近几年北京广告业的产业效率和集中程度有一定提高，但是不容忽视的广告公司"小而散"问题依然存在，集约化发展仍成为未来北京广告业发展的方向。

（三）广告业在文创产业中所占比例将持续增加

近几年随着市场宣传的加深，北京广告业所承载的文化影响力也在持续增强。伴随北京广告业规模的增长，北京已经成为全国最大广告市场。北京广告业的发展得到了北京市政府的重点指导和大力支持。特别是北京市政府对北京广告产业园的发展在财政、税收等方面提供了优惠政策。在发达国家，文化创意产业已经成为经济发展的重要支柱之一，广告业在文化创意产业中占比很高，尤其是像在英美一类的发达国家，广告业在文化创意业中占比约为 1/3。北京统计局数据显示，2012年，北京广告会展创收 844.2 亿元，在整个文化创意产业中占比 10.4%，同比增长 2.1%，2013 年北京广告会展创收 1105.1 亿元，在整个文化创意产业中占比 11%，同比增长 3.7%。目前看来，北京广告业占文化创意产业的比重虽然不高，但未来预期发展空间巨大。

（四）外资广告公司增长放缓，内资广告公司增长明显

2013 年北京外商投资广告公司营业收入较 2011 年出现了大幅下滑，与此同时内资广告公司的广告营业收入与 2011 年相比增长了 54.06%。

从广告业务的媒介分布来看，电视和户外媒体仍旧是广告公司收入的主要来源，互联网快速增长的势头明显已经超越报纸媒体。从广告业务媒体收入的前五位排序来看，内资广告公司更加倚重室内展览展示和户外媒介，而外商投资广告公司在保证电视和户外媒介资源基础上，将注意力转向互联网媒体的态势已经非常鲜明。互联网媒体或许将成为下一个内外资广告公司争夺的市场热点。

（五）随着"互联网+"时代到来，新兴媒体广告迅猛发展

在"互联网+"时代，随着数字技术和网络技术的不断创新及应用，新媒体形式层出不穷并且日益壮大，构成了广告业生存与发展的全新背景。以网络广告为代表的新媒体广告快速增长，不仅增长率高于传统媒体广告，在所占市场份额上也相继超过除电视广告外的三大传统媒体广告。于此同时，我们所能看到的是传统媒体广告增长速率的降低，甚至部分传统媒体广告出现负的增长和明显衰退。传统媒体广告将经受越来越严峻的考验。

（六）媒体合作趋势加深

据2013年对媒体数据统计显示，2013年本市有19.23%的媒体与其他媒体之间合作开展广告经营活动。电视媒体成为2013年媒体进行广告合作的最主要媒体，互联网媒体则为广告经营第二选择媒体，值得特别关注的是，2014年希望选择手机媒体进行广告合作的媒体将接近选择互联网媒体进行合作的比例，不难预测移动客户端媒体将成为市场炙手可热的合作伙伴。

二、北京广告业的发展对策

（一）进一步促进广告业的结构调整和制度体系的完善

以调整和优化广告业结构为重点，推动北京广告业结构升级，提升北京广告业整体竞争力。加强广告业管理，加大对广告业发展的政策指导和制度支持，制定行业优惠政策，扶持广告业的快速发展。完善服务体系，拓宽广告企业投融资渠道，鼓励广告企业间投融资、广告主和媒体对广告公司投资以及鼓励具有竞争优势的广告公司通过上市进行融资等，并在多方面给予税收财政优惠政策。

（二）提升内资广告公司市场竞争力

尽快实现广告企业经营理念的创新性转型，主动投入行业创新，在广告各环节提供具有创意含量的服务，进而拓展专业化服务范围，深化专业化服务内容，提高专业化服务水平，增强内资广告公司的核心竞争力。同时，内资广告公司可以通过并购与联合等战略来寻求自身的更大发展，包括组建大型营销传播集团、开展多元化的产业经营、内部强强联手达成战略联盟等。

（三）加强北京国家广告产业园区的建设

在市场准入、资金支持、人才引进等方面实施相关优惠政策，吸引广告市场主体进入，实现广告创意、制作、发布的中心聚集效应，提高北京广告业在国内外广告市场的综合竞争能力。并在此基础之上，建设全国广告产业要素交易平台和公共服务中心，促进媒体资源、广告创意、技术、制作等产业要素合理流动，进一步推动北京广告业的发展。搭建政府部门、行业组织、研究机构的信息发布、交流平台。

（四）提高广告从业人员整体素质

以知名专业高等院校、研究机构为依托，建立广告创新发展和人才培养中心，培养本土高级广告人才，实现教学、科研、实践、就业一体化。建立广告业人才库，搭建广告从业人员和广告企业信息交流平台，提高广告人才就业水平。参照文创产业、高新技术企业人才优惠政策，拟定对广告业高端人才的优惠政策，吸引人才聚集。实施广告专业技术职称评价制度，进一步提高广告从业人员整体素质和行业职业水平。

（五）营造良好环境，充分发挥行业协会职能

多渠道培养和普及公民广告意识，提高广告在社会中的行业地位，营造有利于广告业发展的良好社会环境。定期开展优秀广告作品评选和展览，展示北京广告业发展成果。举办广告行业论坛和展会，为北京广告企业和国内外优秀企业合作与交流搭建平台。

完善"政府监管、行业自律、社会监督"的广告监管机制，大力推进广告监管制度化、规范化、程序化、法治化建设，建立健全广告监管体系，严厉查处虚假违法广告和各类违法经营行为。进一步加强广告协会在各区县的建设，强化广告协会职能，协助政府部门贯彻产业政策、落实行业规划、完善行业管理、加强行业自律，增加行业内企业的向心力和凝聚力。

（六）完善广告业立法，促进广告业的健康发展

加强和完善广告业立法，健全相关法律体系。当前我国的广告监管法律法规体系已形成以《中华人民共和国广告法》为核心、《广告管理条例》、《广告管理条例实施细则》等一系列相关行政法律法规为具体操作依据、以地方行政法规为实际针对性措施、以行业自律规则为司法行政措施的重要补充的统一化、多层次的法律体系。《广告法》的颁布实施，标志着广告业在法治的轨道上前进了一大步。但是，

二十余年过去了,中国经济发生了翻天覆地的变化,广告业也有了长足的进步,新的经营方式、新的发布媒体、新的发布方式层出不穷,亟待纳入《广告法》的调整范围,以适应经济社会的发展,促进广告业的健康长久发展。①

(七)强化广告行政执法与司法,创造有利于广告业良性发展的市场环境。

我国采取的是以工商行政管理机关为主要监管机关,其他相关行政部门在各自职权范围内进行配合的广告监管模式。广告行政执法部门明知当事人有弄虚作假嫌疑,却由于缺乏有效的强制措施,无法调查取证,加之法律对违法广告惩处的力度不足,违法成本较低,使工商部门行政执法效能大打折扣。因此,强化广告行政执法与司法,创造有利于广告业良性发展的市场环境势在必行。

第四节 北京广告业主要经济数据

北京广告业凭借首都的优势地位和得天独厚的优势资源,日益呈现出快速发展的势头,已经成为全国广告业最发达的地区之一。自 2007 年以来,北京市广告经营额平均每年以高于 20% 的速度在快速增长。截至 2013 年底统计的全市 24803 户广告经营单位,其总的广告经营额更是达到 2128.45 亿元,占到全国广告经营额的 1/3。

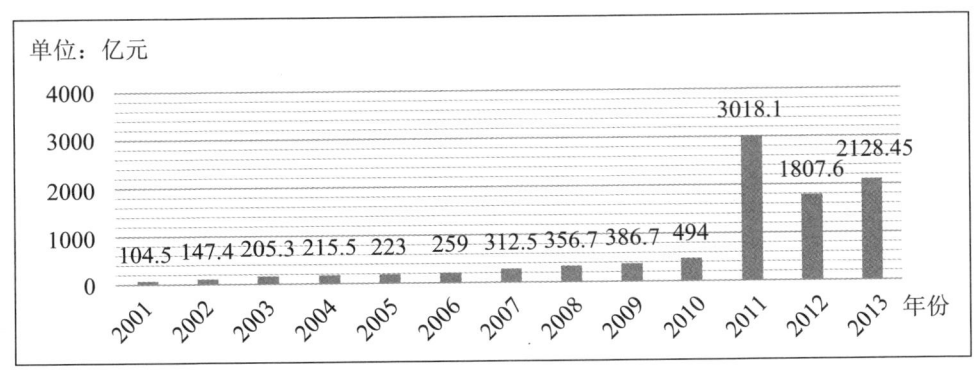

图 1 北京市广告营业收入

---

① 范伟新、吴爱华:《浅析我国广告监管法律制度现状及完善途径》,《扬子晚报》2011 年 10 月 13 日。

从上图不难看出，自 2011 年起，北京市的广告营业收入发生了质的飞跃，并且这种势头在三年里一直保持，根据对发展趋势的分析，这种情形将继续坚持下去，北京广告业的全国领先优势将一直延续。

2012 年投入运营的北京国家广告产业园区，促进了广告产业链条全覆盖的国家级重点产业集聚区的建设。业内预计"十二五"末，园区年产值将超过 500 亿元，并促进北京广告业向集约化、专业化、规模化、国际化方向发展。

从全国整体广告业务水平来看，北京的广告公司也处于行业领先水平。据统计，在 2012 年本土广告公司排名 100 位中，北京有海润广告、世纪百代、蓝海洋、帝城国际、晴朗国际、正一堂策略、视新等 26 家本土广告公司入围，而另一广告市场大户上海则以总数 15 家排名北京之后。北京的广告公司不仅规模庞大，服务质量也均属上乘，业务水平普遍较高。目前，世界 500 强企业和诸多国际知名公司把总部设在北京或在北京设立分支机构。据统计，北京已有 48 家 500 强企业总部，位居全球城市首位，而拥有 47 家世界 500 强企业总部的东京退居第二，这为北京广告业的快速发展奠定了坚实基础。

此外，到 2013 年底，北京市登记在册媒体单位 1347 家，从事互联网广告的新媒体有 177 家，各类户外经营性广告 5788 块。北京已经成为全国最大的广告媒体市场。从经营业绩来看，据工商部门统计数据显示，2013 年北京广告媒体实现税收 42.98 亿元，占广告业总税收的 57.05%，位居全国前列。在 24803 户广告经营单位中，广告公司广告经营额所占比例为 68.63%；电视、广播、报纸、杂志、互联网等媒体单位广告经营额所占比例为 31.37%。从区域分布情况分析，在全市广告经营单位中，广告企业分布情况以及广告营业收入的区域分布情况，仍旧呈现出比较明显的地域特征。

全市 18 个区县按照广告营业收入排序，前四位是依次为朝阳、西城、海淀、东城，顺义、丰台、平谷和大兴紧跟其后。其中广告营业收入超过 100 亿元的前四位，收入合计更是占全市全年广告营业收入的近乎九成，达到 89.6%。

表 1　2013 年北京市各区县广告营业收入前四名　　　　　　　　单位：亿元

排名	区域	广告营业收入	广告公司营业收入	媒体广告营业收入
1	朝阳	613.13	602.3	10.83
2	西城	441.35	407.43	33.92
3	海淀	248.73	121.28	127.45
4	东城	232.74	209.41	23.33
合计		1535.95	1340.42	195.53

2013年北京市552家规模以上的广告经营单位(即广告营业收入500万元以上)实现广告营业收入1456.18亿元,占全市广告营业收入的68.42%,从区域分布情况分析,全市规模以上广告经营单位仍主要分布在朝阳、西城、海淀、东城等中心商务区。

一、广告公司广告经营情况

据北京市工商部门登记数据显示,2013年度全市15086户专业广告企业,共实现广告营业收入1332.99亿元,占统计总量的74.27%,专业广告企业户均营业收入883.60万元。

表2 北京市排名前十的广告公司

排名	2013年总体排名前十	营业收入(万元)
1	北京恒美广告有限公司	1000043.00
2	北京电通广告有限公司	518921.60
3	北京未来广告有限公司	201135.00
4	北京新浪广告有限公司	189673.00
5	北京首都机场广告有限公司	175334.00
6	华扬联众数字技术股份有限公司	174625.00
7	航美传媒集团有限公司	165638.20
8	北京光耀天润广告有限公司	152637.00
9	北京伊诺盛北广广告有限公司	115664.59
10	北京同路天地广告有限公司	115543.00

参与工商部门调研统计的13200户广告公司广告营业利润总值为371.46亿元,利润率为35.83%。户均广告营业利润为281.41万元,人均广告营业利润为71.07万元。与2011年相比较,广告营业利润总值和利润率均实现了近4倍的增长。

外商投资广告公司是北京广告业的重要组成部分,外商投资广告公司为北京广告业带来先进的广告业务理念和技术,并促进了市场的有力竞争,帮助更多的内资广告公司不断成长,为北京市乃至全国的广告业做出了一定的贡献。

二、传统媒体广告经营情况

传统广告媒体单位，包括电视、广播的播出机构，报纸、杂志和书籍的出版机构，以及出版专业学刊的各类科研机构等单位。近年来传统广告媒体单位中企业化形式单位的比例逐年上升，体现了文化产业正进一步走向市场的趋势。

全市共有888户传统广告媒体单位参加了本年度工商管理部门组织的统计调查工作，结果显示：传统广告媒体单位的广告营业收入总计395.73亿元，只有中央电视台超过了百亿元，其广告营业收入总计255.98亿元，占传统媒体广告营业收入总量的64.58%。

表3　2013年北京市传统广告媒体广告营业收入前五名

排名	单位名称	媒体类型	广告营业收入（万元）
1	中央电视台	电视	2559793
2	北京电视台	电视	295202
3	国家广播电影电视总局电影卫星频道节目制作中心	电视	159635
4	北京日报社	报纸	139585
5	北京人民广播电台	广播	61698

2013年度北京市传统媒体广告投放情况为：电视的广告营业收入为309.62亿元，占全部媒体广告收入78%，稳坐第一把交椅；期刊的广告营业收入为45.37亿元，占总收入11%，位列第二；报纸的广告营业收入为34.49亿元，广播电台的广告营业收入为6.25亿元，分别占9%及2%。四大传统媒体广告营业收入合计395.73亿元。

（本章执笔：刘珊）

第十四章　北京民办教育培训业发展研究报告

第一节　民办教育培训业概述

一、民办教育培训业简介

民办教育，又名私立教育（private education），是相对于公办教育、公立教育的教育形式，指国家机构以外的社会组织或者个人，利用非国家财政性经费，面向社会举办学校及其他教育机构的活动。

民办教育培训，是近年来逐渐兴起的一种将知识教育资源信息化的机构或在线学习系统。一般来说，这种机构或网站会包含从幼教到大学，甚至博士或者出国等各个阶层的教育信息，也有包括对现任职位的工作者或者下岗人员等类别的技能培训，是以提供教育资源和培训信息为主要内容的专门性网站或培训机构。

从目前的发展状况看，中国的民办教育培训行业尚处于成长阶段，虽然培训机构数量已超过十万家，但资金规模超过10亿元的屈指可数，行业竞争激烈。同时，行业市场规模保持高速增长态势，2014年整个教育培训市场规模达到1.2万亿元左右。

在教育培训市场竞争化的时代，品牌优势是竞争的一个核心，以北京新东方为例，上市后新东方开始在幼儿教育、职业教育、中高考辅导、个性化家教等领域强势进攻，利用新东方的品牌优势在各个领域进行扩张；巨人教育集团在融资前就开始了在全国发展的战略部署，融资后在全国并购了一些地方大型培训机构，很快实现了集团化的运营模式，同时巨人的幼儿教育和家教得到了快速发展，目前已经形成了综合化的品牌格局。同时巨人教育集团注重开辟教育蓝海，据国家教委透露，教育部正在制订中小学生汉字书写等级标准，要求学生不仅要会认会写，还要写得规范和美观。而新出台的高考大纲中"错一字扣一分"的规定和电脑阅卷对书写要求的提高，是对目前语文基础教学的一种警示和鞭策。为此在教育市场多变的情况下市场迎来了一些新的机遇，巨人教育集团在2007年开始并购钢笔字速成项目，2008年投资研发，目前已经在市场上销售，销售不到半年来全国加盟商达到200多家，巨人研发的《巨人五天钢笔字速成项目》在全国开启了将大型情景喜剧和教育完美结合的经典案例，第一次将《家有儿女》三位小童星聚集打造出了青少年喜欢的钢笔学习产品。同时巨人教育集团正在研发的"智多数学棋"即将面世，目前已经订购出30多家单位。巨人教育产品化的战略将是集团的又一利益增长点。

国际出版教育集团英国培生集团日前在京宣布，其分支"培生教育"正式并购英语培训教育机构——华尔街英语（中国）。去年，"培生教育"收购了上海乐宁进修学院，并持股北京戴尔国际英语学校，正式进入中国英语培训市场。此次并购，"培生教育"将继续保留"华尔街英语"品牌，进一步扩展教学网络，为更多中国在职商务人士提供英语培训。这是国际教育集团大势进军中国的趋势，目前在已经获得融资的教育机构中都开始了自己的圈地运动，新东方并购了铭师堂等高考复读教育机构，安博教育在全国并购了一些课外辅导培训和职业化教育机构，环球雅思早就开始圈地，巨人教育集团在武汉、南昌、西安、广东、广西等城市大势并购了当地最大规模的教育培训机构。还收购了一些很有潜力的教育科技及游戏产品。这种并购化的趋势导致当地的教育机构竞争力发生了改变，以前是地方本土品牌占据市场改为了由全国品牌占据地方本土市场，同时增强了地方品牌的知名度和核心竞争力，加强了服务和师资力量的建设，使得地方教育机构发展快速。这将是品牌化教育机构跑马圈地运动又一个竞争趋势，占据自己在全国的市场。

在品牌机构综合化发展的趋势下，专业机构注重在纵深发展，例如旭日弘文作文，专注作文考级，在全国设立了考级基地，快速开发市场，推动地方加盟商开启作文教育的新革命，像这样专业化的机构专注某个领域是快速成长的重要策略，专注造就专业，为此在品牌机构竞争的条件下，加快专业化机构的核心竞争力是与品牌机构竞争的策略。目前像新东方的泡泡少儿英语在全国也有加盟，巨人教育集团的《巨人五天钢笔字项目》、《巨人四大名著歌曲版》、《巨人作文》、《巨人数学》、《巨人英语》、《巨人幼教》等自品牌项目，已经在地方二三级城市展开项目加盟，这种品牌化加盟的模式将有助于快速启动二三级市场，地方加盟商热衷于与品牌化教育机构的合作，提升自己的品牌形象，打造在当地的核心竞争力。这种模式将是二三级市场快速成长的一个重要方式，也是中国教育培训业走向全国地方城市的一个重要途径。最终会形成大品牌教育机构占领全国各级城市的大格局。教材的标准化、服务的一体化、优质教育资源的共享，将成为一种趋势。

二、民办教育培训业的基本概况

据德勤的报告显示，中国的教育培训市场总值在 2014 年将达到 1.2 万亿元，平均复合增长率 12%。其中民办学校呈现蓬勃发展态势。从 2010 年到 2013 年，各类民办学校总量从 11.9 万所增加到了 14.9 万所，增加了 26%，年复合增长率 8%。民办幼儿园学校数增加了 30%；民办普通小学学校数增加了 10%；民办普通初中增加了 6%；民办中等职业教育减少了 21%；民办普通高中减少了 5%；民办独立学院减少了 10%；民办高校增加了 6%。可以看出，民办教育呈现高端化、低龄化的发展趋势，民办高中和民办职业教育受人口结构、市场需求影响而有所萎靡。

但是反观中小学的教育培训，超出 4000 多亿元的市场，并且正以每年 30% 速度急速增长，每年参加各类培训的青少年儿童超过 1 亿人次。目前，我国现有 2 亿多的中小学生。而在大中城市，90% 以上小学生在课后接受各种各样的辅导，这是一个无比巨大的需求群体市场。

幼儿教育市场是一个潜在的大市场，近两年来，中国教育市场迎来了培训行业投资高峰期。除去风险投资商的青睐，国际教育集团参与度也在提高。而对于普通投资者来说，投资教育的渠道也在不断增多。中国教育培训领域的市场空间巨大。统计数据显示，教育支出在中国已经超过其他生活费用成为仅次于食物的第二大日常支出。截至 2010 年，中国教育培训市场的潜在规模达 3000 亿元人民币。

专家预测，到 2020 年全社会教育总投入可能要达到近 6 万亿元，而国家公共财政能投入的只有 4 万亿元左右，还有 2 万亿左右的资金缺口，必须也只能通过扩大社会投入即大力发展民办教育来解决。但新东方董事长俞敏洪表示，"做教育培训，是急不得的事情，不要轻易跟制度融资全面挂钩，做教育的目的不是以聚钱为目的的"。

三、民办教育培训业的行业细分

按照接受教育的不同阶段细分为：幼儿教育、中小学课辅、留学培训、高等独立学院、职业教育五个大的阶段；按教学方式的不同又可分为班组和远程（网络）两类。

（一）幼儿教育

11 家教育企业中有 7 家企业以幼儿园、特色幼儿教育、互动网站等不同形式提供覆盖0~14岁整个婴幼儿乃至少儿阶段的教育服务。上市公司业务竞争主要集中在特色幼儿教育，尤以少儿英语培训较多，新东方针对4~14岁儿童的泡泡少儿英语占有最大市场。

企业选择切入幼儿教育新项目时，会结合自身现有优势进行。学而思在2007年开始涉足学前教育，2011年起推出学前教育品牌"摩比思维馆"，主要定位数学思维的训练，这与其在小班奥赛项目上的优势不无联系；基于留学和语言业务上的优势及目前市场上留学低龄化的趋势，2011年11月，新东方宣布与麦格希集团共同创立"迈格森国际教育"，进军中国4~17岁青少年高端教育培训市场。值得一提的是新东方、学而思两大培训机构刚刚起步的幼儿教育都是与麦格希集团合作进行的。

（二）中小学课辅

据数据统计，仅2012年一年，北京普通小学在校人数增加了14万多人，普通初中在校人数增加了25万多人，普通高中在校人数增加了6万多人，三项合计增加了45万余人。庞大的用户基础是中小学辅导市场发展的根基。

最早开始耕耘这片市场的学大、学而思等也都是由创始人做家教开始的。学大2004年起从单纯的家教中介向课外辅导机构转型，学而思也差不多在同一时期从创始人的家教辅导班小作坊开始向正规化经营转型，此外较早介入该行业的还有巨人教育等。而新东方从2008年起提出优能中学计划，开始发力中小学课外辅导市场。安博教育于2008年通过并购的方式杀入这块市场。

在面向家长的调查中，约60%的孩子参加过英语或者奥数培训，最受欢迎的培训科目也是英语和奥数，共有约57%的孩子参加了两个及两个以上的培训班。家长挑选培训班的高峰时期在周末以及寒暑假，平均每个月有52%的家长花5000~10000元在孩子的培训上。口碑效应比较明显，有一半以上（52%）的家长通过朋友介绍选择课外辅导机构。对于课程的比较和选择，家长最看重教师的专业度（54%）和课程辅导能力（48%），相比之下课程费用是家长最不关心的因素（只占5.9%）。

学大开辟了中小学1对1个性化辅导市场，2007年以后在全国各地迅猛扩张。学大2007年接到风投后用激进的扩张策略实现了爆发式增长，在全国范围内广铺教学网络，目前是这个市场上在全国范围内教学点最多（256个）、覆盖城市最广（61个）的培训机构。而现在学大面临着在实现疯狂增长之后的品牌建设、教学网络运营效率、利润率等问题。

学而思是在北京依靠奥数起家，和学大的1对1补差有很大的不同。学而思开始抓住的是"培优"，用精英教育的理念、过硬的教学质量和优异的办学成绩在北京赢得了极佳的口碑。学而思精耕北京，但是它面临的一个主要问题是如何走出北京向全国扩张。

新东方利用此前在全国范围的资源、网络以及管理体系的优势，迅速杀入这块领域。优能中学＋泡泡少儿英语已经成为新东方最重要的收入来源之一，而且未来将为新东方的增长做出更多贡献。

安博教育则是通过收购介入中小学课外辅导市场。安博采取的策略是大举收购全国各区域有竞争力的地方培训公司，然后进行整合。该公司也是最先意识到区域性中小学课外辅导机构价值的公司，同时安博还收购了5家中小学，使其基础教育业务链更加完善。但是安博的并购策略目前也饱受争议，能否成功整合消化有待观察。

（三）留学培训

我们研究分析的留学市场是指，机构围绕着学生在出国留学的前期准备阶段、中期学习阶段、后期学成阶段的各种需求而提供的一系列产品与服务。据观察，国内机构的竞争焦点集中在前期准备阶段的海外考试辅导和留学咨询服务上，对于中期学习阶段和后期学成阶段的相关服务目前几乎无人问津。

在海外考试辅导方面，新东方和环球天下依然占据第一名、第二名的市场领先地位，其余传统英语培训机构只分得其中一小杯羹。新东方和环球天下在师资、教材、课程等方面的优势给他们奠定了坚实的基础。新东方在今年的6、7、8三个月里，海外考试辅导业务的学员同比增长19%至10.78万人，毛收入同比增长48%至9200万美元。

在留学咨询服务方面，北京市范围内具备留学中介资质的机构共有60余家。在众多机构当中，金吉列、启德、澳际等老牌中介代理机构位居第一阵营。新东方旗下的前途出国留学咨询业务在2012财年第一季度中实现的毛收入是1340万美元，同比增长110%，但占当季集团总净营收的比例大约只有5%。

最受欢迎的留学目的地国家TOP3为：美国（25%）、英国（13%）、澳大利亚（7%），这三个国家吸引了约一半留学生的眼球。另外一半主要以加拿大、荷兰、韩国、新加坡、马来西亚等国家为主。约67%的留学家庭会选择留学中介办理留学事宜。选择留学服务机构时，最被看重的因素依次是中介专业程度、信誉度、中介院校资源和签证通过率，紧随其后的是留学服务费用的高低。很多留学中介拓展的"境外服务"、"延伸服务"反而不是影响客户选择的主要因素，只有3%的消费者会关注这个部分。关于预科课程的调查数据显示，62%的消费者选择国内进行预科学习，有48%的消费者认为一年左右的预科学习最为适宜。选择预科课程时最被关注的因素是"升入海外大学的成功率"，52%的消费者将此作为首选，同时，具有强劲海外院校合作资源的预科课程在市场上最具备竞争力。预科课程被普遍认为是较好的留学前过渡课程，其中66%的消费者选择出国后进行预科学习，另外34%的消费者会直接在中介处报读国内预科。国内预科最为消费者质疑的几个因素包括：课程质量、培训教师专业化水平、名校预科种类、后续服务以及业务办理能力。

（四）独立学院

目前在美上市的教育类企业中，安博教育和双威教育旗下均拥有独立学院资产。双威教育拥有三所大学：重庆师范大学涉外商贸学院（FTBC）、广西师范大学漓江学院（LJC）和湖北工业大学商贸学院（HIUBC）。安博于2009年收购两家独立学院，分别为北京邮电大学世纪学院和苏州大学应用技术学院。安博的独立学院主要目的在于支持其大学生职业教育培训课程研发，而双威来自于大学业务的营收在2009年已超过传统在线培训服务业务，并呈现快速增长趋势。

独立学院通过中国的高考来录取学生，有录取成本低、生源流失率低、现金流稳定的优势。安博在接受采访时表示其收购独立学院主要是为了服务职业教育，未来不会进行扩张；近期双威的收购不断被国外做空机构质疑，究其根源在于前期高额的收购成本及收入形式较为单一，也制约着这一模式的发展，其学费变动受制于国家政策，随着高考人数的逐年减少，生源尤其是优质生源的招募工作将是独立学院的一大考验。

（五）职业教育

据调查显示，IT培训需求依然火爆，收入在5000元以下的人群是其主要消费者（占比65%），其中网络工程、软件开发、平面设计和网站建设四个类别的需求最为旺盛。消费者在进行IT培训机构选择时，除培训效果外，学费高低（18%）与是否能帮助就业（14%）是重要决定因素。虽然收入水平整体偏低，但消费者在IT培训上的投入却不惜血本，能够承受5000元/年用于培训的消费者占了约34%。

目前企业资格考试类教育企业多以线上网络教学模式为主，主要辅导科目集中在会计、医学、司法、建筑工程几类考试科目多、证书含金量大、标准化趋势强的领域内。

希望接受职业教育的消费者中,接近一半(46%)来自于在职人士,其余则以大学在校本科生为主(18%)。参加培训的目的以学习充电(46%)、提高就业竞争力(37%)和寻找新的就业机会为主。与早期职业教育主要面向低学历、技工类需求不同的是,随着大学毕业生逐年增加、就业压力增大以及职场竞争加剧,职业教育市场开始向高学历、高收入人群转移。

目前上市公司运营职业教育主要有两种模式:一类是应对求职需要的技能培养,主要是安博的实训基地和IT职业教育模式为代表;另一类是应对职业发展的资格认证,当然企业中还有一小部分业务是针对在职人员学历提升及企业对员工职业培训。

职业教育具有专业性要求高,与热门职业重合度高的特点。职业教育往往难以打造类似中小学的全科教学,相反容易形成专业化职业教育品牌,如IT教育的安博、北大青鸟、达内;会计品牌如中华会计网校、北大东奥;法律品牌如万国教育等。这些品牌的形成首要是社会对于细分领域的认可及大量人才缺口,另外也要求培训机构在所在领域有一定的专业化优势。

(六)网络教育

在这10家上市企业中,除了诺亚舟以外,其余9家均有开展网络教育业务,并且覆盖了育儿教育、升学考试辅导、语言培训、网络高等教育、职业认证培训、企业E-learning和网络教育服务等领域。根据公开财务数据,以上10家企业2010年网络教育业务的营收超过了1.5729亿美元。

第二节 北京教育培训业的经营现状和问题

一、北京民办教育培训业的经营现状

北京市的教育培训业是从公办高校的剩余教育资源转化延伸出来的。经过近15年的发展,目前,北京市已经形成了多种办学主体的市场格局,主要包括各级各类学校办的培训班、行业企业的培训中心、行业协会的培训中心、各种学会团体办的培训班、社会力量联合办学、培训公司和个人等。北京市的培训机构已超过

2000家，其中涉足职业教育的机构达1000多家，工程建设业及财务金融业培训的机构总数各已达近1000家，这些职业培训机构生存状态较其他行业企业好，营收稳定，但大多小而散，多以区域发展为主，形成连锁规模发展的机构相对较少。

（一）宏观环境分析

1. 政治环境分析

北京市的中小学基础教育正处在改革阶段，一方面提出减负的要求，禁止公立学校开办各种补习班；另一方面，十七大报告又再次强调必须全面实施素质教育，促进基础教育均衡发展。政策上对公立学校开办课外补习班的禁令为第三方课外辅导机构带来了发展的契机。目前，对课外辅导机构的政策环境比较宽松，对资本、办学门槛等方面均没有严格的限制，导致了市场上此类辅导机构数量众多、市场份额分散、竞争自由，为有实力的领先企业整合提供了市场、引领行业发展的机会。

2. 经济环境分析

经济的可持续发展带来了家庭可支配收入的增长。统计数据显示，目前超过半数的城市家庭，孩子每月花费占家庭总收入的20%以上，44.29%的家庭每月用于养育子女方面的费用在500元到1000元之间，其中绝大部分用户是用于课外辅导的教育培训中。可见，中国家庭对教育方面的重视度非常高。这为北京市教育培训市场的发展提供了必要的前提。

3. 社会环境分析

（1）升学压力日益严重。由于升学制度的影响和重点教育资源的稀缺，由高考自上而下的升学压力带来了学生间的激烈竞争。

（2）中国传统对教育的重视。"学而优则仕"，教育被认为是改变个人乃至家庭命运的重要出路。家长愿意投入更多资金，使孩子获得更多好的学习机会。

（3）学历对就业的影响。学历影响就业的机会，也决定了收入高低。家长为保证孩子有更好的就业机会，首先要保证孩子能收到更好的教育。

4. 技术环境分析

教育培训互联网化进程的加速，为网络教育的发展奠定了基础。

二、行业特点分析

1. 高层次的培训有了很大发展，但目前北京市培训市场上，中、低层次的培训仍然是主流。中国每年有将近1亿人参加各式各样的培训，其中近80%的人参加的仍是工作技能等方面的中、低层次培训。

2. 自新东方上市后,北京市教育培训机构海外挂牌上市在2010年出现高潮。其中业绩最好的十家培训机构分别是：新东方、安博教育、学而思、双威教育、环球雅思、正保远程教育、中国教育集团、弘成教育、诺亚舟和ATA。

对于外语培训市场的调查显示,少儿英语培训需求十分旺盛,以出国留学为目的的托福、雅思等应试考试紧随其后。最受欢迎的第二外语为法语、西班牙语和日语。在选择外语培训机构时,教师实力和培训效果、机构名气、在朋友圈中的口碑、价钱是否能接受、外教课的数量等都是网友比较看重的因素。

对于比较敏感的价格因素,大约有40%的网友表示,每月可以承受的外语培训费用为1000元至3000元,而选择1000元以下和5000元以上的网友分别为4%和19%。这一选择显然和网友的收入密切相关。调查结果显示,目前外语培训的主流消费人群中,月薪3000～4999元的占40%；1500～2999元的占16%；5000～10000元的占19%；1500元以下和10000元以上的分别只有6%和20%。由此可见,为外语培训"买单"的仍以中等收入人群为主。

二、北京民办教育培训业的经营问题

北京教育培训行业发展中存在的问题很多,归纳起来主要有以下几个方面：

第一,培训内容同质化严重。各培训机构所开展的同一专业领域培训项目中,内容大都非常相似,雷同现象严重。不少培训机构盲目跟风,看到市场上赚钱的项目就不顾一切地招生开班,由于时间仓促等原因,不可能开发出自己的课程,只能奉行"拿来主义",照搬照抄别人的内容,致使培训内容严重雷同甚至没有差别。培训产品的高度同质化具有多方面的危害,不但使培训对象因学不到实在的知识而深受其害,而且各培训机构不能在研发产品上开展合理竞争,随之转向其他途径,如虚假的招生宣传、愈战愈酣的价格大战甚至互相诋毁,从而造成整个培训服务业陷入恶性竞争和恶性循环的境地。

第二,培训模式和手段落后。各培训机构在培训模式上各具特色,花样不断翻新。但是,从整体上看,多数培训机构缺乏科学规划,也没有内行人负责运作,导致管理不规范、随意性强、运行效率低下。同类培训机构之间不能充分整合资源提高利用率,不能进行优势互补从而产生规模效益,而是重复设置、各自为战、盲目发展,既使得运营效率低,增加了运营成本,又使得专业重叠,造成了资源的浪费。在培训实施过程中,许多机构特别是小机构还停留在"一支笔、一本书、一个老师一间屋"的课堂讲解阶段，虽然有的机构也配备了多媒体等设备，但要么使用率低，要么只是做个简单的课件对付一下而已，并没有实质性的改变；少数机构引入了体验式等实战型的培训方式，但由于租用场地、设施等花费较高，也是作为点缀偶尔"体验"一次。总之，北京的培训服务业尚未形成现代企业化管理模式，这一方面是培训机构不注重投入造成的，更重要的是由于培训服务业管理人才的缺乏。

第三，师资短缺与良莠不齐并存。富有本土经验尤其是深入了解客户培训需求的培训师十分缺乏，这一点已成为制约高层次培训发展的瓶颈。一些具有研发能力的培训机构开发出一个好的培训项目后，一推向市场不久就会有跟随者，但有心人会发现，这些跟随者所请的教师，与先行者所请的老师几乎没有多大区别。有些高端培训项目，也许全国就只有几名老师能讲。不少培训机构的领导人士认为，培训类学校的灵魂实际上是师资，但是目前培训机构的师资却基本上处于波动状态，许多培训机构的老师都是兼职，老师可能在几个学校同时任职任教，处于赶场状态。据估计，国内目前大约37000多家培训类公司中，真正有实际经验的精英培训师还不到100人。北京的情况和全国具有相似性。一方面，很多培训公司根本没有能力培养自己的培训师尤其是高水平培训师，只能临时聘请几个有一定知名度的培训师，完全依靠这部分常年在各地赶场的培训师维持生存；另一方面，许多现有的培训师存在着"身份造假"现象，由于市场对优秀的培训师要求很高而真正合格的优秀培训师很少，不少人便伪造各种证书和个人经历进行招摇撞骗，这已经为业内的许多人所熟知。随便登录几个培训网站就会发现，在其介绍的培训师中，有相当一部分几乎无所不能，既擅长人力资源又精通市场营销，既是质量管理方面的能手，又是生产管理方面的专家，这种状况显示出目前许多培训师的身价水分很大。

第四，培训市场呈现混乱局面。首先，以虚假广告为代表的欺骗行为严重。2005年初，前程无忧培训频道做过的一项调查显示，很多人都遭遇到不同程度的培训陷阱，约有34.8%的人认为培训效果有夸张成分；20.8%的人将意见集中在培训老师名不符实；19.3%的人觉得培训学校不够规范；17.5%的人认为培训证书有水分；还有7.6%的人反映课程安排相当混乱。其次是过度竞争，价格战愈打愈烈。培训价格竞争的白热化，导致一部分中小培训机构在教学质量上大打折扣，正是由于这部分中小培训机构在降低培训价格的同时，也降低了教学质量，从而使一些盲目对比价格的学员往往忽略了自己来培训的真正目的。面对国际和港澳培训机构的价格透明操作机制，国内培训机构"乱哄哄"的价格战还不知道要打到何时。此外，部分培训领域存在垄断和暴利现象。这主要出现在具有政府背景和行业背景的培训机构中，这些培训机构独占了本领域的职业资格认证权和相关培训资源，成为了垄断性的培训服务提供者，他们操纵了组织报名、培训内容和效果评价的全过程，收费高而且毫无讨价还价的余地，从而获得了大量的垄断利润，这种垄断和暴利行为，严重影响了培训市场的公平竞争，阻碍了培训服务业的健康发展。

第五，培训资源配置不均衡。包括空间上培训资源配置的不均衡和不同领域之间培训资源配置的不均衡两方面。从空间看，尽管各区县都有培训机构分布，但不同区县之间的空间布局差异较大。例如，教育系统的各类培训学校在海淀、西城、朝阳、丰台、宣武、东城最多、最集中，尤其是海淀区始终处于领先地位，2004年为512所，占全市总数的33%，其它远郊区县相对少得多。而根据北京市劳动和社会保障局的数字，2005年，城八区海淀、朝阳、东城、西城、宣武、崇文、石景山、丰台的民办职业技能培训机构的数量（332所）占到全市总量的77.93%，十个郊区县则仅有20%多一点。从不同的培训领域看，许多培训机构都将眼光投向利润回报丰厚而且投入较少的项目上，如总裁班等高端管理培训、外语培训等，致使这类机构多如牛毛，据估计，北京目前仅外语类培训机构就达1000多家。与此相比，诸如农民工转移就业培训等利润率低的培训项目，尽管需求旺盛，也为国家大力倡导，却很少有培训机构愿意主动承担，原因很简单，这种培训收费低，利润少而且操作起来比较麻烦。

第六，缺乏国际竞争力。除了像新东方、北大青鸟等为数不多的培训机构具有较大规模、较强实力和一定的品牌影响力以外，其他培训机构以作坊式的小型机构为主，既没有规范的管理，又缺乏研发力量和具有自身特色的课程，同时也没有能力吸引或聘请到高水平的培训师，从而极其缺乏竞争力，在激荡的培训市场中左右摇摆，随波逐流，随时都会因生源枯竭而惨遭淘汰。目前总的来看，具有可持续发展能力和较强的市场竞争力的培训机构的领军企业还非常少。而在西方发达国家，培训已经成为一种产业，具有一整套先进的管理模式、规范的操作方法，丰富的培训产品，培训的形式也多种多样，已经出现了许多知名品牌和实力强大的培训机构。随着国外培训逐步进入国内市场，我们本土的培训机构的竞争力亟待增强，否则，培训服务业的"巨大蛋糕"就有被外国强有力的培训机构"瓜分"的危险。

第三节　北京教育培训业的发展趋势与对策

一、北京教育培训业的发展趋势

北京市的教育培训市场正以年递增 10 倍的速度迅猛发展，各类培训机构呈爆发性增长。早在 2006 年底，培训业的产值已达 3200 亿元的规模，行业利润接近 1600 亿元。《2007—2010 年中国培训市场发展预测与投资分析报告》指出，中国各类培训机构已达数百万家，目前，IT 培训、英语培训、管理培训和少儿教育已成为培训教育业的支柱。其中，北京市英语培训市场的市场总值大约是 100 亿元，相当于一个中等城市的年产值。北京市教育培训产业市值空间非常巨大。从宏观上讲，北京市教育培训产业的总需求达到上千亿元，除去正规的学校教育之后，市场化培训需求达到上百亿元。如此大的需求可以滋养一个庞大的社会培训市场，未来市场上将会出现 1~2 家年销售收入过 100 亿元的超级培训企业，另外，还会产生 5~8 家年销售收入过 10 亿元的中型培训企业，以及 30 家左右年销售收入过亿元的上市公司。

1. 品牌化格局形成

在未来，北京市教育培训业的品牌化格局将会形成定居的局面。例如：英语培训领域将是新东方、环球雅思等这样的机构领跑英语培训市场；职业教育将是安博、北大青鸟等机构占据职业培训市场份额；中小学课外辅导领域将是像巨人教育以多元化的优势占据全国市场，最后将形成像家电业和电脑业，大品牌割据市场的格局，各个大品牌在自己的领域内不断圈地扩大，将标准化和专业化的运营模式向全国推广，这也将是中国教育培训业的未来发展格局。

教育培训领域的广阔市场和丰厚利润，使得西方国家加紧了进军中国教育培训市场的步伐。这些国外公司进军我国教育培训市场，采取的是目前国际流行的"教育连锁经营"的模式，其特征是加盟授权和特许经营。肯德基、沃尔玛等国际知名品牌，都是用这种方法成功地打开了中国的巨大市场。市场经济是一种开发经济，教育市场的长久封闭既是不理性的，也是不现实的。如何面对国外竞争对手，这是从事教育培训市场的国内机构所要考虑的主要问题。在目前的情况下，对于大多数从事高端教育培训市场的国内机构而言，与国外大型机构合作，"与狼共舞"是一条有点无奈但正确的选择。同样,选择和中国本土的教育培训机构的合作,也是跨国公司进军中国教育培训市场的必由之路。

2. 进入国际市场竞争

在国际教育集团进入中国教育市场的同时,北京市的教育机构也要走向国际大舞台,同时要展开与国际教育集团在国内市场的竞争,本土品牌需要联手行动,加大产业联盟,既要学习国际先进的教育模式和教学科技技术,同时也要借助本土的优势研发国内教育产品,提高与国际教育集团的竞争力。中、小型培训机构的另一个竞争策略就是不求"大"而求"深",即认真分析细分市场,选准某一个需求点,再精准地深入下去。

3. 早教市场并购整合将是重头戏

中国的第四波婴儿潮始于2005年,而2007年"金猪宝宝"、2008年"奥运宝宝"等概念又进一步拉升了婴儿出生率。据《中国人口统计年鉴》,中国每年有3000万婴儿出生。最新统计数字显示,目前城市中0~3岁的婴幼儿人数已达1090万。"再苦不能苦孩子,再穷不能穷教育。"在中国,为子女教育形成的储蓄和消费在城市中产阶级家庭支出和储蓄中占据15%和24%的比例,已成为中国家庭第二大消费。与其他细分行业相比,学前教育领域的格局是最分散的,受地域性强、批地繁杂、小势力割据、教师流动性大等诸多问题困扰,真正上规模的教育机构很少。"但这也正是机会所在,任何一个成熟的细分市场都是从这个阶段发展过来的。"容敬思分析说。对于早教市场,并购整合将是下一阶段的重头戏。巨人幼儿教育市场迅速启动新的战略,已经形成了自己独有的模式,正在全国市场加快发展步伐。

4. 中小学课外辅导市场大有可为

对中国父母来说,孩子学习成绩的好坏直接关系到他们将来的发展。据相关调查显示,目前北京市有70%的中小学生,选择用课外辅导的方式来弥补学校教育的不足,而大考冲刺阶段的学生选择课外辅导的比例更高。有1/3的被调查家长表示,愿意拿出上万元为孩子的课外辅导买单。

中小学课外辅导市场是最受投资者关注的细分市场。截至2008年11月底的数据,中小学课外辅导培训市场获得1.0325亿美元投资,占教育行业投资总额的近30%。世界银行曾发表报告称,中国从小学到大学的学生人数占世界的17%,但是教育市场价值却只占2%。从这一报告来看,一项调查显示,2007年,仅初中生和高中生的课外辅导市场年产值就已经超过200亿元,这一数值预计将在5年内达到

500亿元。与当下相当火爆的IT培训及英语培训相比，相对"低调"的中小学教辅市场反而显得更加"大有可为"。

二、北京教育培训业的发展对策

（一）由企业联合会理事单位牵头，积极性成行业自律机制

自律就是自我约束，行业自律包括两个方面：一方面是行业内对国家法律，法规政策的遵守和贯彻；另一方面是行业内的行规行约制约自己的行为。行业自律建立在行业协会基础之上，一个行业如果没有一个行之有效的行业协会，行业自律也就无从谈起。每个行业只有认真的做好行业自律，才能在竞争激烈的市场中生存，才能有一个健康有序的市场。同时，北京地区的"教育培训行业协会"为发展、提升、打造一批有质量有信誉的教育培训企业奠定了基础。企业联合会牵头带动，将是行业协会理事单位积极促成制定行业自律的行规行约，加强自我管理和约束，从而维护本行业和企业的利益，避免恶性竞争，推动本行业持续健康发展。

（二）建立企业诚信数据库，向社会公开。

为建立良好的教育培训市场经营环境，提升教育培训服务质量，促进教育培训行业的发展，不仅要依靠企业诚信的良知与意愿，同时也要调动企业联合会和教育培训行业等行业组织的监督管理作用。建立实时更新的企业诚信数据库，并对外公布。诚信数据库建设将利用信息化手段，把北京地区教育培训行业的诚信体系建设提高到一个新的水平和阶段。

（三）加强媒体舆论监督，形成良好的舆论监督范围。

媒体监督，由于其自身所具有的开放性和广泛性，为教育培训行业的监督体系注入了新的活力。特别是近年来，教育培训行的负面报道频频见诸报端。北京地区教育培训企业面对当前的现状决不能忽视，更不能试图掩盖媒体所披露的问题。面对媒体所披露的问题，应该做到一下几点：一是感谢媒体对教育培训机构的监督，支出行业内部存在的问题；二是对于暴露出的自身问题，需要按照行规行约及时处理；三是希望媒体继续对教育培训行业进行关注，为整个行业的进步和提高奠定基础。

（四）政府相关部门对教育培训行业加强监管

政府的有效监管，将为教育培训行业的健康发展保驾护航。教育主管部门等政府相关部门要认真贯彻执行相关法律法规，加大对教育培训市场的检查执法和指导力度。加大针对教育培训行业的源头治理力度，从办学准入入手，严格规范办学行为；同时注重加强宣传教育，优化治理环境；针对于培训相关的投诉，应当依法办理，并提高投诉案件的办案效率和质量；建立检查通报和反馈制度，着力构建治理培训企业乱收费工作的长效机制。

（五）健全教育培训行业的相关法律法规

近年来随着经济的发展和社会的进步，教育培训行业的发展也生机勃勃，大量的培训机构进入到了这个行业，但是立法的相对滞后性使得目前还没有一个完善的法律法规体系来规范教育培训行业，这就造成了法律监管的流失；《中华人民共和国职业教育法》虽然是针对此行业的法律法规，但是缺乏禁止性、惩罚性规定，使得监管无法可依。

第四节　北京教育培训业主要经济数据

表1　北京民办教育基本情况（2014年）

项目	校数（所）	毕业生数	招生数	在校学生数	教职工数	专任	聘请校外教师数
合　计	762	71603	94255	256460	46393	24509	4090
一、民办高等教育	84	18815	19979	67762	11678	5454	3681
普通高校	15	18815	19979	67762	6642	3378	1843
民办高等教育机构	69				5036	2076	1838
二、民办中等教育	99	14340	17203	53017	9431	5801	296
（一）高中阶段教育	79	6458	8298	26502	9431	5801	296
1.民办普通高中	56	4631	7323	20743	8246	5188	45

续表

项目	校数（所）	毕业生数	招生数	在校学生数	教职工数	专任	聘请校外教师数
2.民办中等职业教育	23	1827	975	5759	1185	613	251
（二）初中阶段教育	20	7882	8905	26515			
三、民办小学	61	10502	14120	13994	3046	2245	11
四、民办幼儿园	518	27946	42953	121687	22238	11009	102

注：普通中学教职工数、专任教师及聘请校外教师数为初中高中合计数。
资料来源：北京市教育委员会。

表2 北京职业培训基本情况（2014）

项目	学校数（所）	教学班（点）（个）	结业生数（人次）	女性
合　计	3595	64954	3201775	1487870
少数民族			15908	6615
按培训机构分				
职工技术培训学校（机构）	26	490	55044	23975
教育部门和集体办	3	113	25735	12353
其他部门办	13	368	28335	11421
民　办	10	9	974	201
农村成人文化技术培训学校（机构）	2086	8782	902247	520077
教育部门和集体办	2081	8760	899376	518662
县　办	13	339	69901	34795
乡　办	150	4881	444533	252277
村　办	1918	3540	384942	231590
其他培训机构				

续表

项目	学校数（所）	教学班（点）（个）	结业生数（人次）	女性
（含社会培训机构）	1483	55682	2244484	943818
教育部门和集体办	70		80644	41153
其他部门办	188	232	730489	410938
民　办	1225	55450	1433351	491727
按培训时间分				
一个月以内			1742557	708626
一个月至三个月以内			442546	251093
三个月至半年以内			601463	306989
半年至一年以内			323578	167743
一年及以上			91631	53419
按培训形式分				
资格证书培训			389605	188119
岗位证书培训			776486	161935

资料来源：北京市教育委员会

表3　职业技术培训机构基本情况（2014年）　　　　　　　单位：人

项目	注册学生数	女性	教职工数	专任教师	聘请校外教师
合　计	2928858	1261914	56304	19032	17869
少数民族	16504	7133	92	48	19
按培训机构分					
职工技术培训学校（机构）	31800	14919	858	505	279
教育部门和集体办	6915	4682	514	313	185
其他部门办	23781	10026	175	89	94
民　办	1104	211	169	103	

续表

项目	注册学生数	女性	教职工数	专任教师	聘请校外教师
农村成人文化技术培训学校（机构）	453666	257603	1449	807	2846
教育部门和集体办	453666	257603	1449	807	2846
县　办	66990	33380	99	59	227
乡　办	199040	116159	655	402	1051
村　办	187636	108064	695	346	1568
其他培训机构（含社会培训机构）	2443392	989392	53997	17720	14744
教育部门和集体办	106913	53728	2558	910	932
其他部门办	825203	422038	16226	4897	4924
民　办	1511276	513626	35213	11913	8888
按培训时间分					
一个月以内	1334855	430158			
一个月至三个月以内	413777	220125			
三个月至半年以内	643986	323366			
半年至一年以内	409742	219867			
一年及以上	126498	68398			
按培训形式分					
资格证书培训	356165	163172			
岗位证书培训	796105	159478			

（本章执笔：徐恒伟）